Collection Rolf Heyne

Richard Grindal

Das Whisky-Brevier

RICHARD GRINDAL

Das Whisky-Brevier

Geschichte und Geschichten vom Wasser des Lebens

WILHELM HEYNE VERLAG
MÜNCHEN

Titel der englischen Originalausgabe:
THE SPIRIT OF WHISKY.
An Affectionate Account Of The Water Of Life

Ins Deutsche übertragen von Axel Behrendt

Die Originalausgabe erschien im Verlag Warner Books, London

Umschlaggestaltung: Christian Diener, München
Satz: Leingärtner, Nabburg
Druck und Bindung: RMO, München
Printed in Germany

ISBN 3-453-07397-5

INHALT

DANKSAGUNG

Mir haben so viele meiner Freunde aus der Whisky-Branche Mut gemacht und beim Schreiben dieses Buches mit Rat und Tat zur Seite gestanden, daß es an dieser Stelle praktisch unmöglich wäre, ihnen allen namentlich zu danken – viele davon werden sich jedoch im Buch wiederfinden. Mein ganz besonderer Dank gilt Trevor Cowan und Richard Paterson, die zu Schottlands führenden Blendmeistern gehören, sowie meinen Kollegen bei der Scotch Whisky Association, Quintin Stewart, Tony Tucker, Yvonne Scott und Campbell Evans, für ihre bereitwillige Hilfe.

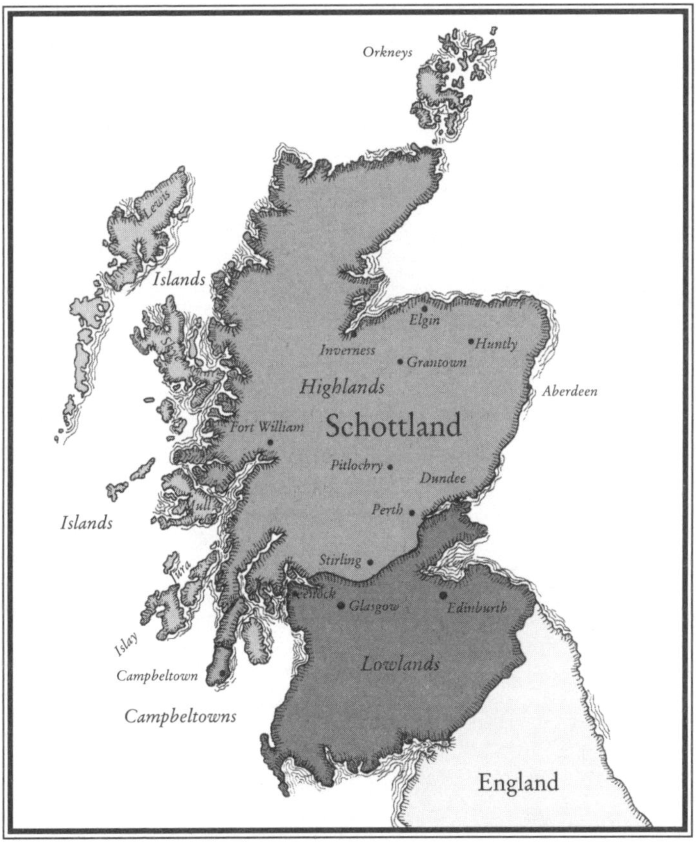
Orkneys
Lewis
Islands
Elgin
Huntly
Inverness
Grantown
Highlands
Aberdeen
Fort William
Schottland
Pitlochry
Dundee
Perth
Islands
Stirling
Jura
Glasgow
Edinburth
Islay
Lowlands
Campbeltown
Campbeltowns
England

I
Wie alles anfing

Wir hatten uns zufällig getroffen, in der City Lights Bar des World Trade Center, 107 Stockwerke über Manhattan. Chester war für seine achtzig Jahre bemerkenswert lebendig und trug einen schmalen Schnurrbart, wie sie gerade wieder in Mode kamen. Seine Kleidung mußte Amerikanern typisch britisch vorkommen – er trug ein Harris-Tweed-Sportsakko und eine graue Wollhose. Wir tranken beide Scotch und kamen darüber wie selbstverständlich ins Gespräch. Ich fragte ihn, ob er verheiratet sei. Zweimal gewesen, meinte er, doch traurigerweise hätten beide Frauen, wie er es ausdrückte, den Löffel abgegeben.

»Meine erste Frau«, fügte er hinzu, »starb während der Prohibition. Am *Yack Yack Bourbon.*«

Ich hatte genügend über die Prohibition gelesen, um zu wissen, daß *Yack Yack Bourbon* – genau wie *Jackass Brandy, Happy Sally* und *Soda Pop Moon* – eine Art Fusel war, wie er während jener langen trockenen Jahre in den Schwarzbrennereien vieler amerikanischer Städte zusammengebraut und in *Speakeasies*, illegalen Geheimbars, verkauft wurde. Manches von dem Zeug wurde mit Industriealkohol hergestellt und konnte tödlich sein.

»Meine zweite Frau habe ich vom Empire State Building geschubst«, fuhr er mit gedankenverlorener Miene fort, als würde er den Augenblick noch einmal genießen.

»Um Himmels willen! Warum denn das?«

»Sie mochte keinen Bourbon.«

Sein Gesicht war ernst, doch seine Augen lächelten. Er mußte keltisches Blut in den Adern haben. Und seinem Blick nach zu urteilen, hatte er gerade einen leichtgläubigen Schotten auf die Schippe genommen ... Schließlich erfuhr ich, daß sich seine Frau – seine einzige Frau – bester Gesundheit erfreute und daß sie seit sechzig Jahren glücklich verheiratet waren.

Chester wollte sich gerne über Whisky unterhalten, denn obwohl er Scotch getrunken hatte, soweit er zurückdenken konnte, waren seine Kenntnisse, speziell was die Single Malts betrifft, begrenzt. Ich hatte indes das Gefühl, daß auch ich etwas von ihm lernen könnte. Schließlich saß ich einem Mann gegenüber, dessen Leben so gut wie parallel zu jenen Jahrzehnten verlaufen war, in denen Scotch Whisky Weltkarriere machte. Zugegeben, auch schon vor der Prohibition wurde Whisky von Schottland nach Übersee verschifft. Doch die exportierten Mengen waren damals noch relativ bescheiden, und getrunken wurde Scotch hauptsächlich von schottischen und englischen Auswanderern, die sich in den Kolonien des British Empire niedergelassen hatten. Natürlich wußte ich, *wie* sich der Scotch in den besagten achtzig Jahren seinen internationalen Ruf erworben und was dazu geführt hatte, daß er sich in mehr als zweihundert Ländern einen festen Platz in den Bars und Restaurants und in den Herzen der Menschen erobert hatte.

Was mich interessierte, war das *Warum*. Ich hatte mich schon oft gefragt, wie es kommt, daß ausgerechnet das Nationalgetränk eines so kleinen Landes von Menschen unterschiedlichster Kulturkreise, Gesellschaftsnormen und Geschmacksvorlieben ohne weiteres akzeptiert wurde. Weshalb konnten Chester und ich an jenem Abend in einer New Yorker Bar sitzen und aus mehr als einhundertfünfundzwanzig verschiedenen Scotch Whiskys auswählen, einer Angebotsvielfalt, mit der sich in ganz Schottland höchstens ein halbes Dutzend Bars messen können?

Viele Schotten nehmen den Erfolg des Scotch Whisky als etwas ganz Selbstverständliches. Sie gehen wohl davon aus, seine Qualitäten lägen auf der Hand und daß es viel erstaunlicher wäre, würde *nicht* jeder Mensch Scotch trinken wollen. Eine geradezu typische Einstellung vieler Briten, die mit derselben Selbstverständlichkeit annehmen, unser Parlaments- und Rechtssystem sei das beste der Welt – und die völlig fassungslos sind, wenn die »Eingeborenen« unserer früheren Kolonien, die wir zur Übernahme unseres Systems gezwungen oder verführt hatten, nach ihrer Unabhängigkeit zu Regierungsformen und Rechtsnormen zurückkehren, die ihrem Temperament und ihren Sitten eher gemäß sind. Eine Einstellung, die ich ganz und gar nicht teile.

Was mich interessierte, waren Chesters Gründe, Scotch beispielsweise den amerikanischen Whiskeys vorzuziehen. Oder auch einem Cognac oder einer anderen Spirituose. Wir begannen uns über den Geschmack von Scotch zu unterhalten – besser gesagt über die vielen verschiedenen, subtilen Geschmacksnuancen der schottischen Blended Whiskys und Single Malts. Bald begann sich das Thema unmerklich auszuweiten. Ich ertappte mich dabei, daß ich Chester ebensoviel über Schottland und die Schotten erzählte wie über die Whiskys. Ich beschrieb ihm einige der beeindruckendsten Malt-Whisky-Destillerien: Tobermory auf der Insel Mull, hoch über der Bucht von Tobermory, unter deren Wassern eine spanische Galeone liegt, seit sie dort, nach der Niederlage der Armada, auf der Flucht sank; Dalwhinnie, die höchstgelegene und wohl abgeschiedenste Brennerei Schottlands, die gleichzeitig als Wetterstation dient und in der zu den Aufgaben des Managers die Messung und Aufzeichnung von Sonnenscheindauer, Temperatur, Regenmenge und der Schneefälle gehören, nach denen die Destillerie im Winter häufig für eine Woche oder länger von der Außenwelt abgeschnitten ist; Edradour, die »Miniatur-Brennerei«, die von nur drei Mann betrieben wird und die auf den Ländereien des Duke of Atholl steht, des einzigen Briten, der sich eine Privatarmee halten darf.

Wir sprachen auch über die Geschichte. Darüber, daß dic Schotten dafür bekannt sind, schon vor Ende des zwölften Jahrhunderts Whisky gebrannt zu haben. Darüber, wie Lord Strathallan, als er auf dem Schlachtfeld von Culloden im Sterben lag, seine letzte Ölung erhielt – in Form von Hafergebäck und Whisky. Darüber, daß einmal in Edinburgh eine Menschenmenge, wütend über die Hinrichtung eines Whiskyschmugglers, den verantwortlichen Offizier, Captain Porteous, kurzerhand lynchte.

Man kann nicht über Whisky sprechen, ohne diejenigen zu erwähnen, die ihn herstellen. Ich erzählte Chester von Alice Ross, deren Vater mehr als sechzig Jahre lang Küfer bei Glenmorangie gewesen war. Nach seinem Tod lebte Alice weiter in dem Häuschen, das die Brennerei ihrem Vater zur Verfügung gestellt hatte – aus Dankbarkeit bestand sie darauf, auch noch mit über Achtzig jeden Morgen die Büroräume der Destillerie zu putzen. Oder Derek Bottomer, Leiter der Destillerie Talisker auf der Insel Skye, der jahrelang federführend bei der Bergwacht war, einem Trupp von Amateuren, die auch bei schlimmstem Wetter hinausgingen, um tollkühne Kletterer aus den heimtückischen Bergen der Cuillins zu retten. Ich erzählte Chester auch von der Zeit, als Donald Mackinlay, ein Blendmeister der fünften Generation in seiner Familie, einmal eine harmlose Nasenoperation hatte und anschließend eine qualvolle Woche der Angst verbrachte – bis er in seinen Verkostungsraum zurückkehren konnte, um sich davon zu überzeugen, daß er den Geruchssinn noch besaß, der ihn zu einem führenden Mann seines Metiers gemacht hatte.

Scotch Whisky hat die irritierende Eigenschaft, unwiederbringlich zu verdunsten – aus den Eichenfässern, in denen er zum Reifen liegt, wie auch aus Gläsern. Unsere waren leer, und ich bestellte zwei weitere Gläser Single Malt, einen zwölf Jahre alten Dalmore. Zum einen, weil Chester noch nie einen Dalmore versucht hatte, aber auch weil wir gerade über einen weiteren höchst liebenswerten Charakterkopf der Whisky-Landschaft sprachen, Colonel »Hac« Mackenzie, der viele Jahre lang mit dieser Destillerie am Cromarty Firth verbunden war.

Chester hob sein Glas zum Licht, bewunderte die Farbe des Whiskys und sagte: »Vorhin haben Sie mich doch gefragt, weshalb Scotch mein Lieblingsdrink ist ...«

»Ja, habe ich.«

»Ihre Frage haben Sie inzwischen selbst beantwortet.«

»Wie meinen Sie das?«

»Sie haben die wunderschönen Landschaften beschrieben, in denen Scotch gebrannt wird, Sie haben die Charaktere der Menschen geschildert, die ihn machen, ihr Können, ihre Geduld und ihre Hingabe. Sie haben mir einen Einblick in die Geschichte der Schotten gegeben, in ihre Sitten und Gebräuche. Für mich ist all das im Scotch Whisky konzentriert, und deshalb trinke ich ihn. Scotch ist viel mehr als nur ein Getränk, er ist Ihr kulturelles Erbe. Scotch Whisky ist Schottland.«

2
Das Wasser des Lebens

Wer das Glück hatte, schon einmal an einem schönen Tag über die Westküste Schottlands zu fliegen, wird dieses Erlebnis höchstwahrscheinlich niemals vergessen. Unten im Meer liegen die Hebriden, zwei lange, sich überlappende Archipele, die innere und die äußere Inselgruppe, die Schottlands Küste vor den gewaltigen Stürmen des Atlantischen Ozeans schützen. Diese Inseln – fünfhundertfünfzig an der Zahl, von denen vierundsechzig bewohnt sind – reihen sich wie eine fast 400 Kilometer lange Perlenkette von Norden nach Süden. Manchmal leuchtet die See saphirblau, dann wieder, im sich verändernden Licht, spielen die Farben zwischen zartem Grün und tiefem Indigoblau. Bei diesem Anblick kann man nachfühlen, was die ersten Wikinger vor fünfzehnhundert Jahren empfunden haben müssen, als sie diese landschaftliche Schönheit entdeckten.

Die südlichste Insel der Hebriden heißt Islay. Wie alle schottischen Inseln hat sie ihren ganz eigenen Charakter. Auf der Landkarte sehen ihre Konturen aus wie ein kleiner sitzender Elefant, der nicht nur der Nachbarinsel Jura, sondern ganz Schottland stolz den Rücken kehrt. Wie ein Symbol vergangener Zeiten: Fast vierhundert Jahre lang gehörte Islay nämlich wie die anderen Inseln der Hebriden zum Königreich Norwegen; die Wikinger behandelten Schottland, geteilt und machtlos, wie es damals war, mit Hochmut und Verachtung. Erst 1266 kamen die Hebriden wieder zu Schottland.

Heute würde niemand, der Islay kennt, die Bewohner dieser Insel für hochmütig oder unnahbar halten. Wie könnten sie auch, wo doch ihr Leben untrennbar mit Whisky verbunden ist! Für viele ist Scotch Whisky ein Symbol der Gastfreundschaft. In Schottland selbst ist er noch weit mehr als nur das: Er ist die Essenz allen gesellschaftlichen Lebens; der Schluck, den man dem Freund anbietet, der zu Besuch kommt; mehrere Schlucke, mit denen das neue Jahr begossen wird; der Tropfen, mit dem nach jeder Taufe der Kopf des Babys benetzt wird; ein Glas, das der Gastgeber eines Banketts mit den Worten »Slainte Vhar« erhebt. Kein Anlaß, wie bescheiden oder festlich er auch sein mag, der nicht mit Schottlands Nationalgetränk verschönert würde.

Auf Islay gibt es acht Destillerien. Wenn man von Glasgow her mit dem Flugzeug ankommt, sieht man drei davon im Landeanflug – Gruppen kleiner, weißer Gebäude am Rande der blauen See. An den Namen der Brennereien – Ardbeg, Bowmore, Bruichladdich, Bunnahabhain, Caol Ila, Lagavulin, Laphroaig und Port Ellen – läßt sich ablesen, daß Islay mindestens so keltisch wie nordisch sein muß; und nach der Landung können Sie in den Läden und Pubs der Insel hören, daß hier noch heute Gälisch gesprochen wird.

Bei einem meiner Besuche auf Islay, vor einigen Jahren, reiste ich mit dem Schiff an – auch wenn ich mir das nicht ausgesucht hatte. Damals landete das täglich verkehrende Passagierflugzeug von Glasgow aus immer zuerst in Campbeltown auf der Halbinsel Mull of Kintyre zwischen, um einen oder zwei Passagiere abzusetzen, bevor es nach Islay weiterflog.

Ich fand diese Zwischenlandung in Campbeltown immer deprimierend, vor allem, weil mich die lange, trostlose Landebahn, die man als Ausweichflugplatz für NATO-Streitkräfte im Kriegsfall gebaut hatte, ständig an die Möglichkeiten eines Atomkriegs erinnerte. Ein anderer Grund für meine depressive Stimmung war das Bewußtsein, daß es in Campbeltown früher einmal dreißig blühende Destillerien gegeben hatte – und heute nur noch zwei.

Nun, auf der besagten Reise teilte man uns nach der Landung in Campbeltown mit, daß das Flugzeug seine geplante Route nicht würde fortsetzen können. Wegen einer zu tief hängenden Wolkendecke konnte für Islay keine Landeerlaubnis erteilt werden, das Flugzeug werde statt dessen nach Glasgow zurückkehren. Also wurden die paar Dutzend Passagiere in einen Bus geladen und auf der Küstenstraße nach West Loch Tarbet gefahren, wo wir die Macbrayne's-Fähre besteigen konnten – einen Dampfer, der zu den Inseln Islay, Gigha und Jura fuhr.

Auf der Fahrt nach West Loch Tarbet kam ich neben Bruno zu sitzen. Bruno war als Journalist für eine Mailänder Zeitschrift unterwegs und bereiste Schottland für einen Artikel über Scotch Whisky. In den Jahren davor hatte Malt Whisky Italien im Sturm erobert. Jeder trank Malt, in Nachtclubs und Diskotheken und Bars und auf den Partys des diplomatischen Corps. Bruno war klein und stämmig und hätte mit seinem grauen Patrizierhaarschnitt und dem Lockenpony über seiner Stirn auch einen nicht ganz so ausschweifenden Nero abgeben können. Mit ihm auf Reisen war seine Fotografin Monica, ein außergewöhnlich bezauberndes Mädchen.

Bis wir an Bord der Fähre waren, war es bereits früher Nachmittag, und nachdem wir abgelegt hatten, lud ich Bruno und Monica zum Lunch in den Speisesalon ein. Als nette Geste, um den beiden Italienern einen Vorgeschmack auf die Gastfreundschaft zu geben, die sie zweifelsohne auf Islay erwartete. So wollte ich es mir rational erklären. Doch als ich noch einmal darüber nachdachte, fiel mir auf, daß es vielleicht weniger eine Geste war als eine Reaktion auf Monicas große braune Augen, die mir strahlender und unwiderstehlicher schienen als das Leuchtfeuer des Leuchtturms auf den Rinns of Islay.

Am selben Tag waren auch zwei meiner Freunde an Bord und aßen zu Mittag. George Grant, ein Whisky-Brenner aus dem Tal des Spey, und Duncan Macgregor, Produktionsleiter der Glasgower Whiskyfirma Long John Distilleries, waren mit dem Auto nach West Loch Tarbet gefahren und brachten nun Duncans Wagen mit der Fähre nach Islay. Sie saßen am Nachbartisch.

Der Steward im Speisesalon war ein kräftiger Mann mit einer schwachen Gabe zur Kommunikation. Als wir unseren Lunch bestellt hatten, wollte ich meinen italienischen Gästen demonstrieren, daß wir sogar im Westen Schottlands so etwas wie *dolce vita* kennen, und fragte nach der Weinkarte. Der Steward gab keine Antwort, sah mich einen Augenblick lang an und stolzierte von dannen. Kurz drauf kam er mit zwei Flaschen Wein zurück, einer roten und einer weißen, mit denen er vor meiner Nase herumfuchtelte.

»Da ist der hier«, sagte er, »und der hier.«

Weder George Grant noch Duncan versuchten ernsthaft, ihr Amüsement zu verbergen, und ich kam mir vor wie eine Comic-Figur aus einem dieser alten *Bateman*-Cartoons – »Der Mann, der auf der Islay-Fähre nach der Weinkarte fragte.« George beugte sich zu unserem Tisch herüber.

»Warum bieten Sie Ihren Gästen nicht etwas ›Wein‹ aus der Region an?« schlug er vor und fügte hinzu: »Sie haben Glenfarclas an Bord.«

»Bravissimo!« rief Bruno. Er hatte wohl die Etiketten auf den Weinflaschen gesehen.

Ich bestellte eine Flasche Malt für uns fünf; eine extravagante Geste, doch wenn man, wie ich, fast sein ganzes Leben lang in England gelebt hat, kann selbst der schottische Hang zur Sparsamkeit verkümmern. Glenfarclas war Georges Destillerie, und ihr Whisky findet sich bei jedem Kenner unter seinen favorisierten Single Malts.

Als Monika daran nippte, rief sie aus: »Aber der ist ganz anders als der Malt Whisky, den ich zu Hause probiert habe!«

»Was trinken Sie denn so in Mailand?« fragte ich sie. »Glen Grant?«

»Ja. Wie klug von Ihnen!«

Um ehrlich zu sein, so scharfsinnig war mein Versuch auch wieder nicht gewesen, eigentlich hatte ich noch nicht einmal raten müssen. Glen Grant war der erste Single Malt gewesen, der den italienischen Markt »geknackt« hatte, wie die Amerikaner sagen würden. Sein zartes, fast verweichlichtes Bukett mag ein Grund für seine außergewöhnliche Beliebtheit in Italien gewesen sein, doch noch wichtiger waren das geschickte Marketing und die Energie von Armando Giovinetti, dem Importeur, den der schottische Hersteller auserwählt hatte. Von Anfang an wurde Glen Grant in Italien zum *succès fou*. Ich erinnere mich noch gut an einen Empfang im Hotel Flora in Rom, auf dem zweihundert Menschen – Filmstars, Schriftsteller, Diplomaten, ja sogar ein oder zwei Kardinäle – Glen Grant tranken, als ob die Lager der Destillerie im nächsten Augenblick zur Neige gingen. Was dann wohl auch beinahe geschehen sein dürfte.

»Wie kommt es«, fragte mich Bruno, »daß zwei Malt Whiskys so unterschiedlich schmecken können?«

Eine Frage, die häufig gestellt wird. In Schottland gibt es mehr als einhundert Destillerien, die Malt Whisky herstellen – und jeder hat seinen ganz eigenen Geschmack. Dafür gibt es eine ganze Reihe von Gründen. Die Form und Größe der kupfernen Brennblasen, in denen Malt Whisky destilliert wird, ist ein Faktor. Die beim Mälzen verwendete Menge an Torf ein anderer. Jeder Scotch Whisky wird in Eichenfässern ausgereift, wobei sich die Beschaffenheit und Größe des Fasses, wie auch die Reifedauer, prägend auf seinen letztendlichen Geschmack auswirken. Der wichtigste Faktor jedoch ist zweifelsohne das Wasser, aus dem der Whisky hergestellt wird. Jede Destillerie hat ihre eigene Wasserversorgung, üblicherweise einen Bach oder eine Quelle, über die sie mit Argusaugen wacht.

Illustrieren kann man die entscheidende Rolle, die das Wasser für die Destillation spielt, am besten an der Geschichte des Peter Mackie, eines reichen und tatkräftigen Geschäftsmannes im Glasgow der Jahrhundertwende. Der »Rastlose Peter«, wie er genannt wurde, hatte das Gefühl, er sei von der Familie Hunter, den damaligen Eigentümern der Destillerie Laphroaig, geringschätzig behandelt worden. Laphroaig ist die bekannteste Destillerie auf Islay, und man pflegte zu sagen, daß in jeder führenden Marke Blended Scotch zumindest ein klein wenig Laphroaig enthalten sei. Der rastlose Peter wurde zum rasenden Peter und schwor sich, den Hunters das Geschäft zu verderben – mit der Eröffnung einer Brennerei, die einen dem Laphroaig geschmacklich identischen Whisky produzieren sollte. Er errichtete seine Destillerie an derselben Küste ganz in der Nähe, stattete sie mit Brennblasen derselben Größe und Form wie bei Laphroaig aus und kopierte jedes Detail des Destillationsprozesses. Das Ergebnis war ein wunderbarer Malt Whisky, der jedoch völlig anders schmeckte als ein Laphroaig. Warum? Klar wie Quellwasser: Mackie bezog das Wasser für seinen Whisky zwar aus denselben Hügeln, aber natürlich nicht aus derselben Quelle.

An den nächsten ein, zwei Tagen sollten Bruno und Monica noch ausgiebig Gelegenheit haben, die Whiskys aller acht Destillerien auf Islay zu verkosten. Jeder hat sein ganz eigenes Geschmacksbild, und doch kann man in allen einen gemeinsamen Grundcharakter entdecken, der zwar schwer zu beschreiben, aber für jeden, der sich mit seinen Single Malts auskennt, ebenso unverwechselbar ist. Man kann die Islay-Malts mit Musik vergleichen – acht ganz eigenständige Kompositionen für Orchester, in denen subtil und halb verborgen ein gemeinsames Leitmotiv mitschwingt.

Als die Fähre schließlich Islay erreichte, stellten wir fest, daß wir alle fünf am selben Abend zu einem *ceilidh* eingeladen waren. Ceilidhs sind elementarer Bestandteil des Lebens auf den westlichen Inseln, ein kulturelles Erbe vergangener Zeiten, als die Menschen noch selbst für ihre Unterhaltung sorgen mußten, anstatt sie auf Kassetten zu kaufen oder aus dem Fernsehgerät zu beziehen. Es ist noch gar nicht so lange her, daß die Leute abends in einem *Tigh Dubh* zusammenkamen – einem reetgedeckten Bauernhaus aus rohen Steinen, in dem das Vieh des Bauern ebenso untergebracht war wie seine Familie – und sich gegenseitig unterhielten. Mit Geschichten, Gedichten oder gälischen Liedern. Auf diese Art wurden Legenden, Poesie und Melodie von Generation zu Generation weitergegeben; und in gewisser Weise geschieht das immer noch so.

Heute sehen Ceilidhs natürlich etwas anders aus. Auf dem Festland engagiert man Künstler, die kommerzialisierte Interpretationen der alten Lieder und Verse zum besten geben. Auf Islay haben diese Feste, obwohl sie formeller wirken und besser organisiert sind als in der guten alten Zeit, immer noch eine gewisse Spontaneität, eine amateurhafte Fröhlichkeit, der man nur schwer widerstehen kann. Der Ceilidh am Abend unserer Ankunft fand zu Ehren von Brunos Besuch statt und wurde in der Destillerie Bowmore abgehalten.

Diese Brennerei in der gleichnamigen Gemeinde liegt am Ufer von Loch Indaal, einem zwischen Rüssel und Körper des erwähnten »Elefanten« hineinragenden Meeresarm, der Islay nahezu in zwei separate Teile spaltet. Wie viele andere schottische Destillerien auch hat sich Bowmore unlängst ein Besucherzentrum zugelegt, mit einem schönen Empfangssaal. Hier wurde der Ceilidh abgehalten, unaufdringlich, aber effizient organisiert von Destilleriemanager »Happy Harry« Cockburn. Sie hatten eine Band, angeführt vom Milchmann des Ortes, der die Trommeln rührte, während seine Frau Akkordeon und Klavier übernahm. Zwischen moderne Musik eingestreut immer wieder die obligatorischen schottischen Tänze. Dazwischen sangen einige der Gäste: Evan Cattanach, stellvertretender Leiter einer der Inselbrennereien und Medaillenträger der *Mod* (Schottlands alljährliches Festival gälischer Musik), dann Mairi, die hübsche Frau von Grant Carmichael, einem weiteren Destillerieleiter, und nicht zuletzt Dougal, der Inselpostbote. Eine mannhafte Dame rezitierte ein langes Gedicht auf englisch, und ein kleines Mädchen führte einen Schwerttanz vor.

Sogar Bruno war – nur scheinbar widerwillig – bereit, für uns zu singen und bewies sich mit einem neapolitanischen Lied als guter Tenor. Die Begeisterung des Publikums für seine Darbietung war durch nichts zu erschüttern, noch nicht einmal durch die Tatsache, daß die Frau des Milchmanns, die ihn auf dem Akkordeon begleitete, eine etwas andere Tonart gewählt hatte als Bruno.

Die anderen Gäste an diesem Abend waren vorwiegend Destilleriearbeiter mit ihren Frauen und andere Leute von der Insel, wie etwa Finanzbeamte, Hoteliers, Ladeninhaber und Farmer. Einschließlich zweier Menschen, die auf ihre eigene Art lokale Berühmtheiten darstellen. Eine davon war Bessie Campbell, damals die Eigentümerin von Laphroaig und bis heute die einzige Frau, die jemals eine schottische Destillerie besaß und leitete. Wie es dazu kam, ist eine erzählenswerte Geschichte.

Viele Jahre zuvor – die Zahl der Jahre anzugeben wäre ungalant – wollte der damalige Inhaber von Laphroaig, Ian Hunter, jemanden einstellen, der den kaufmännischen Bereich seines Geschäfts leiten sollte. Er verbrachte seine Zeit lieber beim Angeln, auf der Jagd oder auf dem Golfplatz als im Büro. Er war wohl auch ein schwieriger Zeitgenosse, denn er konnte niemanden finden, der sein Büro führen wollte. Bessies Vater, ein guter Freund von Hunter, überredete seine Tochter, ihren Lehrerjob in Glasgow aufzugeben und bei Laphroaig anzufangen, nur um Hunter aus der Klemme zu helfen, und nur für ein Jahr, hieß es. Einmal auf Islay, verliebte sie sich in das Leben auf der Insel und, wie manche sagten, in Hunter. Sie war ein begabtes Mädchen und leitete bald die gesamte Destillerie. Als Hunter krank wurde, übernahm sie die Geschäfte vollends, und als er starb, vermachte er ihr die Destillerie.

Sie blieb mehr als fünfzig Jahre lang auf der Insel und wurde in der Männerwelt des Whiskybrennens anerkannt, sowohl für ihre Whisky-Kenntnis, als auch für ihren Charme und ihre Liebenswürdigkeit. Zeitungen tauften sie »Königin der Whisky-Insel«.

Erst kurz vor diesem Abend hatte Bessie Campbell, geborene Williamson – viele meinten, in einem Alter, in dem man es eigentlich besser wissen sollte – einen gewissen Wishart Campbell kennengelernt und geheiratet. Wishart, ein Entertainer aus Kanada, war auf der Suche nach den Wurzeln seiner Vorfahren nach Islay gekommen und fand sich plötzlich wieder mit einer Ehefrau, einer Teilhaberschaft an einer Destillerie und einem schönen Haus mit Meerblick. In diesem Haus wurde ein prachtvoller weißer Flügel aufgestellt, auf dem sich Wishart, wenn ihm danach war, selbst begleiten konnte, zu quälend sentimentalen irischen Liedern.

In der Mitte unseres Ceilidh wurde das Buffet eröffnet – auf langen Tischen war eine reiche Auswahl an Spezialitäten der Landesküche angerichtet. Die meisten Gäste hatten seit dem Tee nach Feierabend nichts mehr gegessen, und schottische Tänze machen nun einmal nicht nur durstig, sondern auch hungrig ... Ich blieb unterdessen mit Bruno und Bessie Campbell in der Bar, da wir alle schon zu Abend gegessen hatten, Bessie zu Hause und wir im Hotel.

Monica war noch immer in Aktion und fotografierte alles und jeden – mal lag sie in voller Länge auf dem Fußboden, mal kletterte sie zwischen den Dachbalken herum, immer auf der Suche nach noch interessanteren Blickwinkeln. Ich konnte sie überreden, wenigstens einmal an diesem Abend ihre Arbeit Arbeit sein zu lassen, indem ich sie zu einem dieser alten schottischen Tänze aufforderte. Wie zu erwarten war, tanzte sie hervorragend, obwohl sie diese Musik noch nie gehört hatte. Es war mir klar, daß mich jeder Mann auf dem Ceilidh neidisch beobachtete.

Bruno, der den Single Malt von Laphroaig schon im Hotel probiert hatte, fragte Bessie, warum sein Geschmack so viel stärker sei als der anderer Islay-Malts. »Stärker« war der Begriff, den er verwendete – genauer hätte er vielleicht »stechender« gesagt. Meiner Erfahrung nach ist Laphroaig ein Whisky, den viele verabscheuen, wenn sie ihn zum ersten Mal versuchen. Pat, eine Golfkameradin, kaufte einmal eine Flasche davon in einem Duty-Free-Shop und versuchte davon, als sie nach Hause kam – um die Flasche unverzüglich an mich weiterzugeben. Sie wollte nicht einmal Geld dafür annehmen, aber schließlich ist sie ja auch keine Schottin ... Nach einiger Zeit der Gewöhnung jedoch werden viele geradezu verrückt nach Laphroaig. In anderen Worten: Wie bei so vielen der besten Dinge im Leben muß man sich auch bei Laphroaig ein Gefühl dafür erwerben, erarbeiten.

»Wir verwenden mehr Torf beim Mälzen«, erklärte Bessie. Am frühen Abend, bei unserer Fahrt über die Insel, waren wir an einem Torffeld vorbeigekommen und hatten angehalten, um zuzusehen, wie Torf gestochen wird. Zwei Männer waren bei der Arbeit. Einer stand in einem drei Fuß tiefen Graben und schaufelte Torfstücke nach oben, wo sie der andere Mann aufstapelte. Kurz darauf, in Port Ellen, wo wir im Hotel abstiegen, war uns der eigentümliche Geruch des Torfrauchs aufgefallen, der aus den Schornsteinen der Häuser aufstieg.

Malt Whisky wird aus gemälzter Gerste hergestellt. Laphroaig und Bowmore gehören zu den wenigen Destillerien Schottlands, die ihr Malz noch selbst mälzen, auf eigenen, traditionellen Mälzböden. Die vom Festland angelieferte Gerste wird zunächst in Wasser eingeweicht und dann auf einem Steinboden ausgebreitet, wo sie zu keimen beginnt. Das dauert ein paar Tage, und in dieser Zeit muß die Gerste in regelmäßigen Abständen gewendet und belüftet werden, um den Keimvorgang und die Temperatur unter Kontrolle zu halten. Zwei oder drei Männer, ausgerüstet mit großen, flachen Holzschaufeln, den sogenannten *shiels*, nehmen das keimende Getreide auf und werfen es in die Luft. Sie arbeiten im Team und bewegen sich in einem Rhythmus über den Mälzboden, fast so anmutig, als führten sie einen der Tänze aus dem Hochland auf. Ein Spektakel, das leider vom Aussterben bedroht ist, seit immer mehr Destillerien ihr Malz von automatisierten Mälzereien beziehen.

»Wofür verwenden Sie denn den Torf?« fragte Bruno.

Bessie erklärte ihm, daß der Keimvorgang am richtigen Punkt, nämlich wenn er die Stärke im keimenden Getreide freigesetzt hat, gestoppt werden muß, indem man dieses sogenannte »grüne Malz« trocknet. Dazu wird es oben in der Malzdarre auf einem Boden aus Drahtgeflecht ausgebreitet. Darunter wird Torf verbrannt, damit der Rauch durch die Gerste zieht und sie mit der Torfnote würzt, die dem Scotch Whisky seinen charakteristisch rauchigen Geschmack verleiht.

»Gleich am Anfang wird die Darre mit Torf befeuert«, erklärte Bessie, »und abgeschlossen wird das Trocknen über Koks oder Anthrazit. Die verwendete Menge an Torf prägt den Geschmack und die Rauchigkeit des Malt.«

Während wir in der Bar plauderten, gesellte sich die andere Insel-Berühmtheit zu uns. Sean O'Leary war Ire. Ein Künstler, der sich auf Islay niedergelassen hatte und in einem Wohnwagen in der Nähe von Laphroaig lebte. Islay hatte er sich so ziemlich aus den gleichen Gründen ausgesucht, aus denen Künstler wie Picasso, Modigliani oder Brancusi Anfang des Jahrhunderts nach Montmartre gezogen waren: Das Leben war billig, die Einheimischen tolerierten ein Leben als Bohemien, und manchmal nahmen sie sogar ein Bild in Zahlung, als Ausgleich für Essen und Wein.

Allzuweit ging die Toleranz der Bewohner von Islay, letzten Endes alles Schotten, allerdings auch wieder nicht. Hamish Scott, der Leiter der Destillerie Ardbeg, war indes einmal tollkühn genug, Sean mit einem riesigen Gemälde für eine weiße Wand im Wohnzimmer seines Hauses zu beauftragen. Sean nahm sich dieser Verpflichtung mit großem Enthusiasmus an und ließ es ohne große Hast angehen. Er malte viele Tage lang, während derer ihn Rae, Hamishs gutaussehende und gutmütige Ehefrau, bekochte und mit Whisky versorgte. Das Wandgemälde geriet entsprechend spektakulär: Eine bacchanalische Szene mit herumtollenden nackten Mädchen und betrunkenen Männern bei Mondlicht auf einem von Islays Stränden. Hamish war zu beschäftigt gewesen, um Sean schon bei der Arbeit zuzusehen. Erst nach Fertigstellung des

Kunstwerks wurde ihm klar, daß die »Modelle« dem wirklichen Leben allzu deutlich nachempfunden waren – jedes der nackten Mädchen und auch die offensichtlich nicht mehr sehr standfesten Männer erinnerten ihn auf merkwürdige Weise an seine Freunde auf der Insel, und der Teufel schließlich, der die Orgie anführte, war unverkennbar der Priester einer der Kirchen.

Es machte uns keine große Mühe, Sean zu einem Schluck Bowmore zu überreden. Er hielt sich für eine Art Experte auf dem Gebiet der Islay-Malts, und tatsächlich war es ihm schon das eine oder andere Mal gelungen, sie mehr oder weniger alle am Geschmack zu erkennen. Zu jener Zeit durchlebte er eine Phase, in der er sich darin gefiel, eine Abneigung gegen Lagavulin zu haben. Wie es dazu kam, ist eine weitere der Geschichten, die diese Insel zu bieten hat.

Er behauptete, eigenhändig ein Kanu aus Treibholz gebaut zu haben, um damit fast jeden Abend entlang der Küste nach Port Ellen zu paddeln – in der Hoffnung, in einem der Hotels einen Touristen zu finden, der seine Bilder würde kaufen wollen. Eines Nachts, auf dem Heimweg, frischte der Wind auf, und die See schlug plötzlich so hoch, daß sein Kanu kenterte und sank. Sean konnte sich an Land retten und fand sich zu seiner Überraschung – dank eines Glücksfalls, wie sie Überlebenden manchmal zu Hilfe kommen – an einem Strand nur ein paar Meter von der Destillerie Lagavulin entfernt. Völlig durchnäßt und mit seinem wilden weißen Haar voller Schmutz kam er dort an, während er immer noch Salzwasser spuckte. Man ließ ihn ein und gab ihm Handtücher, damit er sich vor den Öfen trocknen konnte, mit denen die Brennblasen beheizt werden.

»Haben Sie so was schon mal gehört?« rief er später empört. »In Irland wäre das nie passiert, ganz sicher. Da haben die Tausende von Gallonen Whisky in ihren Lagerhäusern, und alles, was die mir angeboten haben, war eine Tasse Tee! Tee!«

Als wir tranken, erzählte ich Bruno von meiner Theorie, weshalb alle Islay-Malts diesen ganz eigentümlichen Charakter haben, dieses subtile Leitmotiv, das sich bei allen wiederfindet. Mir schien es immer beinahe wie ein medizinischer Geschmack, mit einer Spur Jod darin. Könnte es nicht daran liegen, daß Islay eine kleine, vom Meer umspülte Insel ist, von Gischt übersprüht und oft von dickem Seenebel eingehüllt? Könnte es ein subtiler Geschmack des Ozeans sein, der Duft von salziger Gischt und grünem Seetang, der auf die Klippen gespült wurde? Über Jahrhunderte muß der Torf auf der Insel mit diesem Geschmack getränkt worden sein. Torf, dessen besondere Note in die gemälzte Gerste eingeht, und vom Malz in den Whisky.

Als ich meine Theorie erläuterte, kam George Ballingall zu uns in die Bar. George und seine Frau Winnie waren alte Freunde, in deren Haus am anderen Ende der Bucht von Port Ellen ich schon so manches Glas getrunken und so manche Geschichte gehört hatte. George war damals »Inspektor« bei der Distillers Company Limited und als solcher verantwortlich für die Produktion in den drei Destillerien, die dem Unternehmen auf der Insel gehörten.

»Ich habe so meine Zweifel, ob es der Torf sein kann, der den Islay-Whiskys ihren eigentümlichen Geschmack gibt«, bemerkte er, als ich zu Ende gesprochen hatte.

»Warum nicht?«

»Ein paar Destillerien auf der Insel verwenden Malz vom Festland, wo man es über Torf getrocknet hat, der dort gestochen wurde. Diese Whiskys sind vielleicht etwas leichter als Laphroaig und Lagavulin, aber es sind immer noch unverwechselbare Islay-Whiskys.«

»Wo soll denn der medizinische Geschmack sonst herkommen?«

»Das Wasser ist der Hauptfaktor. Vergiß nicht, daß das Wasser, das wir zum Destillieren verwenden, durch Torf geflossen ist, der, wie du schon sagtest, von der See und ihren Geschmacksnoten getränkt ist.«

Viele Brenner habe ich sagen hören, das beste Wasser zur Herstellung von Scotch Whisky sei zuvor durch Torf und über Granit geflossen. Weil Granit ein hartes Gestein ist, nimmt das Wasser keine unerwünschten Mineralien auf, und wenn es durch Torfschichten sickert, wird es besonders weich. Auf Islay fällt einem sofort auf, wie weich das Wasser ist – wenn nicht beim Trinken, dann mit Sicherheit beim Waschen.

Wir sprachen noch eine Weile über den Geschmack der Islay-Whiskys, über Torf und Wasser und Malz und das Meer. Doch Sean wurde allmählich ungeduldig bei dieser in seinen Augen sicher etwas sterilen, theoretischen Diskussion. Und die Erinnerung daran, wie man ihn bei Lagavulin behandelt hatte, irritierte ihn wohl noch immer.

»Natürlich ist es das Meer, das dem Islay-Whisky seinen Geschmack gibt«, verkündete er und knallte sein leeres Glas auf den Tisch. »Ich muß es ja wissen. Schließlich habe ich beides probiert.«

Am nächsten Morgen fand ich mich als Monicas Chauffeur wieder. Bruno mochte es nicht, wenn er bei der Recherche von einem Fotografen begleitet wurde. Fotografen, sagte er, bräuchten zuviel Zeit, um ihre Aufnahmen zu machen, während er selbst lieber herumwanderte und mit so vielen Menschen wie möglich sprach. Er und Monica hatten also unterschiedliche Arbeitspläne für diesen Tag. Bruno wollte Laphroaig besuchen, um Bessie Campbell zu interviewen, und anschließend zu Lagavulin und Ardbeg fahren. Monica hatte für den Vormittag einen Fototermin mit Caol Ila arrangiert, nachdem sie gehört hatte, es sei die fotogenste Destillerie der Insel. Doch zunächst wollte sie nur herumfahren und nach Lust und Laune Landschaftsaufnahmen machen.

Ich chauffierte sie in dem Wagen, den ich für meinen Aufenthalt auf Islay gemietet hatte. Zuerst fuhren wir nach Kildalton, um Kildalton Cross zu besichtigen, das einzige vollständig erhaltene keltische Wegkreuz Schottlands, das aus dem achten Jahrhundert stammt. Von dort aus fuhren wir nach Bowmore und hielten unterwegs am Inselflugplatz, um einem Mann zuzusehen, der ein paar verstreute Schafe von der Landebahn trieb, bevor das nächste Flugzeug kam. In Bowmore fotografierte Monica die runde Kirche am Ortseingang, die angeblich in dieser Form gebaut wurde, damit der Teufel keinen Winkel darin finden konnte, um sich zu verstecken. Bowmore selbst ist eines der frühesten Beispiele schottischer Stadtplanung. Der Ort entstand 1768, zur selben Zeit wie die *New Town* von Edinburgh. Monica hielt Leute auf der Straße an, um sie zu fotografieren, und stieß nicht ein einziges Mal auf Ablehnung. Ihr Charme und ihr Lächeln waren einfach unwiderstehlich.

Die Destillerie Caol Ila ist nach dem schmalen Sund benannt, der Islay von der Nachbarinsel Jura trennt. Sie wurde am Ufer erbaut, mit Blick aufs Meer und einer wunderbaren Aussicht hinüber auf die Paps of Jura, jene drei Berge, die hinter dem Streifen Ackerland, der sich entlang der Küstenlinie erstreckt, steil aufragen und die kleine Insel beherrschen. Bei Caol Ila waren erst vor kurzem Umbau und Modernisierung abgeschlossen worden – ideal für einen Fotografen, unbehindert von einem Wirrwarr von Holzlatten, Stahlrohren und herunterhängenden Dachbalken arbeiten zu können. Ich hatte das Gefühl, die Brennerei habe durch die Renovierung viel von ihrem früheren Charme eingebüßt. Doch zum Glück bezieht sie ihr Wasser nach wie vor aus dem Loch nam Ban, über das nach den Worten eines Besuchers schon vor mehr als hundert Jahren »von Zeit zu Zeit eine leichte Brise von Myrte und blühendem Heidekraut« strich.

George Ballingall und Grant Carmichael empfingen uns vor der Destillerie, und nach einem kurzen Rundgang begann Monica mit der Arbeit, indem sie Aufnahmen vom Maischbottich machte. Bei der Herstellung von Whisky ist das Maischen der nächste Schritt nach dem Mälzen. Das Malz wird dazu in einer Mühle geschrotet und anschließend, um den enthaltenen Zucker zu lösen, in einem großen zylindrischen Kessel mit heißem Wasser vermischt. George und ich wurden unruhig, als Monica ihre Scheinwerfer aufbaute, um die mechanischen Rührrechen im Maischbottich abzulichten. Es war schon spät, so daß wir sie der Obhut von Grant überließen und über die Klippen nach Port Askaig spazierten, wo das Mittagessen auf uns wartete.

Port Askaig schmückt sich mit dem Titel »Port«, Hafen, weil es über einen Landungssteg verfügt. Es gibt dort außerdem ein Hotel, einen Gemischtwarenladen und eine Zapfsäule für Benzin. Sonst nichts. Dennoch ist es ein bezauberndes Örtchen, das sich an den Fuß eines steilen Hügels schmiegt, mit Blick auf den Sund und Jura.

Als George und ich im kleinen Garten des Hotels am Tisch saßen und uns den ersten Schluck an diesem Tag gönnten, sprachen wir über die Veränderungen, die auf Islay stattfanden. Bis vor ein, zwei Jahren war man auf den Fährmann Archie McPhee angewiesen, wenn man nach Jura wollte. Er machte seine Fahrten über den Sund mit dem schwermütigen Ernst eines Charon, der den Styx überquert, nicht jedoch mit der entsprechenden Zuverlässigkeit. Jedem, der sich am Morgen übersetzen ließ, konnte es passieren, daß Archie später nicht zurückkam, um ihn wieder abzuholen, und daß er folglich die Nacht auf Jura verbringen mußte. Auf einer Insel wie Islay, die so viele angenehme Alternativen zur Arbeit bietet – Angeln, Jagen, Segeln, Golfspielen oder ganz einfach dem Whisky beim Reifen zusehen –, war Archie (wie viele andere Männer auf Islay) geneigt, die Bedeutung des Faktors Zeit zu unterschätzen. Wer nach Islay fährt, stellt bald fest, daß sich im Vokabular der Insulaner kein Wort findet, das so viel Hast ausdrückt wie das spanische *mañana*.

Nun aber war Archie im Interesse des Fortschritts durch ein rostiges Landeboot ersetzt worden, das schon im Zweiten Weltkrieg gedient haben muß und das jetzt Passagiere und sogar Autos über den Sund schippert.

Früher verfügte Georges Firma einmal über ihren eigenen Küstendampfer, der Gerste und leere Fässer nach Islay brachte, an Caol Ilas Pier festmachte und mit vollen Fässern ausgereiften Whiskys wieder zurück zum Festland dampfte. Heute gibt es dafür eine moderne Drive-on-drive-off-Fähre. Zwei oder drei Mal am Tag kommt sie an, und aus ihrer Bugklappe rollen riesige Containerlastwagen, die dann über die kleinen Inselsträßchen rumpeln und die Hecken links und rechts rasieren.

Wie auf Islay hat sich auch auf Jura einiges verändert, und die Bewohner der Insel haben ihrem Whisky einiges zu verdanken. Jura bedeutet »Insel der Hirsche«, und tatsächlich grasen einige tausend Hirsche glücklich auf den grünen Ausläufern der Paps, während sich kaum mehr als zweihundert Menschen abmühen, von der Bewirtschaftung ihrer winzigen Bauernhöfe zu leben, vom Sammeln von Seetang, der zu Seetangasche verarbeitet wird, oder vom Fischen – auch wenn die Fischerei auf den westlichen Inseln eigentlich nie als ernsthafter Beruf angesehen wurde. Bis vor kurzem war die Wirtschaft auf Jura kaum überlebensfähig gewesen, obwohl es unwahrscheinlich ist, daß der Insel das gleiche Schicksal drohte wie St. Kilda – einem spitzen Felsen weit draußen im Atlantik, dessen Bewohner auf das Festland zwangsumgesiedelt wurden, weil der Rückgang der Einwohnerzahl von zweihundert auf vierzig Seelen eine Versorgung mit Bildung, Gesundheitsfürsorge und anderen sozialen Errungenschaften, auf die Regierungen heutzutage Wert legen, nicht mehr sinnvoll möglich machte.

Die Gefahr, daß dies auch Jura passieren könnte, ist gebannt, seit es auf der Insel wieder eine Destillerie gibt. Die ursprüngliche, im frühen neunzehnten Jahrhundert erbaute Brennerei war während des Ersten Weltkriegs aufgegeben worden, als die vom damaligen Schatzkanzler Lloyd George verhängten Handelsrestriktionen gegen alkoholische Getränke die gesamte Whisky-Industrie lähmten. Erst wenige Jahre vor meinem Besuch auf Islay war eine neue Destillerie errichtet worden, ein Gemeinschaftsprojekt zweier örtlicher Landbesitzer und einer Whiskyfirma aus Edinburgh. Die Destillerie hat der kleinen Inselgemeinde etwas Wohlstand beschert. Durch die Handvoll zusätzlich geschaffener Arbeitsplätze wuchs die Bevölkerungszahl immerhin so weit, daß man die Schule vergrößern und einen zweiten Lehrer einstellen konnte. Und die Destillerie brachte auch dem kleinen Hotel auf der Insel mehr Besucher.

Auf Jura gibt es kein Polizeirevier, noch nicht einmal einen Wachtmeister; die Insel wird polizeilich von Islay aus mitbetreut. Die Bewohner von Jura sind berühmt wegen ihrer Langlebigkeit – einige von ihnen sind hundert Jahre oder noch älter geworden. Mary MacCrain, deren Grab man bis heute besuchen kann, starb im Alter von 156 Jahren – darüber, ob das nun der Qualität dieses Inselwhiskys zu verdanken ist oder der Abwesenheit der Polizei, kann man bestenfalls spekulieren. Wir wissen auch nicht, ob es einer dieser beiden Umstände war, der George Orwell dazu bewogen hatte, in einem Bauernhaus auf Jura zu leben, als er seinen Roman *1984* schrieb.

Man sagt, daß es in den Tagen von Archie McPhee zwar einige Autos auf Jura gegeben habe – zugelassen waren jedoch ausschließlich die Fahrzeuge der Destillerie, des einzigen Hotels und des größten Landbesitzers. Die anderen Autofahrer ließen ihre Wagen grundsätzlich nicht zu. Schließlich wußten sie, daß Archie für einen telefonischen Warnruf sorgte, wenn er sah, daß die Polizei von Islay zu einem Routinebesuch nach Jura unterwegs war. In solchen Fällen wurden die Autos hastig in Scheunen geschoben, wo sie jeder auf Dauer »stillgelegt« haben wollte. Die Menschen auf Jura hatten eine plausible Entschuldigung für ihr sozial abweichlerisches Verhalten: Warum sollten sie mit ihrer Steuer eine allgemeine Straßenbenutzungsgebühr entrichten, sagten sie sich, wenn es doch auf ihrer Insel nur eine einzige Straße gab, die von den staatlichen Stellen zudem niemals ausgebessert wurde?

George und ich unterhielten uns immer noch über Jura, als Grant Carmichael Monica über die Klippen zum Hotel brachte und wenig später auch Bruno eintraf, um mit uns zu essen. Als er von der neuen Destillerie auf Jura hörte, fragte Bruno: »Ist das nicht zu riskant, eine neue Destillerie zu bauen? Wie kann man denn im voraus wissen, ob das vorhandene Wasser dazu taugt, einen guten Whisky herzustellen?«

Wir mußten zugeben, daß ein solches Projekt etwas von einem Glücksspiel hat, obwohl man natürlich Tests machen kann, um die Eignung des Wassers zu überprüfen. Das Konsortium, das die Destillerie Isle of Jura erbaut hatte, mußte sich jedoch nicht auf das Glück allein verlassen – immerhin war bekannt, daß die ursprüngliche Destillerie auf Jura einen hochgerühmten Whisky produziert hatte. Und ihr Vertrauen war gerechtfertigt: Isle of Jura Single Malt Whisky erwarb sich schnell einen guten Ruf, und man kann ihn heute in Bars auf der ganzen Welt antreffen. Sein Geschmack erinnert übrigens in keinster Weise an Islay-Whisky – Thema für eine weitere leidenschaftliche Diskussion, doch lassen wir das.

»Man kommt doch immer wieder auf das Wasser zurück«, bemerkte Monica.

»Vielleicht ist das der Grund, weshalb Whisky diesen Namen trägt – der Wortstamm *Uisge Beatha* ist gälisch und bedeutet ›Wasser des Lebens‹.«

Bruno, mit der Neugier eines Journalisten, hatte eine andere Frage an George. »Was ist Ihrer Einschätzung nach der beste Malt Whisky Schottlands?«

George wich der Frage diplomatisch aus. Das sei völlig subjektiv, sagte er, eine Frage des persönlichen Geschmacks. Alle in Schottland hergestellten Single Malts hätten ihre Qualitäten, und es sei tollkühn zu behaupten, ein ganz bestimmter sei der »beste«.

»Das mag so sein«, antwortete Bruno, »doch wie ich sehe, trinken Sie einen Whisky aus Ihrem Unternehmen. Gestern hörte ich, wie Sie einen anderen der Islay-Malts abgelehnt haben. Ist das nur Loyalität?«

George lächelte. »Ganz und gar nicht. Wie George Orwell gesagt hätte: Alle Scotch Whiskys sind gleich, doch manche sind eben gleicher als andere!«

3
Goldener Fluß

In vielen Ländern gibt es eine bestimmte Region, in der ein überproportionaler Anteil des Wohlstandes produziert wird. Ob es sich nun um ein kalifornisches Silicon Valley handelt, in dem Hard- und Software für Computer hergestellt werden, oder um eine Aerospace Alley, in der technologische Wunder der Fliegerei und Vernichtungswaffen entstehen. Solche Regionen sind meist verunstaltet durch graue Fabriken und gesichtslose Menschen. Ganz im Gegensatz dazu liegt Schottlands »Goldenes Dreieck« inmitten einer Landschaft der Ruhe und der Anmut.

Das Flußtal des Spey hat nicht die wilde Schönheit und die erhabene Größe, die man in anderen Teilen Schottlands antrifft. Diese Landschaft ist dafür auf ihre ganz eigene Art lieblich. Auf seinem Weg zum Moray Firth, wo er ins Meer mündet, fließt der Spey zwischen licht bewaldeten Ufern und Feldern dahin, auf denen Vieh weidet. Wenn man die Straße von Grantown-on-Spey nach Elgin nimmt, kann man auf beiden Seiten des Flusses immer wieder Grüppchen weißer Gebäude sehen, bei denen Pagodendächer auf den Malzdarren verraten, daß es sich nicht um Farmen, sondern um Destillerien handelt.

Eine Destillerie mit einer Farm zu verwechseln, ist gar nicht so absurd, wie es zunächst klingt. Jahrhundertelang wurde der Großteil des schottischen Whiskys auf Bauernhöfen destilliert. Auf fast jeder Farm im Tal des Spey gab es eine Brennblase, mit der der Farmer überschüssige Gerste, die er nicht zur Ernährung seiner Familie oder zum Füttern des Viehs benötigte, zu Whisky brannte. Heute stehen die meisten Destillerien von Speyside am Ort solcher früheren bäuerlichen Nebenerwerbsbrennereien. Um zu verstehen, wie aus diesem ländlichen Handwerk eine Industrie werden konnte, deren Produkte mehr als ein Viertel der gesamten Exporteinnahmen Schottlands erwirtschaften – der jüngsten Statistik zufolge rund 1,7 Milliarden Pfund –, sollte man einmal ins Zentrum des Speytales fahren, in den Ort Craigellachie.

Der *Fiddichside Inn* steht, wie der Name signalisiert, am Fiddich, oberhalb der Stelle, an der das kleine Flüßchen in den Spey mündet. Die Wirtin dieses wohl kleinsten Gasthofes in Schottland heißt Dorothy Brandie. Trotz ihres Nachnamens – Dorothys Lebenszweck ist Whisky. Bis sie den Gasthof von ihen Eltern erbte, hatte ihr Mann Joe in der Destillerie Macallan gearbeitet, auf dem Hügel gegenüber von Craigellachie. Dorothy kennt jeden einzelnen aus der eng verbundenen Brennergemeinde am Spey. Bei meinem letzten Besuch, erst vor kurzem, kamen wir auf den Vater von Evan Cattanach zu sprechen, den ich auf Islay kennengelernt hatte, der aber inzwischen wieder in Speyside war. Ich erwähnte auch George Grant, der sich auf der Fähre nach Islay über mich lustig gemacht hatte und dessen Familie die Destillerie Glenfarclas gehört. George hatte sich kurz zuvor zur Ruhe gesetzt, und doch gab mir Dorothy – ohne dies ausdrücklich zu behaupten – das Gefühl, als habe George als kleines Kind auf ihrem Schoß gesessen.

Dorothys Interesse an Whisky geht jedoch weit über die Bekanntschaft mit den Menschen von Speyside, die ihn herstellen, hinaus. Ihr liegt Whisky im Blut. Hinter der Theke ihres Gasthofs hängt ein altes, vergilbtes Foto ihres Großvaters – James Smith aus Glass, auch Goshen genannt, der berühmteste aller Whiskyschmuggler.

Um das gesellschaftliche Phänomen des Whiskyschmuggels zu verstehen, muß man weit in die Geschichte zurückgehen. Von Anbeginn der Whiskybrennerei in Schottland an, die es, wie wir wissen, spätestens gegen Ende des dreizehnten Jahrhunderts gegeben hat, stellten die Menschen ihren eigenen Whisky her. Im Hochland und auf den Inseln war das kein kommerzielles Unterfangen, sondern bestenfalls bäuerlicher Nebenerwerb. Die Regierung machte keine Anstalten, die Produktion zu kontrollieren oder zu begrenzen, außer in Jahren außergewöhnlich schlechter Ernten, wenn das Getreide knapp wurde. Von Zeit zu Zeit wurden also auf lokaler Ebene Beschränkungen verhängt, doch im allgemeinen durften die Schotten Whisky für ihren privaten Bedarf frei herstellen, so daß sie im Laufe der Jahrhunderte zu der Überzeugung kamen, es handle sich dabei um ein unveräußerliches Recht. Bis das schottische Parlament 1644, um Einnahmen für die Armee zu erzielen, mit dem *Scottish Excise Act* ein Gesetz verabschiedete, das jedes Schottische Pint (etwa anderthalb Liter) Whisky und anderer Spirituosen mit einer Abgabe von zwei Shilling und acht Pence belegte.

Darauf folgten zwei Jahrhunderte, in denen das illegale Destillieren weit verbreitet, wenn nicht gar die Regel war. Whisky herzustellen ist relativ unkompliziert. Die einzige Grundausstattung, die man dazu braucht, ist ein Gefäß, in dem vergorene Maische aus Getreide erhitzt wird, bis sie verdampft. Alkohol verdampft bei niedrigeren Temperaturen als Wasser – diese Dämpfe werden kondensiert, das Destillat wird aufgefangen. Weil dieser Vorgang so simpel ist, läßt er sich auch im Verborgenen handhaben.

Als sie Whisky nicht mehr öffentlich in ihren Scheunen destillieren konnten, fanden die Schotten Mittel und Wege, es heimlich zu tun, versteckt in Kellern oder in Schuppen, die man mit Gras oder Heidekraut tarnen konnte. Üblicherweise wurde die Brennblase in einer Grube im Moor betrieben, bequem neben einem Bach, zum Kühlen des spiralförmigen Kupferrohrs, in dem der Alkohol kondensiert. Rauch von einem Torffeuer, über dem die Gerste gemälzt und die Brennblase erhitzt wurde, hätte den Steuereintreibern den Standort einer solchen geheimen Anlage verraten können, so daß Warnposten aufgestellt wurden, meist Frauen oder kleine Kinder. Manchmal wurden Flaggen oder Bettlaken »gehißt«, um vor dem Anmarsch des Feindes zu warnen. Es gab indes nur wenige Steuerfahnder, die außerdem weite Landstriche zu kontrollieren hatten, so daß nur selten eine illegale Brennerei aufflog. Außer, wenn rivalisierende Schmuggler den Behörden einen Tip gaben.

Der Schmuggel, wo immer er betrieben wurde, hatte einen alarmierenden Verfall der Moral zur Folge. Nun konnte man mit dem Verkauf von schwarz gebranntem Whisky Geld verdienen, woraus nach kurzer Zeit ein organisierter Handel entstand. In den Highlands hergestellter Whisky war von weit besserer Qualität als der in und um die Städte der Lowlands produzierte. Zum einen lag das an den Fertigkeiten der jeweiligen Brenner, doch das Wasser spielte eine zumindest ebenso wichtige Rolle. Schon bald brachten meist bewaffnete Schmugglerbanden ihren Whisky auf Packpferden oder Mauleseln nach Perth und in andere Städte, wo er sich an Markttagen mehr oder weniger offen verkaufen ließ.

Vereinzelt wurden geistreiche Tricks ersonnen, um Vorräte an schwarz gebranntem Whisky zu verstecken. Beispielsweise in einem leeren Sarg, inmitten einer Trauergemeinde. In manchen Gegenden kam es zu einer Art Guerilla-Kleinkrieg, wenn Schmuggler die Steuereinnehmer mit falschen Informationen und scheinbaren Tips in die Irre führten, was manchmal zu Überfällen und Bandenkämpfen führte – und nicht selten zu Todesfällen.

Es erwies sich als nahezu unmöglich, das neue Gesetz durchzusetzen. Finanzbeamte wurden bestochen, und Richter verhängten nur widerwillig mehr als symbolische Strafen gegen Straffällige, die sich ansonsten an die Gesetze hielten. Manche Richter dürften selbst bestochen gewesen sein. Man erzählt sich die Geschichte einer Frau, die wegen Schmuggels vor Gericht stand und dem Richter erklärte: »Ich hab kein' Tropfen mehr gemacht seit dem kleinen Faß, das ich Euch geschickt habe.« Für Informationen, die zum Ausheben einer Brennerei führten, wurden Belohnungen ausgesetzt, doch selbst diesen Umstand nutzten die Schwarzbrenner für ihre Zwecke. Die kupferne Kühlschlange zum Kondensieren des Alkohols war der kostspieligste Teil einer jeden Brennanlage. Wenn sie abgenutzt war, brachten Schmuggler die Steuereintreiber zu einer »illegalen Brennerei«, machten eine Belohnung von fünf Pfund geltend – und kauften davon eine neue Kühlschlange.

Große Mengen an Wein und Likör, die vom europäischen Festland aus illegal ins Land kamen, verschlimmerten die Lage noch weiter. Historiker schätzen, daß mehr als die Hälfte der schottischen Bevölkerung zu jener Zeit, direkt oder indirekt, mit Schwarzbrennerei oder Schmuggel zu tun hatte. Anfang des neunzehnten Jahrhunderts versuchte man, dieses wachsende soziale Übel dadurch zu bekämpfen, daß man das Destillieren lizenzierte und die Alkoholabgaben anhob. Der Versuch schlug fehl – kaum jemand im Hochland machte sich die Mühe, eine Brennlizenz zu beantragen. Man nimmt an, daß damals allein in der kleinen Gemeinde Glenlivet etwa zweihundert Brennblasen betrieben wurden.

In dieser Situation, im Jahre 1820, machte der Duke of Gordon und Laird of Aberlour, einer der größten Grundbesitzer in diesem Teil des Landes, das Oberhaus in Westminster auf die beklagenswerten Konsequenzen aufmerksam, die der Schmuggel in Schottland nach sich zog. Auf seinen Rat hin und nach seiner Zusicherung, die Landbesitzer würden tun, was in ihrer Macht stünde, die Schwarzbrennerei auszumerzen, wurde der *Excise Act* von 1823 durch das Parlament verabschiedet. Mit diesem Gesetz wurden die Abgaben gesenkt und die Destillation gegen eine relativ bescheidene Lizenzgebühr gestattet. Voraussetzung für die Lizenzierung war, daß die Brennblasen ein Fassungsvermögen von wenigstens vierzig Gallonen hatten, etwa einhundertachtzig Liter. Das Strafmaß bei Zuwiderhandlungen wurde verschärft.

Dieses Gesetz legte das Fundament für die schottische Whisky-Industrie, auch wenn es im Hochland zunächst auf erbitterten Widerstand stieß. Die meisten Anlagen waren zu klein, um lizenzfähig zu sein, so daß viele ihren Whisky für den Eigenbedarf auch weiterhin schwarz brannten. Auch der Schmuggel ging weiter, bis zur Jahrhundertwende und darüber hinaus; selbst in jüngerer Zeit noch wurde gelegentlich ein Brennkessel im Heidekraut entdeckt. Wer sich mit einer illegalen Brennerei erwischen läßt, macht sich strafbar und riskiert bei einer Verurteilung eine hohe Geldstrafe oder sogar Gefängnis.

In Elgin, der Stadt am Ende des Speytales, erzählt man sich die Geschichte eines gewissen Willie, eines Mannes aus dem Ort, der einmal der Schwarzbrennerei angeklagt war und vor Gericht erscheinen mußte. Der Sheriff fragte den Wachtmeister, der Willie verhaftet hatte, ob er den Angeklagten auf frischer Tat ertappt habe. Der Wachtmeister gab zu, daß dies nicht der Fall war, gab jedoch zu Protokoll, daß er Willie bei seiner kompletten Ausrüstung angetroffen habe. Willie wurde für schuldig befunden, doch vor dem Urteilsspruch fragte ihn der Sheriff, ob es noch irgendwelche anderen Straftaten gebe, die er berücksichtigt wissen wolle.

Willie dachte eine Weile nach. »Ja, aber nur eine, Euer Ehren. Vergewaltigung.«

»Was?« rief der Sheriff aus. »Wollen Sie damit sagen, daß Sie eine Vergewaltigung begangen haben?«

»Nein, das nich'. Aber ich hab' die komplette Ausrüstung dafür.«

Dorothy Brandies Großvater Goshen war unter den späteren Schwarzbrennern und Schmugglern einer der berühmtesten, sowohl für die Mengen an Whisky, die er destillierte, als auch für dessen herausragende Qualität. Jeder, der sich das vergilbte Foto im Fiddichside Inn ansieht, ist beeindruckt von seiner würdevollen Erscheinung. Er war kein Charakter, den man je mit etwas Diebischem oder Schändlichem in Verbindung bringen würde. Zeitgenössischen Berichten zufolge war er wie viele andere auch der Überzeugung, daß das Whiskybrennen eine unschuldige und im Grunde vernünftige Beschäftigung war, deren Freuden ihnen nur ein unvernünftiges, dummes Gesetz verderben konnte, das irgendein gedankenloses Parlament im fernen Süden verabschiedet hatte.

Goshen war außerdem, soweit man weiß, ein großzügiger Mann, der alle an seinem Whisky teilhaben ließ, auch nach Abschluß seines Berufslebens als Wildhüter. Schließlich und endlich war es seine Großzügigkeit, oder besser gesagt: die Indiskretion derer, die sie genossen, die zu seiner Verhaftung führte. Auf einer Reise nach Speyside hatte Sir William Grant – eine bekannte Persönlichkeit in Schottland, die aber in keiner Beziehung zu den Whisky-Grants aus Dufftown stand – Gefallen an Goshens Whisky gefunden. Später, anläßlich einer Tischrede, die er in London hielt, brüstete er sich mit diesem Whisky, der jedem anderen, den man im Süden kaufen könnte, weit überlegen sei. Ein Sir William persönlich nicht bekannter Tischnachbar war ein hoher Finanzbeamter, der dem folgenden Tischgespräch genügend Informationen entnehmen konnte – zur Weitergabe an das örtliche Finanzamt in Huntly, das Goshen damit als Schwarzbrenner überführte. Er kam in Untersuchungshaft und vor Gericht, wo ihn nur die Beredsamkeit seines Anwaltes vor einer Gefängnisstrafe bewahrte. Er kam mit einer Geldstrafe in Höhe von zehn Pfund davon.

Der Name Glenlivet ist für viele zum Synonym für Scotch Whisky geworden. In dem kleinen Tal, durch das der Livet fließt – auf seinem Weg zum Avon, der später in den Spey mündet –, wird seit Jahrhunderten Whisky von ganz besonderer Qualität hergestellt. Die Frage nach den Gründen erübrigt sich, da sie ohnehin niemand schlüssig beantworten kann. Daß diese Gegend gute Voraussetzungen für Whisky bietet, wußten die Brenner von jeher instinktiv, weshalb es hier früher auch so viele kleine Brennereien gab.

Eine davon gehörte George Smith, einem Farmer mit Weitblick, der erkannte, daß die Schwarzbrennerei nach der Gesetzesnovelle von 1823 keine Zukunft mehr hatte, ein kommerzielles Unternehmen nun jedoch sehr vielversprechend sein konnte. Also erwarb er eine Lizenz für seine Brennanlage und baute sie so um, daß er Whisky guter Qualität in größerem Maßstab brennen konnte.

In den Augen seiner früheren Schmugglerkumpane war sein Übertritt ins andere Lager natürlich ein unverzeihlicher Verrat. Die Geschichten darüber, wie Smith von ihnen beschimpft und bedroht wurde, als er seinen Whisky über die Berge nach Perth und Edinburgh brachte, sind Whiskylegende geworden. Zur Selbstverteidigung schenkte ihm der Laird of Aberlour ein Paar Pistolen, die heute in der Destillerie Glenlivet ausgestellt sind. Smith soll sie nur ein einziges Mal abgefeuert haben, einen Warnschuß in den offenen Kamin eines Gasthofes, in dem ihm ein paar Schmuggler ans Leder wollten.

Schon nach wenigen Jahren wurde sein Whisky weithin als der beste in der Region eingeschätzt und genoß ein so hohes Ansehen, daß andere Brenner, die seinem Beispiel gefolgt waren und eine Lizenz erworben hatten, den Namen »Glenlivet« als Zusatz zu ihrem eigenen Namen verwendeten – auch wenn manche dieser Brennereien noch nicht einmal in der Nähe des Livet-Tales lagen.

Bis vor ein paar Jahren wurden die schottischen Malt Whiskys allgemein in vier Kategorien unterteilt: *Highland Malts* werden demnach nördlich einer gedachten Linie hergestellt, die von Greenock nach Dundee verläuft, *Lowland Malts* stammen aus dem Gebiet südlich dieser Linie, *Islay Malts* von der Insel Islay, und *Campbeltown Malts* werden in der gleichnamigen Stadt auf der Halbinsel Mull of Kintyre destilliert. Da es in Campbeltown nur noch zwei Destillerien gibt, tendieren Blendmeister in jüngerer Zeit immer mehr dazu, Campbeltown nicht mehr als eigenständige Region zu betrachten, sondern diese beiden Whiskys unter die Kategorie der Highland Malts zu subsumieren. Gleichzeitig ist es zunehmend in Mode gekommen, die Highland Malts auseinanderzudividieren, in Speyside Malts und andere Highland Malts.

Meiner Meinung nach sollte man in diese Kategorisierung nicht allzuviel hineininterpretieren. Abgesehen von den Islay Malts scheinen die Malts innerhalb der anderen Kategorien keine besonderen Gemeinsamkeiten aufzuweisen, die sich im Geschmack eindeutig identifizieren ließen. Es wäre auch überraschend, wenn es so wäre. Nehmen Sie zum Beispiel die Speyside Malts. Derzeit werden dort neunundvierzig Destillerien betrieben. Jede verwendet ein anderes Wasser, manche stehen in bewaldeten, andere in moorigen Gegenden, wieder andere in den Bergen, und eine ganze Reihe von ihnen ziemlich weit vom Spey entfernt – die Destillerien, die unter den Begriff »Speyside« fallen, verteilen sich über eine Fläche von vielen Quadratkilometern. Ebenso groß ist die geschmackliche Bandbreite zwischen diesen Whiskys. Die Unterscheidung zwischen Highlands und Lowlands rührt ursprünglich von unterschiedlich gehandhabten Lizenzbestimmungen her, und nicht von etwaigen Unterschieden zwischen den Whiskys. Die Whiskyblender haben diese Unterscheidung übernommen und später weiter unterteilt. Das ist aus ihrer Sicht machbar. Es wäre jedoch verhängnisvoll, wenn eine allgemein akzeptierte Definition der Speyside Malts dazu führen würde, daß das Ansehen anderer Highland Malts beim Genießer geschmälert würde.

Die Destillerien, die das Wörtchen »Glenlivet« an ihren Namen angehängt haben, mögen argumentieren, daß Glenlivet ein bestimmter, wiedererkennbarer Typ von Malt Whisky sei, daß ihr Whisky vom Geschmack her in diese Kategorie gehöre und deshalb einen Anspruch darauf habe, diese Bezeichnung zu tragen. Rückblickend gibt es jedoch keinen Zweifel, daß sie lediglich versuchten, sich an den guten Ruf und an den Erfolg von George Smiths Whisky anzuhängen und mit dem Namenszusatz ihr eigenes Prestige zu erhöhen. Diese Praxis war damals im Speygebiet so weit verbreitet, daß das Tal des Livet sarkastisch als »längstes Glen in Schottland« bezeichnet wurde.

John Gordon Smith, der die Destillerie Glenlivet von seinem Vater erbte, zog 1888 vor Gericht, um die Verwendung des Namens durch andere Destillerien verbieten zu lassen. Er erzielte nur einen Teilerfolg. Dem heute unhaltbar erscheinenden Urteil zufolge durfte sich zwar lediglich Smiths Destillerie »The Glenlivet« nennen, die anderen konnten den Zusatz »Glenlivet« jedoch beibehalten, wenn sie ihn mit einem Bindestrich von ihrem eigenen Namen trennten. Fast ein Jahrhundert lang wurde dies von mehreren Speyside-Destillerien so gehandhabt. Erst in jüngerer Zeit haben die meisten damit aufgehört und auf ihren eigenen Ruf gebaut, wie es sich gehört.

Im Vergleich zu George Smiths bescheidenen Anfängen bietet die Destillerie Glenlivet heute ein völlig anderes Erscheinungsbild – ihre Expansion war enorm. Die Qualität des Whiskys, der dort destilliert wird, ist allerdings erstklassig geblieben, und im Laufe der Zeit hat The Glenlivet nicht nur seinen guten Ruf im Tal des Spey gewahrt, sondern internationale Reputation gewonnen.

Es gibt im Englischen einen Knittelvers, der etwa so geht:

Glenlivet hat der Schlösser drei,
Drumin, Blaifindy und Deskie,
Doch, für ihren guten Whisky,
Berühmter ist die Brennerei.

Wer immer diese Zeilen vor langer Zeit gedichtet hat – ihm war vermutlich gar nicht bewußt, wie recht er hatte. Von den Schlössern sind heute nur noch Ruinen übrig, während The Glenlivet Single Malt Scotch Whisky, auch liebevoll »Smiths Glenlivet« genannt, auf der ganzen Welt gerühmt und getrunken wird.

Nicht weit von Glenlivet, an der Straße nach Elgin, liegt Glenfarclas, eine der wenigen Destillerien, die bis heute Familienunternehmen geblieben sind. J. & G. Grant ist die Firma von George Grant, der sich damals auf der Fähre nach Islay über mich lustig gemacht hatte. Er hat das Unternehmen über viele Jahre geleitet, bevor er die Geschäfte vor ein oder zwei Jahren an seinen Sohn John übergab. Sowohl George als auch John begeistern sich für Curling, den traditionellen Wintersport der schottischen Brenner und Farmer, und sie scheinen bereit, nahezu überall hinzufahren, um ihren Sport zu betreiben. Vor ein paar Jahren bauten sie hinter der Destillerie ein flaches Wasserbecken, das im Winter zufriert, damit die Arbeiter nach Feierabend, unter Flutlicht, Curling spielen können.

George hat einen lebhaften Sinn für trockenen Humor. Wenn ich Glenfarclas besuchte, führte er mich oft durch die Brennerei, um mich dann auf einen Schluck mit in sein Haus zu nehmen, das nur ein paar hundert Meter entfernt liegt und in dem heute John mit seiner Frau lebt. Bei einer dieser Gelegenheiten stellte George zwei Gläser auf den Tisch, reichte mir eine Flasche Glenfarclas und sagte mir, ich sollte mir selbst einschenken.

Ich muß ein überraschtes Gesicht gemacht haben, denn er erklärte mir: »Es hat vierzig Jahre gedauert, bis mir klar wurde, daß ich auf diese Art Whisky spare. Meine Gäste gießen sich aus Höflichkeit weniger ein, als ich es aus Gastfreundschaft tun würde.« Er lächelte und fügte hinzu: »Mit meinen Freunden aus der Gegend hier könnte ich das allerdings nicht machen!« Bis heute bin ich mir nicht sicher, ob diese letzte Bemerkung als Kompliment gemeint war. George hat mich übrigens darauf aufmerksam gemacht, daß seine Großmutter noch vor den Zeiten von Bessie Campbell die Brennerei leitete. Als Georges Großvater 1890 gestorben war, führte sie eine Zeitlang die Geschäfte.

Glenfarclas gehört zu den großen Malt Whiskys. Er ist außergewöhnlich vollmundig und körperreich und tendiert zu einer dezenten Süße, was der Grund sein mag, weshalb er bei Kennern und Genießern zu den beliebtesten Malts zählt.

Wenn man Glenfarclas verläßt, nach links in Richtung Grantown abbiegt und kurz darauf die Abzweigung nach rechts durch das kleine Dorf Marypark nimmt, gelangt man auf ein dicht mit Bäumen gesäumtes Sträßchen, das hinunter an den Spey führt. Den Fluß überquert man auf einer Brücke bei Blacksboat, und meistens sieht man dort einige Angler.

Der Spey ist eines der drei berühmten schottischen Reviere für Lachsangler, neben den Flüssen Tay und Dee. Die Fischereirechte liegen meist bei den Eigentümern von Ländereien, die bis ans Flußufer reichen, oder bei Hotels: Wenn man überhaupt Gelegenheit bekommt, am Spey Lachse zu angeln, ist es ein teurer Spaß. Ein mir bekannter Diamantenhändler wird regelmäßig einmal im Jahr zum Angeln in der Nähe von Craigellachie eingeladen. Er könnte es sich leisten, überall hinzureisen, doch dies ist für ihn der schönste Urlaub, den er sich vorstellen kann, auch wenn erwartet wird, daß er den ganzen Tag über angelt, vom Morgengrauen bis es dunkel wird. Zum Lohn für seine Mühen darf er einen einzigen Lachs kostenlos mit nach Hause nehmen, den Preis für jeden weiteren Fisch muß er aushandeln.

Einmal, bei einem meiner Besuche in Speyside, hielt ich mit dem Wagen an der Straße, die von Grantown aus am Nordufer des Flusses entlangführt, um ein wenig auszuruhen und die Aussicht zu bewundern, als zwei Damen auf ihrem Spaziergang vorbeikamen. Wir tauschten die üblichen Höflichkeiten aus, und mir fiel auf, daß es sich wohl um Französinnen handelte. Hätte sie nicht ihr Akzent verraten, dann sicherlich ihre Kleidung – elegant gewandet und aufwendig frisiert, wie sie waren, wirkten sie ein wenig fehl am Platz, zu Fuß unterwegs auf einer holprigen Landstraße in hochhackigen Pumps aus einem Modegeschäft an der Rue St-Honoré. Sie erzählten, daß sie mit ihren Männern in einem Landhaus Urlaub machten, das erst kürzlich zu einem Hotel umgebaut worden sei, und schienen ganz zufrieden mit der getroffenen Vereinbarung, wonach ihre Gatten den lieben langen Tag beim Angeln zubrachten, während sie die Schutzwirkung ihrer teuren Hautlotionen vor den Angriffen schottischer

Stechmücken testeten. Als ich hörte, wieviel sie für diese Form von Masochismus bezahlten, standen mir die Haare zu Berge.

Viele, die durch das Speytal reisen und an den Ufern immer wieder Destillerien auftauchen sehen, fragen sich, ob der Fluß dadurch nicht verschmutzt wird. Die Brenner waren schon immer sehr darauf bedacht, ihre Umwelt zu schützen. Bereits 1910 stellte eine königliche Umweltkommission in ihrem Untersuchungsbericht fest, daß die schottische Whisky-Industrie große Anstrengungen unternommen habe, um die Verschmutzung der Flüsse zu vermeiden. Jede Einleitung einer Destillerie in einen Fluß muß zuvor eine Kläranlage durchlaufen, um Stoffe herauszufiltern, die den Sauerstoffgehalt des Wassers reduzieren oder dem Fluß anderweitig schaden könnten. Die von der jeweils zuständigen Behörde, den River Purification Boards, festgelegten Grenzwerte sind zwar rigoros, doch die Industrie konnte sie immer einhalten. Es gibt allerdings auch wenig Abfälle bei der Whiskyherstellung – wie wohl nicht anders zu erwarten in einem Land, dessen Sparsamkeit sprichwörtlich ist. Die nach dem Maischen verbleibenden Gerstenreste werden an Bauern als Viehfutter verkauft, und die Brennrückstände, die aus nahrhaften Feststoffen bestehen, werden in speziell konstruierten Anlagen zu Geflügelfutter verarbeitet.

Etwas oberhalb der Brücke bei Blacksboat führt ein schmaler Weg zu zwei weiteren Destillerien, Tamdhu und Knockando. Von ihrem Ursprung her haben die aus dem Gälischen stammenden Namen eine gewisse Ähnlichkeit. *Dhu* bedeutet »schwarz«, *tam* ist ein Felsen und *knock* oder *cnoc* ein kleiner Hügel. Obwohl sie nur zwei Minuten Fußweg voneinander entfernt liegen, sind sich ihre Whiskys in keinster Weise ähnlich.

Tamdhu dürfte die einzige Destillerie Schottlands sein, die heute noch ihre gesamte Gerste selbst mälzt. Sogar bei Laphroaig wird das im Hause hergestellte Malz durch Zukäufe aus spezialisierten Mälzereien ergänzt. Bei Tamdhu wird im Saladin-Verfahren gemälzt, wobei die Gerste mechanisch gewendet wird. Nach dem Einweichen kommt sie in lange, rechteckige Kästen aus gemauerten Ziegelsteinen. Darüber ist eine Vorrichtung aufgehängt, die sich mit einer Reihe von daran befestigten Rührspiralen langsam vom einen Ende des Kastens zum anderen bewegt. Dabei rotieren die Spiralen und wenden die keimende Gerste – anders als von Hand, aber genauso effektiv. Wenn der Keimvorgang abgeschlossen ist, wird das grüne Malz in einer Malzdarre getrocknet, wobei dem Feuer wieder Torf beigegeben wird, um dem Whisky seinen typischen rauchigen Geschmack zu geben.

Knockando gehört zwar nicht zu den ältesten Malt-Brennereien Schottlands, wurde aber immerhin doch schon 1898 erbaut. Wie die meisten heutigen Destillerien kauft sie ihr Malz bei Spezialmälzereien, aber dies ist auch der einzige wesentliche Unterschied zu Tamdhu: Der Vorgang der Destillation ist der gleiche, und beide Destillerien verfügen über die traditionellen niedrigen, aus Stein gemauerten Lagerhäuser, in denen der Whisky reift. In beiden Destillerien wird das Malz mit einer Mühle zu grobem Mehl gemahlen und im Maischbottich mit heißem Wasser vermischt, um den Zucker zu lösen – genau wie es Monica bei Caol Ila fotografiert hatte.

Die nächste Stufe der Whiskyherstellung ist die Fermentation. Die zuckrige Flüssigkeit aus dem Maischbottich, die sogenannte *wort* (Würze), wird in riesige zylindrische Tanks geleitet, die man als *washbacks* bezeichnet. Diese Gärbehälter können fünfzigtausend Liter oder mehr fassen. Nun wird Hefe zugegeben – fast augenblicklich beginnt die Mischung zu arbeiten und den in der Wort enthaltenen Zucker in Alkohol umzuwandeln. Die Gewalt dieser Reaktion ist verblüffend: Die Flüssigkeit beginnt so sehr zu brodeln und zu schäumen, daß man den Schaum mit rotierenden Blättern niederhalten muß. Wenn die Hefe verbraucht ist, beruhigt sich das Brodeln wieder und gibt den Blick frei auf eine trübe, bierähnliche Flüssigkeit, die sogenannte *wash*.

Sowohl bei Tamdhu als auch bei Knockando bestehen die Washbacks aus Holz. Lärche oder Oregon-Kiefer sind die traditionellen Materialien für einen solchen Gärtank, doch die meisten Destillerien haben inzwischen auf Washbacks aus rostfreiem Edelstahl umgestellt. Jede Art von Gärbehälter muß grundsätzlich – und dies ist von eminenter Bedeutung – nach jeder Fermentation gereinigt werden. In manchen Destillerien geschieht das immer noch, indem man die Seiten und den Boden während des Abspritzens mit Besen aus Heidekraut schrubbt. Rostfreier Stahl ist natürlich wesentlich leichter zu reinigen als Holz. Außerdem sind die Verfechter der stählernen Washbacks der festen Überzeugung, daß man in Stahltanks eine bessere Kontrolle über den Gärvorgang habe. Diese stark vereinfachend zusammengefaßten Argumente kennzeichnen eine Streitfrage, die man letzten Endes nie wird lösen können, und es gibt, wie wir noch sehen werden, viele solcher kontroverser Punkte bei der Herstellung von Scotch Whisky.

Der Geschmacksunterschied zwischen den Malts von Tamdhu und Knockando ist leicht festzustellen. Ihren jeweiligen Geschmack und Charakter in Worte zu fassen, ist allerdings wesentlich schwieriger, da unterschiedliche Menschen wohl unterschiedliche Adjektive verwenden würden, um ein und denselben Whisky zu beschreiben. Vielleicht sollte man an dieser Stelle einfach sagen, daß Knockando im Geschmack sicherlich leichter ist als Tamdhu, obwohl letzterer keineswegs als schwer oder robust bezeichnet werden kann. Entscheidend ist, daß beide von ihrem Typ her genau dem entsprechen, was ihre Macher angestrebt haben.

Eines verbindet diese beiden Destillerien allerdings doch, und zwar eine gut gewählte Gemeinsamkeit: ihre Lage. Beide Standorte liegen direkt oberhalb des Spey, mit herrlicher Aussicht über die Hügellandschaft. Unten fließt langsam der Fluß, so gemächlich, als beziehe er seine Ruhe aus der alten Handwerkskunst, die er in seinem Tal hat groß werden lassen, die geduldige Kunst, besten Whisky zu machen.

Um guten Whisky herzustellen, braucht man eine Quelle mit klarem, kühlem Wasser und saubere Luft, die der Whisky in den Jahren der Reifung atmen kann. Aus diesem Grund liegen die meisten Destillerien Schottlands in entlegenen, ländlichen Gegenden, wo sie zu kleinen Gemeinden gewachsen sind, in denen die Arbeiter mit ihren Familien in Häusern leben, die ihnen von den Destilleriebesitzern zur Verfügung gestellt werden. Diese Beschreibung paßt auf Tamdhu und Knockando wie auch auf Cardhu, ein paar Minuten Fußmarsch entfernt, wo es sogar eine Schule und eine Kirche gibt.

Cardhu gehörte ursprünglich Elizabeth Cumming, der ersten Frau überhaupt, die eine Destillerie besaß und führte, lange vor Bessie Campbell und George Grants Großmutter. Sie war die Witwe von Lewis Cumming, dessen Vater John 1813 Pächter der Farm Cardhu wurde, deren Abgeschiedenheit ideale Voraussetzungen für die Schwarzbrennerei bot. Ein weiterer Aktivposten waren reichliche Vorkommen an Quellwasser und Torf. 1824 wurde eine Brennlizenz erteilt, die jedoch zur Farm gehörte, und als ihr Mann 1872 starb, stand Elizabeth nicht nur mit dem Hof und der kleinen Brennerei, sondern auch mit drei kleinen Kindern da. Zu ihrer Hilfe stellte sie ein paar Männer ein und leitete die Geschäfte siebzehn Jahre lang mit Energie und Tatkraft. 1893 verkaufte sie die inzwischen stark erweiterte Brennerei an die Weinhändler John Walker & Sons aus Kilmarnock, die später mit ihren Blended Scotch Whiskys weltbekannt werden sollten. Elizabeth Cumming war gewissermaßen die Gründerin einer Whisky-Dynastie. Ihr Enkel Ronnie, der spätere Sir Ronald Cumming, wurde Vorsitzender nicht nur der riesigen Distillers Company Limited, sondern auch der Scotch Whisky Association.

Der körperlich kräftige, freundliche Ronnie Cumming spielte Rugby in der schottischen Nationalmannschaft und, wann immer er Zeit dazu fand, Golf – obwohl er in diesem Sport keineswegs internationales Format erreichte. Selbstlosigkeit und Fingerspitzengefühl machten ihn zu einem erstklassigen Vorsitzenden, doch wie wir alle, so hatte auch er seine kleinen Schwächen. Zum Beispiel, daß er ein ebenso begeisterter wie schlechter Geschichtenerzähler war. Er versuchte zwar überall, jede Menge guter Anekdoten und Witze anzubringen, lachte beim Erzählen aber meist so lauthals, daß er entweder unterwegs die Pointe vergaß oder irgend etwas durcheinanderbrachte.

Einmal hatte er die Schirmherrschaft über die Feierlichkeiten zur Eröffnung neuer Büros und Ausstellungsräume der Scotch Whisky Association in einem Gebäude in der Londoner Half Moon Street, in dem übrigens Conan Doyles Professor Moriaty gelebt haben soll. Einer der wichtigsten Gäste, Douglas Jay, der damalige Präsident der Handelskammer, hatte schon für einen schlechten Auftakt des Abends gesorgt, indem er durchblicken ließ, daß er nie Whisky trinke, und um ein Glas Sherry bat. Und nun sollte Ronnie eine Rede über die Erfolge des Scotch Whisky halten, dessen Export damals um nahezu zehn Prozent jährlich stieg.

Ein Autorenteam, zu dem auch ich gehörte, war gebeten worden, eine entsprechende Rede vorzubereiten, die Ronnie dann heiter ausklingen lassen wollte. Bei allen Empfängen der Scotch Whisky Association wird der Whisky aus diplomatischen Gründen grundsätzlich in Karaffen serviert – kein Mitglied des Verbandes soll das Gefühl bekommen, andere Whiskys würden seiner Marke vorgezogen. Das Wortspiel, das wir für den Schluß von Ronnies Rede vorgesehen hatten, sollte – in Anlehnung an den Straßennamen *Half Moon* (Halbmond) – auf die Karaffen anspielen und den Mitgliedern versichern, daß es sich bei dem Whisky, den sie tränken, nicht einmal um *Half Moonshine* handelte – nicht einmal zur Hälfte um »Mondschein-Whisky«, wie man den schwarz gebrannten Whisky auch nennt. Zugegeben, kein besonders brillantes Wortspiel. Ronnie jedoch, der seine Rede wenigstens vorher einmal hätte durchlesen sollen, kam dadurch völlig ins Schleudern.

Als er zu der besagten Textstelle kam, hielt er inne und starrte ungläubig auf sein Manuskript. Dann sagte er empört: »Es heißt hier, daß wir gerade zur Hälfte schwarz gebrannten Whisky trinken. Das ist nicht wahr! Heute destilliert in Schottland niemand mehr illegal.« Dann fügte er hinzu: »Und im übrigen weiß ich, daß es sich hier um einen Whisky der Marke *Bell's* handelt.« Er konnte überhaupt nicht wissen, welcher Whisky an diesem Tag serviert wurde, aber als Gentleman ließ er die Ehre dem größten Konkurrenten seiner Firma.

Auch wenn er vielleicht nicht der beste Erzähler und Redner war, so handelte Ronnie Cumming doch immer mit Überlegung und Weitsicht. Als Vorsitzender der Scotch Whisky Association unterbrach er sich Jahr für Jahr bei seinem jährlichen Geschäftsbericht, um die Mitglieder wissen zu lassen, daß die Industrie seiner Meinung nach zuviel Whisky produziere. Leider hörte man nicht auf ihn, denn es sollte sich erweisen, daß er recht hatte.

Kürzlich, als ich wieder einmal Cardhu besuchte, entdeckte ich, daß inzwischen Evan Cattanach Leiter der Destillerie geworden war, den ich Jahre zuvor als stellvertretenden Leiter von Lagavulin auf Islay kennengelernt hatte. Er führte mich durch das Brennhaus, das mit seinen sechs großen, auf Hochglanz polierten Kupferbrennblasen und in seiner makellosen Gepflegtheit zu den eindrucksvollsten überhaupt gehört. Der Vorgang der Destillation ist technisch genau der gleiche, wie ihn die Schwarzbrenner vor zweihundert Jahren anwendeten – mit dem Unterschied, daß heute in wesentlich größerem Rahmen destilliert wird.

In einer modernen Malt-Whisky-Destillerie wird die vergorene Wash aus den Gärtanks nicht nur ein, sondern zwei Mal destilliert. Ein Luxus, den sich die alten Schwarzbrenner, denen die Steuerfahnder ständig auf den Fersen waren, schon aus Zeitgründen nicht leisten konnten – es wäre jedoch nötig gewesen, um unerwünschte Geschmacksbestandteile zu entfernen. Die Wash wird zunächst in der sogenannten *wash still*, der ersten Brennblase, so lange erhitzt, bis der enthaltene Alkohol verdampft. Die Alkoholdämpfe steigen in der Brennblase nach oben, wo sie heruntergekühlt und kondensiert werden. Dieses als *low wines* bezeichnete Destillat wird in eine zweite Brennblase, die sogenannte *spirit still*, geleitet, wo es ein zweites Mal destilliert wird. Auch bei diesem zweiten

Brenndurchgang ist nicht das gesamte Destillat von der gewünschten Qualität. Vorlauf wie Nachlauf enthalten zuwenig Alkohol und zu viele unreine Bestandteile. Daher wird nur der Mittellauf dieser zweiten Destillation aufgefangen und später auf Fässer gefüllt. Vor- und Nachlauf werden abgeschieden und den nächsten Low Wines zugeführt, mit denen sie erneut zur Destillation kommen.

Am einen Ende des Brennhauses von Cardhu steht ein gläserner Kasten – der *spirit safe* –, durch den das Destillat aus den Brennblasen fließt. Mit Hilfe von Instrumenten im Spirit Safe kann der Brennmeister die Temperatur und das spezifische Gewicht der Flüssigkeit überprüfen und – auch nach dem optischen Eindruck – präzise entscheiden, wann der gewünschte Mittellauf des Brenndurchgangs beginnt.

Seine Entscheidung, das richtige Timing, ist ausschlaggebend für die spätere Qualität des Whiskys. Die Standards für Scotch Whisky sind so streng, daß nur ein Bruchteil des aus der Spirit Still fließenden Destillats aufgefangen wird – normalerweise nicht mehr als ein Drittel, in manchen Destillerien nur fünfzehn Prozent. Je größer der Mittellauf gewählt wird, desto niedriger sind natürlich die Produktionskosten, so daß die Versuchung groß sein muß, ihn etwas auszudehnen. Dieser Versuchung nachzugeben, würde allerdings der Qualität schaden. Brennmeister sind ja von Natur aus höfliche Menschen und lassen sich sehr selten zu abfälligen Bemerkungen über einen Whisky der Konkurrenz hinreißen. Manchmal kann man sie aber zu ein wenig Kritik provozieren – die sich dann meist auf einen zu ausgedehnten Mittellauf bezieht.

Der Spirit Safe jeder Destillerie steht unter Zollverschluß, so daß die Instrumente von außen bedient werden müssen. Der Auffangbehälter für das Destillat ist ebenfalls verschlossen, wie auch die Lagerhäuser, in denen der Whisky reift, um sicherzustellen, daß dem Schatzamt Ihrer Majestät keine Abgaben entgehen. Für jede Destillerie gibt es zuständige Steuerbeamte, die »verfluchten Nimmersatts der Steuer«, wie sie der schottische Nationaldichter Robert Burns (1759-1796) nannte. Man darf an dieser Stelle ruhig anmerken, daß Burns, als er nicht in der Lage war, Frau, Kinder und Mätressen mit seiner Landwirtschaft zu ernähren, selbst als Steuereinnehmer diente. Wilddiebe sollen ja die besten Wildhüter sein, doch ist es zweifelhaft, ob Poeten die besten Wächter der Staatseinnahmen sind. Den trinkfreudigen walisischen Dichter Dylan Thomas (1914-1953) hätte man wohl auch kaum zum Steuerbeauftragten einer Brauerei ernannt.

Evan Cattanach ist nebenbei immer noch Sänger. Er ist sogar zu internationalem Ruhm gekommen, reist um die Welt, um im Fernsehen oder im Radio aufzutreten, im Schottenrock Lieder von Robert Burns zu singen und um über Whisky zu plaudern. Das letzte Mal besuchte ich Cardhu in einem Januar, zum Robert-Burns-Gedenktag. Evan hatte mich gleich zu zwei *Burns-Night*-Galadiners eingeladen. Das erste fand im Festsaal des nebelverhangenen Örtchens Fogwat, zwischen Elgin und Aberlour, statt. Die Halle war voll mit Leuten aus dem Dorf, die ihren Spaß hatten am schottischen Nationalgericht Haggis, am Whisky und am Unterhaltungsprogramm – obwohl ein guter Presbyterianer bei mancher Zote blaß werden konnte.

Das andere Dinner am folgenden Abend erwies sich als eine extravagantere Festlichkeit, die in einem Hotel in Fraserburgh abgehalten wurde. Mehr als zweihundert Mitglieder des Fraserburgh Burns Club und ihre Gäste hatten sich versammelt, etwa die Hälfte im Smoking, der Rest im Kilt. Evan, der singen sollte, hatte zu seiner musikalischen Begleitung den Geiger Bill Brian mitgebracht. Ich kam gemeinsam mit den beiden an, so daß der Pianist wohl annahm, daß auch ich auftreten würde.

»Was machen Sie denn«, fragte er mich. Ich murmelte vor mich hin, daß ich ein wenig schreibe. »Sie können soviel schreiben, wie Sie wollen«, antwortete er ein wenig schroff, »aber wenn Sie singen, muß ich schon wissen, in welcher Tonart ich spielen soll.«

Ich sang natürlich nicht, dafür Evan – zwei Lieder nach Gedichten von Robert Burns. Bill Brian, der kurz zuvor einen schottischen Musikpreis gewonnen hatte, erwies sich als herausragender Geiger. Brillant war auch der Toast auf den »unsterblichen Robert Burns«, den der örtliche Schuldirektor ausbrachte. Und es gab genug Whisky auf den Tischen, um selbst die mehr als zweihundert Zeilen von Burns' Ballade »Tam O'Shanter« durchzustehen, die eines der Clubmitglieder, wie in jedem Jahr, unbedingt vortragen wollte – und entgegen allen Bitten auch vortrug. Ein denkwürdiger Abend.

Wenn man von Cardhu aus in Richtung Osten fährt, erreicht man bald Archiestown. Die Straße führt hier schnurgerade zwischen zwei düster-grauen Häuserreihen hindurch, und auch das Hotel und der Gemischtwarenladen sehen nicht gerade besonders einladend aus. Eher im Gegenteil. Ich hatte dort immer das Gefühl, etwas Unheilbringendes liege über dem Ort, der Schatten einer grauenvollen Tat, Mord oder Verrat vielleicht, vor langer Zeit begangen und nie ganz vergessen. Man braucht wenig Phantasie, um sich Archiestown als Gegenstück zu einer der Geisterstädte in den Prärien des Wilden Westens vorzustellen.

Es ist sicher nur Einbildung, doch jedes Mal, wenn ich vorbeifahre, stelle ich mir vor, wie hinter diesen gesichtslosen Fenstern Folter und okkulte Riten stattfinden. Natürlich weiß ich, daß ich nur anzuhalten bräuchte, um den Alptraum zu zerstreuen. Bei einem Glas an der Hotelbar, mit Menschen aus dem Hochland, die so geradeaus sind wie diese Straße und dazu freundlich und hilfsbereit und von einer natürlichen Würde wie sonst nirgends in Großbritannien. Ich weiß, daß ich längst einmal hätte anhalten sollen, doch auf meinen Reisen hat es sich bisher noch nicht ergeben.

Kaum ist die Gänsehaut wieder abgeklungen, die einem Archiestown über den Rücken jagt, erreicht man auch schon die Destillerie Macallan. Hier müssen Sie unbedingt Station machen, denn bei Macallan wird ein ganz besonderer, vollmundiger und üppiger Malt Whisky destilliert. Ich bin von jeher fest davon überzeugt, daß schottische Brennmeister, vor die Wahl gestellt, welchen Whisky außer dem eigenen sie auf eine einsame Insel mitnähmen, sich in wenigstens acht von zehn Fällen für Macallan entscheiden würden. Jahrelang war er weithin unbekannt, ein Single Malt ausschließlich für Kenner. Im Brennhaus standen damals nur sechs eher kleine Brennblasen, mit denen nur eine begrenzte Menge Whisky produziert werden konnte. Inzwischen ist die Nachfrage nach Macallan dramatisch in die Höhe geschnellt, und damit auch die Produktion. Heute verfügt die Destillerie über sage und schreibe einundzwanzig kupferne Brennblasen von derselben Größe und Form der Originale.

Man wird immer wieder gefragt, ob Brennblasen grundsätzlich aus Kupfer bestehen. Die Antwort ist ein uneingeschränktes Ja. Ein Grund dafür ist, daß Kupfer leichter zu formen ist als andere Metalle. Noch wichtiger jedoch ist die Tatsache, daß zwischen Kupfer und dem Destillat eine chemische Reaktion stattfindet, die eine wichtige Rolle für den Charakter der späteren Spirituose spielt. Form und Größe der Brennblase beeinflussen den Geschmack des Whiskys ebenfalls, so daß eine abgenutzte Pot Still immer nur durch ihre exakte Kopie ersetzt wird. Es heißt, dies sei den Brennmeistern früher so wichtig gewesen, daß sie so weit gingen, selbst kleine Dellen im Kupfermantel der alten Brennblase genau nachbauen zu lassen. Ebenfalls aus der Befürchtung heraus, es könne dem Geschmack des Whiskys abträglich sein, wurden früher Schimmel oder Spinnweben, die sich im Brennhaus angesammelt hatten, niemals entfernt. Von Wissenschaftlern werden diese alten Traditionen heute oft als Aberglaube einer uralten Handwerkskunst abgetan. Ohne Zweifel waren sie das zu einem großen Teil, doch vielleicht lag auch eine Spur Wahrheit in dem alten Glauben. Schließlich findet die Wissenschaft heute auch in anderen, ja in überraschend vielen Fällen heraus, daß überholt scheinende Annahmen manchmal doch nicht ganz so weit hergeholt sind – man denke an so manches alte Hausrezept.

Der Mann, der für den Erfolg und den heutigen Status von Macallan unter den Single Malts verantwortlich war, ist Allan Shiach. Als junger Mann zog es Allan vor, nicht in das Unternehmen seiner Familie einzutreten, der die Destillerie gehörte. Statt dessen stieg er, nach einem Abschluß an der McGill-Universität in Montreal, in die Unterhaltungsindustrie ein und wurde Moderator bei einem Fernsehsender in Los Angeles. Daneben war er Drehbuchautor oder Co-Autor mehrerer Erfolgsfilme, darunter *Don't Look Now*, der in Venedig spielenden Schauergeschichte nach einem Buch von Daphne du Maurier.

Sein Bruder Peter leitete damals Macallan. Nach dessen frühem Tod kehrte Allan nach Schottland zurück und wurde Vorstand des Unternehmens. Übrigens ist Allan auch Gewerkschafter, worauf er stolz ist. Die Gewerkschaft – wenn man sie so nennen kann –, deren Vorsitzender er derzeit ist, ist die Writers Guild of Great Britain, der dem Gewerkschaftsbund TUC angeschlossene britische Schriftstellerverband. Seit Allans Rückkehr nach Schottland hat sich der Ruf von Macallan in erstaunlicher Geschwindigkeit ausgebreitet, unterstützt durch gewitzte Werbung und Öffentlichkeitsarbeit, die sicher zu einem Großteil Allans Phantasie und Fingerspitzengefühl zu verdanken ist. Die Werbekampagne gibt sich relativ bescheiden – wenige ganzseitige Farbanzeigen in Hochglanzmagazinen, dafür lieber kleine, fast ironische Annoncen, unauffällig plaziert. Der Kunde, der daraufhin eine Flasche achtzehn Jahre alten Macallan Single Malt kauft, soll das Gefühl haben, selbst einen wundervollen, nahezu unbekannten Whisky für sich entdeckt zu haben.

Allan hat viele Talente. Vor ein paar Jahren war ich mit einigen Freunden in New York auf die Luxusyacht eines Wall-Street-Millonärs eingeladen, zu einer Prominentenparty. Nach dem Motto »Scotch unter Segeln« ging es den Hudson hinauf. Wir warteten im Salon auf das Eintreffen der Gäste, als sich Allan unvermittelt ans Klavier setzte und sich zum »Ave Maria« begleitete, das er mit makelloser Tenorstimme sang. Zwanzig Minuten später trat er ebenso sicher vor eine Gruppe von Journalisten, um über die Geheimnisse des Scotch Whisky zu referieren.

Das Tal des Spey ist »Grant Country«, auch wenn die Gordons einwenden mögen, daß die Grants keine Exklusivrechte genießen. Grants findet man hier in allen Branchen und Berufen – als Ärzte, Anwälte, Kupferschmiede und Farmer. Und nicht zuletzt als Whiskybrenner. Nicht weit von Macallan, in der Ortschaft Rothes – nicht zu verwechseln mit Glenrothes weiter im Süden –, liegen vier Destillerien, und eine davon wurde von Grants gegründet.

1840 erbauten zwei Brüder, James und John, eine Destillerie, die als Glen Grant bekannt wurde und auf einem Hügel am Ortsausgang liegt. Major John Grant, Sohn eines der Gründer, der später die Destillerie übernahm, hatte es sich zur Angewohnheit gemacht, Besucher über einen kleinen Pfad an einen Bach zu führen, aus dem bis heute das Wasser für die Brennerei stammt. Dort, über dem Bach, hatte er in einen Felsen einen Safe schlagen lassen, in dem er eine Karaffe mit Whisky und Gläser unterbrachte, um seine Gäste nach dem anstrengenden Fußmarsch mit einem guten Schluck belohnen zu können. Den Safe gibt es noch heute, und wer als Besucher Glück hat, kommt in den Genuß dieser Form von Gastfreundschaft.

Der Glen Grant ist einer der hellsten Malt Whiskys, fast zitronengelb in der Farbe, zart in Aroma und Geschmack. Der Single Malt, den Monica, die Fotografin, in Mailand getrunken hatte. In Italien war Malt Whisky kaum bekannt, bis die Firma J. & J. Grant Armando Giovinetti zum Importeur ernannte. In kürzester Zeit begannen die Absatzzahlen von Glen Grant in Italien rapide in die Höhe zu schnellen, bis sie sogar die der meisten Blended Whiskys überholt hatten – eine phänomenale Leistung. Viele nahmen an, dieser Malt verdanke seine Anziehungskraft auf Italiener hauptsächlich seiner Farbe, die manchen italienischen Aperitifs nicht unähnlich ist, und der Tatsache, daß er meist mit sehr viel Eis getrunken wurde, um ihn nicht zu stark erscheinen zu lassen. Eines Tages kam in Italien ein fünf Jahre alter Malt auf den Markt. Man kann nur darüber spekulieren, ob sich dahinter eine auf die italienischen Kunden gezielte Strategie verbarg oder ob die Destillerie zu diesem Schritt gezwungen war, als infolge der unerwartet hohen Nachfrage die Lagervorräte an ausgereiftem Whisky knapp zu werden begannen. Traditionalisten jedenfalls waren alles andere als angetan und blieben bei ihrer Überzeugung, kein Single Malt Whisky könne nach nur fünf Jahren Lagerung trinkreif sein. Die Reifung von Whisky ist ein geradezu esoterisches Thema, ein Vorgang, den augenscheinlich selbst die Wissenschaft nicht in allen Aspekten zu verstehen scheint – man sollte also diesen Punkt nicht allzu dogmatisch sehen.

Wer seine Kenntnisse über Speyside Malt Whiskys vertiefen möchte, sollte einen Abstecher weg von den Flußufern machen. Eine schöne Route bietet der »Speyside Way«, ein Wanderweg, auf den man sich von Dorothy Brandies Inn aus gesehen gleich gegenüber, am anderen Ufer des Fiddich, machen kann. Der markierte Weg folgt einer früheren Eisenbahnlinie und führt durch eine wunderschöne Landschaft. Früher konnte man mit der Bahn von Elgin aus nach Aviemore fahren, auf einer Strecke, die gemächlich durch das Speytal mäanderte. In vielen Orten hielt der Zug auf Handzeichen, um ein paar Passagiere aufzunehmen, im wesentlichen jedoch wurde er von den Destillerien genutzt. Ein langsam dahindampfender Zug mit offenen Waggons, auf denen Whiskyfässer hoch aufgestapelt waren, wie ein Symbol für das geduldige Geschäft, auf dem der Wohlstand des Tales schon damals beruhte. Viele Destilleriemanager sind der Meinung, es sei unklug und vorschnell gewesen, diese Strecke stillzulegen, und daß sie, würde sie heute noch existieren, nicht nur kommerziell überlebensfähig wäre, sondern den Landstraßen auch so manchen riesigen Container-Lastwagen ersparen könnte.

Der Speyside Way führt durch eine romantische Szenerie bis nach Dufftown, das in einem alten Vers mit der italienischen Hauptstadt verglichen wird – Rom wurde auf sieben Hügeln erbaut, Dufftown auf sieben Brennereien. Heute gibt es dort sogar acht Destillerien. Im Ort leben rund fünfzehnhundert Menschen, ein Drittel davon sind Destilleriearbeiter und ihre Familienangehörigen. Die anderen – Baumeister, Zimmerleute, Maler oder Kupferschmiede – arbeiten in kleinen Zulieferbetrieben, die ebenfalls nahezu vollständig vom Whiskyhandel abhängen und die es ohne die Aufträge der Destillerien gar nicht gäbe. Kurzum, Dufftown ist eine Whisky-Stadt.

Wenn ich das Speytal besuche, wohne ich meist im Craigellachie Hotel, wo man nicht nur die Genüsse der Nouvelle Cuisine geboten bekommt, sondern auch ein traditionelles schottisches Menü, wie man es vor hundert Jahren gekocht hat. Die Portionen sind so reichlich, daß selbst diejenigen satt werden, die den ganzen Tag beim Angeln zugebracht haben. Das Hotel ist bei Anglern besonders beliebt, und es kann kaum einen besseren Trost über einen vom Haken gegangenen Lachs geben, als abends in der Hotelbar den einen oder anderen aus der großen Auswahl an Single Malts zu probieren.

In diesem Hotel lernte ich einmal einen dänischen Autor kennen, der Material für ein Buch über Schottland sammelte. Als wir uns unterhielten, bemerkte er, daß jeder, den er im Speytal getroffen habe, entweder Grant oder Gordon heiße. Am nächsten Morgen fuhren wir zusammen nach Dufftown, und ich nahm ihn mit zu Glenfiddich, wo wir das Glück hatten, den Geschäftsführer der Firma anzutreffen, der die Destillerie gehört. Als ich Sandy Grant Gordon vorstellte, dürfte sich der Däne Gedanken darüber gemacht haben, ob ich ihn auf die Schippe nehme.

Sandys Urgroßvater, William Grant, der Sohn eines Schneiders, der mit dem schottischen Hochlandregiment der Gordon Highlanders bei Waterloo gekämpft hatte, arbeitete in der Dufftowner Destillerie Mortlach, bis er 1886 beschloß, sich selbständig zu machen. Mit Hilfe seiner Söhne erbaute er die Destillerie Glenfiddich, die bis heute der Familie Grant gehört. Heute arbeiten Sandys Sohn und Tochter für die Firma William Grant und Sons, wie auch sein Bruder Charles und dessen zwei Söhne. Zum Unternehmen gehört auch Balvenie, unweit von Glenfiddich gelegen, sowie eine dritte, neu erbaute Destillerie in Dufftown – bei Kininvie wurde erst kürzlich die Destillation aufgenommen, so daß ihr Whisky erst in einigen Jahren erhältlich sein wird.

Die Einstellung der Familie dem Whisky gegenüber läßt sich in einer Geschichte zusammenfassen, die mir Sandy erzählt hat. Bei der Feier zur goldenen Hochzeit seiner Großeltern wurde seinem Großvater ein Glas Champagner angeboten. Er nippte daran und war alles andere als beeindruckt. »Nimm dieses sprudelnde Limonadenzeug weg«, sagte er, »und gib mir einen guten Schluck Whisky.«

Bei diesem Hintergrund ist es nur zu verständlich, daß Sandy an alten Traditionen festhält. In vieler Hinsicht ist er der Archetyp eines Hochland-Schotten. Er engagiert sich in seiner Gemeinde, interessiert sich für die Natur und das Bergwandern. Die über 3000 Fuß (1000 Meter) hohen Berge in Schottland bezeichnet man auch als Munros, nach Sir Hugh Munro, der sie als erster katalogisiert hat. Es gibt 277 solcher Gipfel, und als ich Sandy das letzte Mal traf, erzählte er mir, daß er sie alle bestiegen habe. Den letzten, Ben More auf der Insel Mull, zwei Jahre zuvor während eines Familienausfluges.

Es überrascht nicht, daß seine Firma an den traditionellen Herstellungsverfahren für Whisky festhält. Bei Glenfiddich sind die Gärbottiche nicht aus rostfreiem Stahl, sondern aus Holz, da Sandy davon überzeugt ist, daß es eine biologische Reaktion zwischen der gärenden *wort* und dem Holz gibt. In mancher Destillerie wurden die Brennblasen vergrößert, um mit der wachsenden Nachfrage nach Malt Whisky Schritt halten zu können. Bei Glenfiddich haben die Pot Stills bis auf den heutigen Tag noch dieselbe Größe und Form wie die Originale, die William Grant vor über hundert Jahren hatte einbauen lassen, und sie werden nach wie vor mit Kohle beheizt. Die Befeuerung der Brennblasen ist auch so ein kontroverses Thema bei der Whiskyherstellung.

Früher wurden Brennblasen grundsätzlich mit Kohle beheizt. Erst in den vergangenen Jahrzehnten haben viele Destillerien auf Dampfheizung umgestellt. Das ist in der Anwendung sauberer, und darüber hinaus stehen seine Verfechter auf dem Standpunkt, daß Dampf mehr Hitze abgebe und eine genauere Temperaturkontrolle ermögliche. In jüngerer Zeit sind einige dieser Destillerien zur Kohle zurückgekehrt, nachdem sie herausgefunden hatten, daß die Beheizung mit Dampf Geschmack und Charakter ihrer Whiskys verändert hatte. Soviel als stark vereinfachende Erläuterung einer komplexen technischen Angelegenheit – sicher ist nur, daß diese wie auch andere Debatten über das optimale Herstellungsverfahren von Scotch Whisky noch lange andauern werden. Solche Dinge lassen sich weder beweisen noch widerlegen, da sich Malt Whiskys im Laufe der Jahre ohnehin verändern. Und zwar nicht unbedingt wegen technischer Veränderungen, sondern um den Charakter eines Whiskys dem vermeintlichen Wandel des Publikumsgeschmacks anzupassen. Doch die Liebhaber von Malt sollten froh sein, daß die Frage, wie man Whisky am besten destilliert, immer noch Ansichtssache ist und Raum für Diskussionen läßt. Jeder Malt Whisky hat seinen eigenen, individuellen Stil – alles, was zur Uniformität führen könnte, ist abzulehnen.

Sowohl Glenfiddich als auch Balvenie beziehen ihr Wasser aus derselben Quelle, der Robbi Dubh in den Hügeln von Conval. Es ist nicht nur wichtig, über das richtige Wasser zu verfügen, es darf natürlich auch überhaupt nicht belastet oder verschmutzt sein. Zum Schutz ihres Wassers kauften William Grant and Sons vor nicht allzu langer Zeit 1000 Morgen Land rund um die Quelle, praktisch den ganzen Hügel.

Es bedarf kaum einer Erwähnung, daß sich die bei Glenfiddich und Balvenie produzierten Whiskys in keiner Weise ähneln. Nach meinem Eindruck sind sie jedoch beide vergleichsweise mild. Dies mag der Grund sein, weshalb viele Kenner glauben, daß insbesondere Glenfiddich – übrigens der international meistgetrunkene Malt Whisky – für jemanden, der noch nie Malt Whisky versucht hat, die ideale Wahl ist. In gewisser Weise ist seine Mildheit überraschend. Wer mit dem Whiskybrennen alt geworden ist und sich noch weit genug zurückerinnert, kann bestätigen, daß Malt Whiskys früher sehr viel stärker und voller im Geschmack waren als heute. Dies sei, sagen sie, auf neue Herstellungsmethoden zurückzuführen – etwa auf die Verwendung von immer weniger oder gar keinem Torf beim Mälzen –, die eingeführt wurden, um Geschmacksveränderungen oder anderen Lebensstilen Rechnung zu tragen. Die Art Malt Whisky, die nach einem regnerischen Tag bei der Jagd im Hochland paßt, wäre zu schwer auf einer Cocktail-Party in einem New Yorker Apartment mit Zentralheizung. Es gibt zwar nur wenige Destillerien in Schottland, die traditioneller arbeiten als Glenfiddich und Balvenie, wobei speziell letztere als »Museumsstück« gilt – und doch präsentiert sich keiner der beiden Whiskys als robust oder scharf im Geschmack.

Ich habe immer Balvenie bevorzugt, der meiner Ansicht nach zu den besten Speyside Malts gehört. Leider ist er schwer aufzutreiben, da die Destillerie klein und die Produktion entsprechend begrenzt ist. Eines Tages saß ich in einem Pub auf der Royal Mile in Edinburgh beim Mittagessen. Anschließend stand mir der Sinn nach einem Malt zum Kaffee, und ich ging zur Bar, um mir die Auswahl anzusehen. Inmitten einer ganzen Batterie von Single Malts stand, halb verdeckt, eine Flasche Balvenie. Der Barkeeper war ein junger Mann, ein Student, der hier in seinen Semesterferien arbeitete. Als ich einen Balvenie bestellte, schmunzelte er. Ich fragte ihn, ob dieser Malt häufig bestellt wird.

Er schüttelte den Kopf. »Nein, ich empfehle ihn auch nicht explizit«, flüsterte er. »Balvenie ist mein Lieblingsmalt, und nach Feierabend genehmige ich mir immer einen Schluck. Aber er ist so schwer zu beschaffen, verstehen Sie ...«

Die anderen Destillerien in Dufftown sind nicht so bekannt wie Glenfiddich und Balvenie. Abgesehen von einer, die schon immer zu den Favoriten derer gehört, die sich mit Malt Whisky wirklich auskennen – Mortlach. Bis Glenfiddich erbaut wurde, war Mortlach die einzige Destillerie in Dufftown; lizenziert wurde sie 1823, im Jahr des Excise Act. Ihr Dachunternehmen, die United Distillers Group, besitzt noch viele andere Destillerien und vermarktet sechs ihrer

Single Malts unter dem Oberbegriff *Classic Malts*. Mortlach gehört nicht dazu, was viele erstaunlich finden. Seit vielen Jahren sprechen die Brennmeister im Hochland mit Respekt und ein wenig Neid von Mortlach. Oft wurde er mir als klassischer Speyside Malt beschrieben; ich selbst hatte allerdings nur selten Gelegenheit, ihn zu versuchen. Wenn man einen Whisky trinkt, stellt man in aller Regel einen Abgang fest, einen Nachgeschmack, der noch lange nachklingt. Bei manchen Single Malts ist er relativ flach und hinterläßt keinen großen Eindruck. Bei Mortlach dagegen erschien mir der Abgang immer als besonders voll und ausgewogen. Die Rauchigkeit des gut getorften Malzes ist spürbar, ohne in irgendeiner Weise aufdringlich zu wirken.

Ein paar Meilen nördlich von Dufftown, in der uralten Stadt Keith, liegen fünf Destillerien, eine sechste nicht weit außerhalb. Zwei davon, Glen Keith und Strathisla, gehören dem kanadischen Unternehmen Seagram Distillers. Die schön restaurierte Destillerie Strathisla kann für sich in Anspruch nehmen, die älteste noch betriebene Whiskybrennerei Schottlands zu sein – sie erhielt bereits 1786 für ihre einzige 40-Gallonen-Brennblase eine Brennlizenz, damals noch unter dem Namen Milton. Der Eigentümer wechselte zwei- oder dreimal, bis die Destillerie 1950 von Seagram aufgekauft wurde. Die Geschichte ihres Verkaufs löste im Tal des Spey große Heiterkeit aus.

Ein gewisser Jimmy Barclay aus Banffshire hatte als Laufbursche in der Destillerie Benrinnes und für den »Rastlosen Peter« Mackie gearbeitet, bevor er sich als Whiskyhändler selbständig machte. Er knüpfte internationale Geschäftsbeziehungen an, speziell nach Nordamerika, wo er von der Prohibition profitierte, indem er Scotch, auf dem Umweg über eine kleine kanadische Insel nahe der Grenze, in die Vereinigten Staaten schmuggelte. Als Strathisla in Aberdeen zur Versteigerung kam, wurde Jimmy gebeten, für Seagram mitzubieten.

Jimmy war zu dem Schluß gekommen, 70000 Pfund seien ein angemessener Preis, befürchtete aber, schottische Firmen, denen bekannt war, daß er ein reiches nordamerikanisches Unternehmen repräsentierte, könnten sich zusammentun, um den Preis weit darüber hinaus zu treiben. Als die Auktion begann, machte er sein erstes Gebot, hielt sich dann aber schon bald zurück und setzte eine Leidensmiene auf, um zu signalisieren, daß ihm der Preis schon viel zu hoch geklettert sei. Die Konkurrenz war verunsichert. Sie wußten, Jimmy hatte seine Hausaufgaben gemacht. Hatte er etwas über Strathisla herausgefunden, das sie nicht wußten? Führte vielleicht die Quelle nicht genügend Wasser für eine spätere Expansion? Das Bieten lief sich allmählich tot, und den Zuschlag erhielt schließlich bei 71 000 Pfund ein völlig Unbekannter. Erst später wurde bekannt, daß der mysteriöse Bieter ein Kirchenorganist aus Aberdeen war, ein enger Freund von Jimmy Barclay, der ihm ein bescheidenes Honorar dafür bezahlt hatte, daß er auf der Auktion als Bieter für Seagram auftrat.

Der Whisky von Strathisla wird vielleicht deshalb oft unterschätzt, weil er als Single Malt nur in begrenzten Mengen verfügbar und deshalb recht wenig bekannt ist. Ein Großteil der Produktion wird für den ebenfalls zum Unternehmen gehörenden Blended Whisky Chivas Regal verwendet. Nur wenige Geschäfte führen Strathisla, so daß ich mich immer wieder darauf gefreut habe, Ivan Straker, einen früheren Seagram-Geschäftsführer, in seinem Londoner Büro zu besuchen, denn bei ihm konnte man sicher sein, ein Glas 15 Jahre alten Strathisla eingeschenkt zu bekommen. Ivan war übrigens derjenige, der das jährliche Reitsportereignis Grand National, das weit über Großbritannien hinaus berühmte Hindernisrennen, rettete, indem er seine Konzernleitung dazu brachte, dort als Sponsor aufzutreten. Er ist ein außerordentlich liebenswürdiger und extrovertierter Mensch, und jeder in der Whisky-Welt fühlte mit ihm, als sein eigenes Pferd einmal beim Grand National, nachdem es noch nach dem letzten Hindernis geführt hatte, im Ziel knapp geschlagen wurde.

Strathisla ist ein delikater Malt, der gerne als »Damen-Whisky« beschrieben wird. Das ist keineswegs abwertend gemeint – jedenfalls nicht in Schottland, wo Whisky schon immer ein Getränk auch für Frauen war, und schließlich ist es durchaus zutreffend, daß Frauen einen mindestens ebenso feinen Geschmackssinn haben wie Männer.

Ein paar Meilen weiter nördlich liegt eine Destillerie, die bis heute seltsam anonym geblieben ist. Ihr Name, Aultmore, fällt nur selten, selbst bei Gesprächen in der Whisky-Branche, obwohl ihr Whisky, soweit ich weiß, seit Jahren als Single Malt erhältlich ist. Er ist weich und mild und etwas süßer als die anderen Whiskys aus Keith und Umgebung, ein idealer Digestif-Malt.

Ebenfalls nur ein paar Meilen von Keith, allerdings in Richtung Spey, liegt die Destillerie Auchroisk. Sie wurde erst 1974 erbaut, und ihr Erscheinungsbild unterscheidet sich wesentlich von dem anderer Destillerien. Als sie plötzlich auf der grünen Wiese stand, meinten die Einheimischen, sie sehe aus wie eine Kathedrale. Tatsächlich haben die Gebäude etwas Erhabenes, auch wenn sie mit Bedacht in die Landshaft integriert wurden. Im Laufe der Jahre sind die Bäume, die man rings um die Destillerie gepflanzt hat, zu stattlicher Größe gewachsen, während Auchroisk zu einem natürlichen Teil dieser Landschaft geworden ist.

Vor ein paar Jahren, als genügend ausgereifter Whisky vorhanden war, beschloß die Firma Justerini and Brooks, Eigentümer der Destillerie, Auchroisk als Single Malt abzufüllen. Warum nicht, denn auch wenn er mir recht leicht zu sein scheint, gibt es schließlich viele Genießer, die diesen Neuling gerade deshalb so manchem robusteren Highland Malt vorziehen. Die enorme Geschmacksvielfalt gehört nun einmal zu den hervorragenden Eigenschaften der Malt Whiskys. Die größte Schwierigkeit für die mit der Markteinführung beauftragten Marketingleute war der Name der Destillerie. Die korrekte Aussprache des gälischen Wortes Auchroisk fordert einem schon eine gewisse Stimmbandakrobatik ab. Oft wurde darüber geklagt, es handele sich weniger um einen Namen als um eine Halskrankheit, und so tummelten sich im englischen Sprachraum viele Versionen, die meist so ähnlich klangen wie »Oh, Christ«. Auch wenn das irgendwie zur Kathedralenhaftigkeit seiner Destillerie gepaßt hätte – der Malt wurde schließlich der Einfachheit halber unter dem unbescheidenen Namen »The Singleton« auf den Markt gebracht.

Doch lassen Sie uns noch einmal an den Spey zurückkehren. Direkt an seinen Ufern oder ganz in der Nähe gibt es noch eine ganze Reihe von Destillerien, die wir auf unserer bisherigen Reise links liegen gelassen haben. Einige davon mögen nicht von besonderem historischem Interesse oder ausgesprochen pittoresk sein, was aber nicht heißt, daß dort kein erstklassiger Malt Whisky hergestellt würde. Ben Rinnes beispielsweise. So heißt ein Berg am Südufer des Spey, und es wäre überraschend, wenn in der gleichnamigen, am Berghang gelegenen Destillerie kein guter Whisky entstünde – schließlich beziehen nicht weniger als elf Brennereien im Speytal ihr Wasser aus Bächen oder Quellen im Hochland, in der die Technik der Dreifachdestillation angewandt wird, was ihrem Whisky jedoch, soweit man das sagen kann, keine speziellen, zusätzlichen Charaktereigenschaften verleiht. Ganz in der Nähe ist die Destillerie Aberlour angesiedelt, die inzwischen zum französischen Getränkekonzern Pernod Ricard gehört. Auch wenn Schottland und Frankreich schon in früheren Jahrhunderten Verbündete waren – Aberlour ist geschmacklich Lichtjahre entfernt von den Anisgetränken, die zu den beliebtesten Marken dieses französischen Unternehmens gehören. Apropos, ich kenne Leute, die einen Anflug von Minze im Aberlour Single Malt entdeckt haben wollen – mich erinnert seine dezente Süße weniger an Kräuter als an Heidehonig.

Blendmeister kennen sich kraft ihres Amtes bei Single Malts natürlich besonders gut aus. Bei denen, die ich persönlich kenne, rangieren Cragganmore und Longmorn unter den besten Malts aus dem gesamten Speytal. Cragganmore, 1869 in Ballindalloch erbaut, soll die erste Destillerie gewesen sein, die ihre Fässer mit der Eisenbahn transportierte und die sogar über ein eigenes Nebengleis verfügte. Die Ironie des Schicksals wollte es, daß John Smith, der Gründer von Cragganmore, von Statur so groß war, daß er immer im Schaffnerwaggon mitfahren mußte. Er paßte ganz einfach nicht durch die Türen der Passagierwaggons. Longmorn, weiter nördlich an der Hauptstraße nach Elgin, wurde erst kurz vor der Jahrhundertwende erbaut und ist damit jünger als die meisten Destillerien in Speyside. Ihr fünfzehn Jahre alter Whisky ist körperreich und vollmundig, mit einem ganz leichten, toffeeartigen Malzton.

Auf das Urteil der Blendmeister kann man sich ruhig verlassen. Andererseits kann man nicht oft genug betonen, daß Geschmack etwas rein Subjektives ist. Niemand wird bestreiten, daß es sich sowohl bei Cragganmore als auch bei Longmorn um feine Whiskys handelt, und doch würde ich keinen von beiden auf meine einsame Insel mitnehmen. Ich würde den Single Malt von Linkwood vorziehen, einen wunderbar subtilen Whisky, und ich glaube kaum, daß meine Wahl von der Schönheit dieser Destillerie beeinflußt ist. Bei meinem letzten Besuch in Linkwood sah ich, im Licht der untergehenden Sommersonne, Schwäne über ihren kleinen See der Destillerie gleiten, gravitätisch und würdevoll wie ein Symbol für all das, was man von Whiskys aus dem Tal des Spey erwartet.

4
Die Straße nach Norden

Jahrhundertelang war der gesamte Norden Schottlands unzugänglich, praktisch ein weißer Fleck auf der Landkarte. Im Hochland war das Leben feudal geprägt: Das Volk war von Clanchefs abhängig, die regierten und auf absoluter Loyalität bestanden. Im Norden wurden blutige Schlachten geschlagen: zwischen Clans, die sich nur selten gegen einen gemeinsamen Feind zusammentaten. Selbst in der Schlacht von Culloden im Jahre 1746 kämpften mehrere Clans an der Seite der Engländer gegen den schottischen Prinzen Charles Edward. Und das Massaker von Glencoe war nicht das einzige, aber das beschämendste Beispiel für Verrat und Blutdurst im Hochland.

Vor dem Aufstand von 1715 gab es keine befahrbaren Straßen nördlich des Flusses Tay. Das unwegsame Gelände war der Hauptgrund, weshalb die Regierung nie in der Lage gewesen war, die Macht der Clans zu brechen. Nachdem man in Westminster übereingekommen war, daß deren Unregierbarkeit nicht länger hingenommen werden könne, verabschiedete das Parlament Gesetze zur Entwaffnung der Clans, zum Verbot der Nationaltracht Kilt und zur Abschaffung der erblichen Rechtshoheit der Clanchefs. Im gleichen Atemzug wurde der Bau von Straßen beschlossen.

Mit der Leitung dieses Projekts wurde General Wade beauftragt, der zunächst ein Straßennetz bauen ließ, das im wesentlichen die militärischen Einrichtungen in Fort William, Fort Augustus und Fort George miteinander verband. Der Belag der schlampig gebauten Straßen begann sich bald aufzuwerfen, so daß man darauf fast so schlecht vorankam wie auf den alten, sich durch Moore und Wälder schlängelnden Trampelpfaden, über die Whiskyschmuggler ihre Packpferde führten. Anfang des 19. Jahrhunderts war es dann kein Soldat, sondern der Ingenieur Thomas Telford, der das Hochland schließlich mit Straßen erschloß und es den Engländern damit möglich machte, Schottland zu »kolonisieren«, sich dort Jagdreviere anzueignen und diese unsäglich häßlichen, zinnenbewehrten Landhäuser zu bauen, die ahnungslose Touristen heute für schottische Schlösser halten.

Eine der schönsten Brücken, die Telford konstruierte, führt bei Craigellachie über den Spey. Benutzt wurde sie noch bis 1970, als sie durch den Bau neuer Straßen überflüssig wurde. Aus irgendeinem Grund – sei es wegen der Topographie oder aus finanzieller Verlegenheit – hatte Telford die Brücke so in die Landschaft gestellt, daß die nördliche Zufahrt direkt am Ende einer engen Haarnadelkurve lag. Für die Fahrer der regionalen Buslinie war diese Kurve gerade noch befahrbar, aber auch nur, wenn sie den nötigen Trick beherrschten: Kurz vor der Brücke mußten sie dicht entlang einer Reihe von Felsspalten am rechten Straßenrand fahren und exakt bei einer bestimmten Marke das Steuerrad scharf herumreißen, damit der Bus glatt auf die Brücke einbiegen konnte. Die Fahrer von Reisebussen und großen Lastwagen vom europäischen Kontinent schafften das nur nach mehrmaligem Vor- und Zurücksetzen, im Stil von Fahrschülern. Das war natürlich zuviel für ihre Geduld oder ihre Eitelkeit, so daß letzten Endes eine zwar funktionelle, aber ästhetisch vollkommen reizlose Straße über den Fluß gelegt wurde. Telfords Brücke, ein elegantes Monument seiner Baukunst, steht immer noch an ihrem alten Ort, verloren und verlassen.

Eine andere bemerkenswerte Brücke, die Erskine Bridge, wurde erst in jüngerer Zeit erbaut und überspannt den Clyde zwischen Glasgow und Dumbarton. Ganz in der Nähe, am Nordufer des Flusses, liegt die Destillerie Auchentoshan. Obwohl sie nur einen Katzensprung südlich der Hochland-Grenze angesiedelt ist, hat sie ihre Einordnung als Lowland-Destillerie philosophisch gelassen und ohne jedes Ressentiment akzeptiert.

Ganz im Gegensatz zur wilden Schönheit des Hochlands wirkt die Gegend südlich von Glasgow und Edinburgh gleichförmig, fast etwas langweilig. In den sanft wogenden Feldern und Wäldern der Lowlands kommt man eigentlich nicht auf die Idee, daß auch hier über Jahrhunderte Gewalt herrschte – zwar keine Kriege zwischen Clans, dafür aber erbitterte Grenzkonflikte und Scharmützel. Die Malt Whiskys aus den Lowlands spiegeln in ihrer angenehmen Ausgeglichenheit und Zurückhaltung die Natur dieses Landes wider, nicht indes seine Geschichte. Angesichts des wachsenden Interesses an Single Malt Whisky sollten ernsthafte Whiskyfreunde die kleine Gruppe der Lowland Malts nicht übersehen. Auchentoshan ist einer davon.

John Milne erzählte mir einmal eine Geschichte aus der Zeit, als Auchentoshan seiner Firma Eadie Cairns gehörte. Der Bau der Erskine-Brücke sollte eine Fähre ersetzen, die damals an Ketten zwischen den Ufern des Clyde pendelte. Eine Strecke von wenigen hundert Metern, die den Passagieren aber einen langen und zeitraubenden Umweg durch Glasgow ersparte. Als eines Tages bekanntgegeben wurde, daß die Brücke gebaut würde, spazierten John und ein Kollege zu einem Pub in der Nähe der Anlegestelle, wo sie zufällig den Fährmann Murdo Macmurdo trafen. So taktvoll wie möglich fragte ihn John, was er denn davon halte, daß seine Fähre durch eine Brücke ersetzt werden sollte.

»Macht mir nich' viel aus«, antwortete Murdo. »Nach dreißig Jahren auf See wird's Zeit für einen Job an Land.«

Auchentoshan ist eine von drei Destillerien in Schottland, die ihren Whisky dreifach destillieren. Benrinnes in Speyside und Rosebank in der Nähe von Falkirk sind die anderen beiden. Die Iren werben damit, daß ihre Whiskys drei Mal destilliert werden – allerdings ohne zu erklären, warum dies ein Vorteil sein soll. Generell gilt, ob für eine Maische aus Getreide oder aus Trauben: Je öfter man eine alkoholhaltige Flüssigkeit destilliert, desto mehr Geschmacksbestandteile gehen verloren, bis man, im Extremfall, schließlich nur noch Neutralsprit übrig hat. Donald Macinlay, ein Whiskyblender in der fünften Generation, kann über die Werbesprüche der Iren nur lachen. »In Schottland«, sagt er, »haben wir nach zweimaligem Brennen ein perfektes Destillat, wozu also ein dritter Versuch?« Man muß allerdings zugeben, daß Auchentoshan und Rosebank Whiskys von ganz eigenem Charakter sind und einem Vergleich mit fast allen Highland Malts standhalten, wenn auch wohl nicht mit den allerbesten.

Vor einigen Jahren wurde ich gebeten, zusammen mit den Blendmeistern Michael Martin und Ian Brow in einer Fernsehsendung aufzutreten. Ich sollte als Leiter und Juror eines »Verkostungswettkampfes« zwischen den beiden fungieren. Ich stellte Proben von Highland, Lowland und Islay Whiskys zusammen, dazu einen Grain Whisky und einen Blended Scotch. Die beiden Wettbewerber sollten die Whiskys aus unmarkierten Gläsern verkosten, genauer gesagt: mit der Nase erkennen, und der jeweiligen Kategorie zuordnen. Normalerweise wäre solch ein Test für beide eine leichte Übung gewesen, doch es war klar, daß dies in der Studioatmosphäre und unter der Hitze der Scheinwerfer gar nicht so einfach sein würde. Als wir am Vortag den Ablauf der Sendung durchsprachen, fragten sie mich, welche Proben ich mitbringen würde. Ich sagte, als Lowland Malt würde mir Rosebank vorschweben.

Die beiden fielen förmlich über mich her. »Rosebank!« riefen sie unisono. »Unmöglich! Nehmen Sie einen anderen.«

Rosebank, meinten sie, sei unter den gegebenen Umständen viel zu schwer von einem Highland Malt zu unterscheiden. Nun, ich bin mit beiden gut befreundet, und wer macht schon seinen Freunden gerne das Leben schwer! Ich wählte also einen anderen Malt aus den Lowlands. In der Sendung konnten die beiden die Proben korrekt zuordnen, und die Zuschauer dürften mindestens so beeindruckt von ihren Fähigkeiten gewesen sein wie ich.

Ein anderer Lowland Malt von Rang stammt aus Pencaitland, östlich von Edinburgh. Glenkinchie liegt inmitten eines der fruchtbarsten Landstriche Schottlands. Die benachbarte Farm gehört der Destillerie. Sie ist heute als Weideland verpachtet, nachdem Brennereileiter Willie McPherson sie viele Jahre lang nebenbei mit betrieben hatte. Sein Vieh gewann zahllose Preise bei landwirtschaftlichen Ausstellungen – kein Wunder, denn er mengte dem Futter nährstoffreiche Maischerückstände aus der Destillerie bei, um Prachtbullen und -kühe zu züchten. Man könnte sich aber auch vorstellen, daß er ihnen gelegentlich einen Teelöffel Whisky in den Trog gab, um sie so kraftstrotzend werden zu lassen, wie es die Juroren gerne sehen.

Landwirtschaft und Whiskybrennerei waren von jeher untrennbar miteinander verbunden, und dies gilt auch heute noch. Außer nach schlechten Ernten wird zur Herstellung von Malt Whisky grundsätzlich schottische Gerste verwendet. Sie muß von der richtigen Qualität sein und den besonderen Anforderungen des jeweiligen Brennmeisters entsprechen. Sie darf nicht zu feucht sein, damit man sie nicht zuvor trocknen muß; und sie muß stickstoffarm sein, denn zuviel Stickstoff bringt einen geringeren Anteil an vergärbarer Stärke mit sich und damit einen niedrigeren Alkoholgehalt. Diese Bedingung kann dem Bauern Probleme bereiten, da viele Düngemittel Stickstoff enthalten. Die Größe des Korns, die Stärke der Halme und die Enzymaktivität sind ebenfalls von Bedeutung, wenn die Gerste eine hohe Ausbeute liefern soll.

Wissenschaftliche Forschungsprojekte, getragen von

Brennern und Brauern, führen immer wieder zur Entwicklung neuer Gerstenabarten. Bauern gelten zwar als eher nüchterne Menschen, die mit beiden Beinen fest auf dem Boden der Tatsachen stehen, doch wenn es um Namensschöpfungen für ihre neuesten Gerstensorten geht, erweisen sie sich plötzlich als überraschend phantasievoll und romantisch: *Natasha, Pipkin, Halcyon, Golden Promise.* Etwa zur Zeit von Prinz Andrews Hochzeit wurde, als Kompliment an seine Braut, eine neue Sorte auf den Namen *Fergie* getauft. Einige Zeit später, als die Herzogin von York keinen »Stammhalter«, sondern ein Mädchen zur Welt brachte, kommentierte ein Bericht des Brauerbundes: »Fergies Ausbeute war enttäuschend.« Wir wollen gerne annehmen, daß Whiskybrenner auch taktvoller sein können.

Im Zweiten Weltkrieg rationierte die Regierung zunächst die Menge an Gerste, die zur Whiskyherstellung verwendet werden durfte, bevor sie 1942 die Lieferungen an Destillerien völlig stoppte. Angesichts des noch ungewissen Kriegsausgangs und der Notwendigkeit, die gesamte heimische Gerste als Viehfutter zu verwenden, war das Einschreiten der Regierung verständlich. Heute stellt sich die wirtschaftliche Lage ganz anders dar. Zunächst einmal erzeugt Großbritannien substantielle Gerstenüberschüsse, die exportiert werden. Ebenso bedeutsam ist jedoch die Tatsache, daß eine Tonne Gerste, die zur Herstellung von Whisky sowie von Viehfutter aus den Maischerückständen verwendet wird, weit höhere Einnahmen für Farmer, Fiskus und Exportwirtschaft erbringt als dieselbe Menge Gerste, die direkt als Viehfutter oder zur menschlichen Ernährung eingesetzt wird.

Wer die gesamte Vielfalt der Malt Whiskys kennenlernen möchte, die in Schottland destilliert werden, sollte bereit sein, dorthin zu reisen – manche Destillerien füllen nämlich ihren Whisky nicht als Single Malt ab, sondern produzieren ausschließlich für *Blender.* Die Reise zu diesen über das Hochland verstreuten Brennereien führt durch Landschaften von atemberaubender Schönheit. Die Erskine Bridge ist einer von vielen möglichen Ausgangspunkten. Wenn man der Versuchung widersteht, Loch Lomond anzusteuern – eine der bekanntesten, aber wohl auch meistüberschätzten Touristenattraktionen Schottlands –, und nach Norden fährt, gelangt man bei Dumgoyne, am Fuße der Campsie Fells, zur Destillerie Glengoyne.

Sie liegt ebenso knapp nördlich der Hochland-Grenze wie Auchentoshan südlich davon – die Behauptung, diese geographische Abgrenzung habe einen Einfluß auf den jeweiligen Charakter dieser beiden Whiskys, wäre absurd. Mit dieser Bemerkung möchte ich Glengoyne absolut nicht verunglimpfen. Diese besuchenswerte Destillerie ist klein, hübsch und so kompakt, daß man die einzelnen Phasen der Whiskyherstellung gut verfolgen kann. Hinzu kommt die sehr schöne Lage vor einem engen Tal, aus dessen Bach die Destillerie ihr Wasser bezieht. Der Bach wurde aufgestaut und über dem Staudamm ein Besucherzentrum eingerichtet. Im Frühling, wenn die Talhänge mit Narzissen überzogen sind, gibt es keinen schöneren Ort, um einfach dazusitzen und ein Glas dieses leichten, frischen und etwas süßlichen Malt Whiskys zu trinken.

Keine imaginäre Linie, und sei sie noch so überlegt gewählt, kann die Unterscheidung Schottlands zwischen Lowlands und Highland besser treffen, als es die Natur getan hat. Nördlich von Glengoyne kommt man nach Aberfoyle, einem friedlichen Dorf am Fuß der Bergkette der Trossachs. Eine so schöne und unverfälschte Landschaft, so nahe bei Schottlands häßlichem Industrierevier, läßt einen immer wieder staunen. Aus den Bergen und Mooren fließen zahllose Bäche durch das Heidekraut in stille, funkelnde Lochs, deren Ufer mit Kiefern, Fichten und Lärchen bewaldet sind. Loch Katrine beispielsweise, der schönste unter all diesen Seen. Es ist, als sei hier die ganze landschaftliche Vielfalt Schottlands in einem Miniaturpanorama konzentriert, dessen Anblick einen weiter nach Norden zieht.

Wenn man in östlicher Richtung weiterfährt, am Nordufer von Loch Earn entlang, erreicht man Crieff, früher einmal das wichtigste Viehhandelszentrum der Region. Viehherden wurden aus dem gesamten Hochland, selbst von den westlichen Inseln, nach Crieff getrieben, um dort verkauft zu werden. Sie kamen über dieselben Bergpässe und Pfade wie die Whiskyschmuggler mit ihren Packpferden. In der ersten Hälfte unseres Jahrhunderts wurde Crieff vom Kuh-Ort zum Kurort, mit einem Hotel für Wasserkuren. Einer meiner Freunde erinnert sich noch, wie ihn seine Eltern als kleinen Jungen jedes Jahr in den Ferien ins *Crieff Hydro* mitnahmen. Die ganze Familie fuhr mit dem Zug nach Perth und ließ sich von dort aus chauffieren, um stilvoll vor dem imposanten Hoteleingang einzutreffen. Neben Koffern, Hutschachteln, Tennis- und Golfschlägern gehörte zu ihrem Gepäck immer auch eine Reisetasche, die stabil genug war, einen 14-Tage-Vorrat an Whisky, Sherry und Portwein aufzunehmen, vielleicht auch noch eine Flasche Madeira für die Tante. Der Grund für diesen kleinen Privatschmuggel: Im Hydro wurde kein Alkohol ausgeschenkt, weder im Speisesaal noch sonstwo. Die Folge war, daß die Gäste vor dem Abendessen, und meist auch danach, reihum in ihren Zimmern Partys abhielten. Die Leitung des Hotels hätte solch bacchantische Vergnügungen eigentlich mißbilligen müssen, doch wie alle guten Schotten war man gerne bereit, gegen eine bescheidene Gebühr Gläser, Sodawasser und Eis zur Verfügung zu stellen.

Glenturret liegt etwas außerhalb von Crieff und nimmt – wie manch andere auch – für sich in Anspruch, die älteste Destillerie Schottlands zu sein, da einige ihrer Gebäude aus dem Jahr 1775 stammen. 1920 wurde sie stillgelegt und erst vor gut dreißig Jahren wieder in Betrieb genommen. James Fairlie, ein Kommunalpolitiker, stand an der Spitze eines Konsortiums von Geschäftsleuten, die in dieses Unternehmen investierten. Diese Brennerei ist die zweitkleinste in Schottland – sie ist so klein, daß man nach ein paar Schritten und wenigen Minuten sämtliche Produktionsstufen gesehen hat. Dennoch, oder vielleicht gerade deshalb, hatte Fairlie die kluge Idee, Glenturret zu einer Touristenattraktion zu machen. Mit Unterstützung des schottischen Fremdenverkehrsverbandes errichtete er ein Besucherzentrum mit audiovisuellen Einrichtungen, einem Museum und einem Restaurant. Inzwischen reisen Ausflügler in ganzen Busladungen an.

Als Single Malt ist Glenturret in unterschiedlichen Abfüllungen und in verschiedenen Altersstufen erhältlich. Ich fand ihn immer etwas zu mild, doch selbstverständlich teilt nicht jeder diese Ansicht – immerhin wird er in der Bar des Caledonian Club in London serviert, dessen Mitglieder, samt und sonders Exilschotten, in Sachen Whisky ganz besonders wählerisch sind, und es heißt, Glenturret sei auch in der Bar des Unterhauses beliebt. Trevor Cowan, ein Blendmeister, dessen Urteil ich blind vertraue, meint, daß Glenturret mit zunehmender Reife überraschend stark gewinnt – der 15 Jahre alte Glenturret gehört seiner Einschätzung nach zu den großen Single Malts.

Die Destillerie und ihre Einrichtungen werden laufend erweitert und verbessert. Einmal war ich in den nahegelegenen Foulford Inn zu einem festlichen Mittagessen eingeladen, das James Fairlie zur Feier einer solchen Erweiterung organisiert hatte. Ehrengast war Nicholas Fairbairn, der konservative Parlamentsabgeordnete für Perth und Kinross. Die anderen Gäste, Farmer und ein paar von James' Freunden aus der Whiskybranche, waren etwas irritiert darüber, daß Nicky Fairbairn unter seinem Anzug eine weiße Brokatweste trug, ließen sich aber nichts anmerken. Jedenfalls gefiel ihnen seine geistreiche Ansprache, in der er eine Geschichte über den damaligen Schatzkanzler zum besten gab, der der Labour-Partei angehörte.

Anscheinend hatte der Chancellor erst kürzlich einen Urlaub im einzigen Hotel von Kenmore verbracht, einem Ort am Loch Tay, in der Nähe von Crieff. Am Morgen nach seiner Ankunft ging er hinüber zum Dorfladen, um ein paar Ansichtskarten, einen Film für seinen Fotoapparat, Zahnpasta und ein, zwei andere Kleinigkeiten einzukaufen. Als der Ladeninhaber seine Einkäufe in die Tüte gepackt hatte, bemerkte der Schatzkanzler, daß er seine Brieftasche im Hotel vergessen hatte.

»Ist es in Ordnung«, fragte er den Ladeninhaber, »wenn ich das hier erst mal mitnehme und später zurückkomme, um zu bezahlen?«

Der Mann sah ihn ernst an. »So führen Sie vielleicht die Staatsgeschäfte, Herr Schatzkanzler, bei uns ist das aber nicht üblich.«

Es ist vielleicht nur eine Geschichte, aber sie ist absolut glaubhaft. Die Antwort des Ladeninhabers ist kennzeichnend für die Kombination aus Geschäftssinn und presbyterianischer Redlichkeit, die den meisten Schotten eigen ist und die nur gelegentlich komisch wirkt.

Zur Mittagszeit findet man James Fairlie oder seinen Sohn Peter, der die Destillerie leitet, nicht selten im Foulford Inn, das an der Straße von Crieff zum Sma' Glen liegt. Verständlich, denn die Küche in diesem ansonsten eher unprätentiösen Gasthof ist exzellent und bietet all die bodenständigen schottischen Gerichte, die man heute so selten findet: Linsensuppe mit Croutons, Fleischpasteten, Schellfischfilet und Knödel. Mrs. Beaumont und ihre Familie haben im Hinblick auf den ländlichen Appetit der Schotten vernünftigerweise jeder Versuchung widerstanden, mit Kreationen der Nouvelle Cuisine zu experimentieren.

Sheena, eine junge Dame aus meiner Bekanntschaft, die für das schottische Fremdenverkehrsamt arbeitet, mußte einmal ihren erkrankten Chef vertreten und einen Reisebus mit französischen und deutschen Landwirten auf ihrer Rundreise durch Schottland begleiten. Außer einem Fremdenverkehrsamt wäre wohl niemand auf die Idee verfallen, Franzosen und Deutsche zusammen in eine Reisegruppe zu stecken. Erschwerend hinzu kam, daß Sheena weder die eine noch die andere Sprache beherrschte und sich die Kommunikation allgemein schwierig gestaltete, so daß sie froh war, als der Bus endlich zum Mittagessen vor dem Foulford Inn vorfuhr. An diesem Tag stand Mrs. Beaumonts Schwiegertochter Maureen hinter der Bar, mit der die Landwirte bald fröhlich plauderten. Sheena fand heraus, daß Maureen an der Universität von Aberdeen Französisch und Deutsch studiert hatte. Ihr Charme, ein einfaches Mittagessen in der Bar und ein paar Gläser Glenturret ließen die ganze Reserviertheit verfliegen, und als der Bus wieder auf die Straße nach Sma' Glen einbog, stimmten Franzosen und Deutsche gemeinsam Lieder an.

Die enge Schlucht Sma' Glen wird in Reiseführern als landschaftlich besonders schön beschrieben – dieser Eindruck hat sich mir nie aufgedrängt. Wenn man die steile Straße zum Fluß hinunterfährt, verschwindet selbst an heiteren Tagen die Sonne hinter den Felswänden. Man fühlt sich plötzlich so unbehaglich, als lauerte dort unten etwas Übernatürliches, und möchte das Tal so schnell wie möglich wieder verlassen. Natürlich ist das nur Einbildung, doch dieses Gefühl der Unbehaglichkeit beschleicht mich auch an anderen Orten in Schottland.

Um eine außergewöhnlich schöne Landschaft zu sehen, braucht man nur vom Sma' Glen aus durch das Moor nach Aberfeldy zu fahren. Es gibt dort einen Aussichtspunkt mit einem spektakulären Blick über die Berge von Perthshire und ganz besonders auf den majestätischen Schiehallion. Seinen gälischen Namen übersetzen manche als »Feen-Hügel«, andere als »Jungfrau-Busen« – mit ein wenig Phantasie und Poesie, könnte man meinen, fast synonyme Beschreibungen.

Einer der berühmtesten und beliebtesten Charakterköpfe der Whiskybranche, Archie Watson von der Firma Charles Mackinlay and Company, hatte ein Haus am Loch Rannoch unterhalb des Schiehallion, wo er an Wochenenden wohnte und sich auch sonst gelegentlich zurückzog. Er lud mich einmal ein, dort zu übernachten. Bei meiner Ankunft entschuldigte er sich dafür, daß er kein Fernsehgerät im Haus habe. Der alles überragende Schiehallion machte einen Fernsehempfang unmöglich, es sei denn, man würde zu astronomischen Kosten eine Antenne auf seinen Gipfel stellen. An diesem Nachmittag angelten wir im See, und auch am Abend hätte das Fernsehen nur gestört, als wir uns Geschichten aus der Whiskybranche erzählten, die Archies Leben war.

Aberfeldy ist ein typisches kleines Hochlandstädtchen, in dem General Wade eine seiner besseren Brücken erbaut hat, das ansonsten aber keinen besonderen Ruhm genießt. Abgesehen von dem Gedicht *The Birks o' Aberfeldy*, in dem Robert Burns diese wunderschöne Landschaft gepriesen hat. Die Einwohner mögen ein wenig neidisch auf das Nachbardorf Fortingall blicken, das behauptet, Pontius Pilatus habe dort in einem römischen Zeltlager das Licht der Welt erblickt. Sicher eine zweifelhafte Behauptung, und man muß sich fragen, ob die ersten, die sie aufgestellt haben, nicht vielleicht etwas zu sehr dem Malt Whisky von Aberfeldy zugesprochen hatten. Die Destillerie liegt gleich hinter Aberfeldy, und ihr Whisky paßt zum Charakter der Stadt – gefällig und gemütlich, ohne allzu große Begeisterungsstürme auszulösen.

Wenn man von Aberfeldy kommend den Tay überquert hat, gelangt man nach Pitlochry, einem Urlaubsort im geographischen Zentrum Schottlands. Am Ortsrand liegen zwei Destillerien, Blair Athol und Edradour. Blair Athol war eine der ersten Destillerien Schottlands, die ein Besucherzentrum einrichteten, das inzwischen bestens organisiert ist und dabei die früher kleine, traditionelle und malerische Brennerei schon fast in den Schatten stellt. Auch wenn man nicht unbarmherzig urteilen will, so hat man doch das Gefühl, daß dies dem Ruf des Single Malt von Blair Athol abträglich gewesen sein könnte. Denn vom Single Malt aus Blair Athol hört man in der Tat nur sehr selten.

Edradour ist die kleinste Destillerie Schottlands; drei Mann können sie bequem betreiben. Auch ihre Brennblasen sind die kleinsten, nach den Zollbestimmungen gerade noch zulässigen; noch kleinere wären nämlich zu leicht versteckt zu betreiben – Relikte aus den Zeiten des Whiskyschmuggels. Einen Besuch der Destillerie kann man speziell denen empfehlen, die wenig Zeit mitbringen: Die ganze Besichtigung dieser gut überschaubaren Brennerei gibt einem in rund zwanzig Minuten einen Einblick in die Herstellung von Malt Whisky – Zeit für einen guten Schluck schon eingerechnet.

Die Destillerie wurde auf den Ländereien des Duke of

Atholl erbaut, der Chef des Murray-Clans ist und dessen Stammsitz Blair Castle nur ein paar Meilen entfernt liegt. Die meisten Schlösser in Schottland machen einen düsteren und abweisenden Eindruck. Schließlich wurden sie gebaut, um sowohl den Angriffen rivalisierender Clans als auch dem rauhen schottischen Klima zu widerstehen. Ganz anders Blair Castle: Weiß und elegant liegt dieses Schloß in einer hübschen, freundlichen Parklandschaft, als sei es von einer anderen Welt, einer Welt der Feenprinzessinnen, der Ritter und Troubadoure.

1745 bot das Schloß dem Stuart-Thronprätendenten Prinz Charles Edward (»Bonnie Prince Charlie«) Zuflucht auf seinem glorreichen Marsch nach Süden; und abermals auf seinem weniger glorreichen Rückzug. Andere hätten mit einer solch offensichtlichen Unterstützung einer Rebellion ihr Land oder ihren Kopf riskiert, doch die Herzöge von Atholl verstanden sich auf Diplomatie. Sie blieben in königlicher Gnade, und als Königin Victoria im 19. Jahrhundert einmal auf der Reise nach Norden eine Nacht im Schloß verbrachte, hielt das Gefolge des Herzogs die ganze Nacht Wache, um ihre Sicherheit zu garantieren.

Ganz gerührt von so viel Loyalität verlieh die Königin dem Herzog das Recht, sich eine Privatarmee zu halten – ein in Großbritannien einzigartiges Privileg, dessen sich der gegenwärtige Herzog noch immer erfreut. Heute erfüllen die Atholl Highlanders und ihre Dudelsackpfeifer zwar nur noch zeremonielle Funktionen bei feierlichen Anlässen, ihnen anzugehören wäre jedoch für jeden Schotten eine große Ehre.

Für einen Landstrich, der über alle Voraussetzungen zur Herstellung eines guten Malt Whisky verfügt, gibt es in Perthshire indes nur relativ wenige Destillerien. Man muß schon ein ganzes Stück weit nach Norden, über Pitlochry hinaus fahren, um schließlich auf Dalwhinnie zu stoßen. Nach der Überquerung der furchterregend kargen Moore rund um den Paß von Drumochter wirken der kleine Ort – angeblich der höchstgelegene Schottlands – und seine Destillerie wie eine langersehnte Oase. Der Dorfgasthof wurde ursprünglich als Residenz für General Wade erbaut. Als Königin Victoria hier einmal eine Nacht verbrachte, erfreute sie sich nicht der gleichen Gastfreundschaft wie auf Blair Castle. Anschließend beschwerte sie sich über ihr ärmliches Abendessen: »Nichts als zwei erbärmlich ausgehungerte Hochlandhühner.«

Die Destillerie von Dalwhinnie dient gleichzeitig als offizielle meteorologische Meßstation, und ihr Manager übermittelt täglich Berichte über die herrschenden Temperaturen, den Luftdruck und die Regenmenge an das zentrale Wetteramt. Er erhält ein bescheidenes Salär für diese Arbeit, die im Winter sehr unwillkommen sein kann, wenn die Instrumente oft tief eingeschneit sind.

Bis vor einiger Zeit war der Single Malt von Dalwhinnie nur in der Region erhältlich, inzwischen gehört er jedoch zur Serie der *Classic Malts* von United Distillers. Kürzlich machte eine Wein- und Spirituosenhandlung bei mir um die Ecke eine Werbeaktion, bei der 15 Jahre alter Dalwhinnie zur Verkostung ausgeschenkt wurde. Ich fand ihn ganz angenehm, würde mich dafür aber trotzdem nicht im Winter über den Drumochter-Paß wagen, wenn dies der einzige Weg wäre, an einen Dalwhinnie zu kommen. Auch dies ist wieder meine ganz persönliche Meinung, während manche meiner Freunde aus der Whiskybranche hell entzückt waren, als Dalwhinnie überall erhältlich wurde.

Es scheint derzeit Mode zu sein, alles und jedes zu klassifizieren und mit Etiketten zu versehen. Man hat sogar schon damit begonnen, die klassischen Malt-Regionen noch weiter zu untergliedern. Neuerdings wird schon von Malts aus dem südlichen, nördlichen, östlichen und westlichen Hochland gesprochen. Völliger Unsinn! Im sogenannten westlichen Hochland beispielsweise gibt es gerade mal drei Destillerien, und in einer davon ruht der Betrieb. Dennoch lohnt es sich, die A9 bei Dalwhinnie zu verlassen und in Richtung Westküste abzubiegen, auf die Straße zur Spean Bridge. Diese Route ist nichts für ungeduldige Autofahrer, da sie größtenteils nur einspurig ausgebaut ist. Die meisten, die zum erstenmal durchs Hochland fahren, sind irritiert von diesen einspurigen Straßen – von denen es viele gibt – und wissen nicht, ob sie in den beschilderten Ausweichbuchten selbst anhalten oder darauf warten sollen, daß es der Gegenverkehr tut. An diesen Verbreiterungen gibt es zwar keine eindeutige Vorfahrtsregelung, doch man hat den Bogen schnell raus und freut sich über das dankbare Handzeichen des Entgegenkommenden. So gesehen erfüllen die einspurigen Straßen noch einen Nebenzweck: Die Besucher können sich ganz allmählich an die Gemächlichkeit und Höflichkeit in den Highlands gewöhnen.

So schmal die Straße von Dalwhinnie nach Spean Bridge ist, so bezaubernd ist sie auch. Sie windet sich durch Wälder und gibt immer wieder den Blick auf die vor einem aufragenden Berge frei. Ganz unvermittelt sieht man den Ben Nevis, Großbritanniens höchsten Berg, dessen Gipfel den größten Teil des Jahres über schneebedeckt ist. In diesem Gebiet wird oft noch bis in den Mai Ski gefahren. Am Fuß des Berges liegt die Destillerie Ben Nevis, die 1825 von John Macdonald gegründet wurde, der später als »Long John« bekannt wurde – sein Spitzname hat auf dem Etikett eines bekannten Blended Scotch überlebt.

Die Destillerie hat eine interessante, man könnte fast sagen bizarre Geschichte. Sie gehörte einmal einem gewissen Joe Hobbs, einem schillernden Charakter, der in den dreißiger Jahren in die Whiskybranche einstieg. Er galt als Kanadier oder als Schotte, der in Kanada lebte, wo er ein Vermögen gemacht oder verloren haben soll – oder beides. Egal, was davon richtig ist, er schien jedenfalls in den langen, trockenen Jahren der Prohibition einen originellen Weg gefunden zu haben, den Durst der Amerikaner zu stillen. Wie er das im einzelnen gemacht hat, ist nicht mit letzter Sicherheit bekannt. Einer der Geschichten zufolge lud er einfach seine Motoryacht mit Scotch voll und schipperte über den Ontario-See an das Ufer der Vereinigten Staaten. Das klingt plausibel, denn dies war einer von vielen Wegen, auf denen damals Scotch geschmuggelt wurde. Als Hobbs nach Schottland kam, begann er Destillerien aufzukaufen. Einmal gehörten ihm gleichzeitig Bruichladdich auf Islay, Glenkinchie und ein Anteil an Glenury, doch erst 1955 erwarb er Ben Nevis.

Daneben begann er am Great Glen mit einer Viehzucht im Stil einer amerikanischen Ranch. Einige seiner Leute sollen so exzentrisch wie er selbst gewesen sein – angeblich tauchten sie öfter im nahegelegenen Fort William auf, gestiefelt und gespornt, in Cowboyhüten und -lederhosen. Daß sie auch noch Revolver tragen durften, ist nicht anzunehmen. In jedem Fall aber dürften sie Samstag abends bei den Tanzveranstaltungen in Fort William ganz schön für Stimmung gesorgt haben. Zu den anderen abenteuerlichen Unternehmungen von Hobbs gehörte auch der Kauf von Inverlochy Castle. Er ließ das Schloß in ein teures Luxushotel umbauen, das heute – neben Culloden House, Tulchan Lodge und dem Cromlix House in Doune – zu den herausragenden Stationen reicher Amerikaner auf ihrer Schottlandrundreise zählt.

Die Destillerie Ben Nevis gehört inzwischen zum japanischen Getränkekonzern Nikka. Der Aufkauf schottischer Destillerien durch Japaner – Tomatin südlich von Inverness gehört ebenfalls einer japanischen Firma – löst heute bei den Schotten die gleiche Besorgnis aus wie in den dreißiger Jahren Investoren aus Nordamerika. Die amerikanische Präsenz ist jedoch längst akzeptiert, und rückblickend kann man sagen, daß diese internationale Verflechtung ebensowenig ein Grund zur Beunruhigung hätte sein sollen wie etwa die Investitionen britischer Unternehmen im Portwein-, Madeira- und Sherryhandel während des 19. Jahrhunderts.

Es gab eine Zeit, da der Whisky von Ben Nevis einen zweifelhaften Ruf genoß. Die Japaner sind jedoch dabei, die Destillerie grundlegend umzugestalten und scheinen sich sehr darum zu bemühen, einen Whisky zu produzieren, der dem hohen Standard anderer Highland Malts entspricht. Bei einem kürzlichen Besuch in Ben Nevis ließ mich Colin Ross, ein sehr erfahrener und kenntnisreicher Destillerieleiter, von einem der jüngeren Brände versuchen. Trotz eines Alkoholgehalts deutlich über Trinkstärke hatte der Whisky keinerlei unangenehme Schärfe, er war vielmehr weich und mild. Im Aroma konnte ich keinen Hauch von Seetang entdecken, wie man ihn normalerweise bei Whiskys aus küstennahen Destillerien findet, aber für ein abschließendes Urteil ist es sicherlich noch zu früh – warten wir ab, bis die Umgestaltung abgeschlossen ist und der junge Whisky Zeit zum Reifen hatte.

Eine Hochseeyacht mit dem Namen *Ocean Mist*, die Hobbs gehört hatte, wurde kürzlich von seinen Erben an drei Geschäftsleute aus Edinburgh verkauft, die sie den Caledonian Canal hinauf und entlang der schottischen Ostküste nach Leith brachten, wo sie festgemacht werden und als schwimmendes Restaurant dienen sollte. Das Boot durch die engen Schleusen des Kanals und in die Docks von Leith zu bugsieren, war nicht gerade ein Kinderspiel. Kürzlich war ich in Leith und sah die inzwischen auf den Namen *The African Queen* umgetaufte Yacht – die Farbe blätterte schon ab, und keiner machte sich mehr die Mühe, die Beschläge zu polieren. Auf einem Schild wurde das Boot zum Verkauf angeboten, so daß anzunehmen ist, daß das Restaurant ein Flop war. Ich fragte mich, ob es wohl dasselbe Boot war, mit dem Hobbs einstmals durch das Netz der US-Küstenwache schlüpfte, um den Amerikanern den Whisky zu bringen, den ihnen ein absolut dummes Gesetz versagen wollte. Wenn ja, wäre es ein trauriges Ende für diesen Teil der Geschichte des Scotch.

Nicht weit südlich von Fort William liegt eine Destillerie, deren Whisky das authentische Seearoma aufweist. Oban war früher eine blühende viktorianische Stadt und Endstation einer Bahnlinie. Heute ist es eine Touristenhochburg mit einer Fährverbindung zu den inneren und äußeren Hebriden. Hinter der Destillerie ragt »McCaig's Folly« in den Himmel, ein außergewöhnliches Bauwerk für einen Hochlandhafen – es ist dem Kolosseum von Rom nachempfunden und wurde Ende des 19. Jahrhunderts erbaut, um arbeitslose Bauarbeiter zu beschäftigen.

Von Oban aus kommt man mit der Fähre nach kurzer Fahrt

zur Insel Mull. Auf einem Hügel über der Inselhauptstadt Tobermory – die durch das Wrack einer in der dortigen Bucht gesunkenen Galeone der spanischen Armada bekannt wurde – liegt eine Destillerie, die früher Ledaig hieß und heute den Namen einer Stadt trägt. Tobermory wurde 1798 gegründet und war in den letzten hundert Jahren die meiste Zeit stillgelegt. Auch seit ihrer Wiedereröffnung in den siebziger Jahren wurde sie nur zeitweilig betrieben. Inzwischen ruht der Betrieb erneut, doch der Eigentümer ist zuversichtlich, daß die Produktion bei einer sich erholenden Weltwirtschaft bald wieder aufgenommen werden kann.

Gegenüber der Südspitze von Mull liegt die Insel Iona, auf der St. Columba im Jahre 563 ein geistliches Zentrum gründete, von dem aus das Christentum nach Schottland gebracht wurde. Die Erwähnung der frühen christlichen Missionare wirft meist die Frage auf, wann die Schotten eigentlich damit begonnen haben, Whisky herzustellen. Leider kann diese Frage niemand beantworten. Die erste urkundliche Erwähnung von Whisky findet sich in den Scottish Exchequer Rolls aus dem Jahre 1494 mit der Verzeichnung von Malz, das der Mönch John Cor erhalten habe, um aquavitae herzustellen. Das Wort Whisky leitet sich von Uisge beatha ab, dem gälischen Ausdruck für »Wasser des Lebens«. Lebenswasser wurde in Schottland mit Sicherheit bereits lange vor dem fünfzehnten Jahrhundert gebrannt. Einige Autoren gehen davon aus, daß die Kunst der Destillation mit irischen Mönchen nach Schottland kam, und untermauern ihre Hypothese mit dem Hinweise auf die Tatsache, daß in Klöstern schon immer Wein, Bier und Likör hergestellt wurde. Einer anderen Theorie zufolge haben die Kelten, bevor sie Britannien besiedelten, nicht zuerst Trauben, sondern Getreide destilliert. Sicher wissen wir nur, daß die Iren bereits Whisky herstellten, als die Engländer Ende des zwölften Jahrhunderts auf ihrer Insel einfielen. Da es seit Jahrhunderten einen Bevölkerungsaustausch zwischen Schottland und Irland gegeben hatte, ist es sehr wahrscheinlich, daß auch in Schottland damals bereits Whisky destilliert wurde.

Mit Blick auf den internationalen Rang des Scotch haben irische Brenner immer wieder Wert auf die Feststellung gelegt, die Iren hätten schon vor den Schotten Whisky hergestellt. Ob das zutrifft oder nicht, wird wohl nie eindeutig belegt werden können. Der Legende nach brachte St. Patrick das Geheimnis dieses wundersamen Elixiers nach Irland. Wenn's stimmt, gebührt Schottland ein Teil der Ehre, denn St. Patrick war ein in Dumbarton gebürtiger Schotte.

Den ganzen Sommer über begegnet man Gruppen englischer Touristen, die in Bussen zu den historischen Sehenswürdigkeiten und durch die schönen Landschaften reisen, die Schottland zu bieten hat. Eine solche Reisegruppe wurde einmal von einem Fahrer chauffiert, der gleichzeitig alles kommentierte, was an der Strecke zu sehen war. Auf ihrer Route kamen sie an einer ganzen Reihe historischer Schlachtfelder vorbei, darunter auch einigen weniger bekannten, auf denen – wie der Fahrer seinen Passagieren mit einigem Stolz verkündete – ein Haufen tapferer Schotten eine sehr viel größere und besser bewaffnete englische Armee geschlagen hätte.

Schließlich erreichten sie Bannockburn, wo er ihnen ohne Übertreibung berichten konnte, daß Robert the Bruce hier im Jahre 1314 mit nur 6000 Mann eine Armee von über 17000 Soldaten des englischen Königs Edward II. besiegt hatte. Ein Denkmal erinnert an diesen Sieg, und als der Fahrer auch noch darauf hinwies, wurde es einem Engländer im hinteren Teil des Busses ganz einfach zuviel.

»Wir Engländer haben wohl nie eine Schlacht gegen die Schotten gewonnen, was?« fragte er sarkastisch. »Nicht solange ich diesen Bus fahre«, antwortete der Fahrer mit unerschütterlicher Ruhe.

Wir Schotten sind stolz auf unsere Siege und auf unseren Ruf als mutige Kämpfer. Sogar auf unsere Niederlagen, deren wir uns keineswegs schämen. Das Moor von Culloden, wo die Soldaten des Duke of Cumberland 1746 den Rest von Bonnie Prince Charlies Armee grausam massakrierten und damit Schottlands Hoffnungen auf Unabhängigkeit endgültig auslöschten, gilt als Nationalheiligtum.

Nach der Schlacht von Culloden befand sich der Prinz, für dessen Ergreifung eine Belohnung von 30 000 Pfund ausgesetzt worden war, fünf Monate lang auf der Flucht durch das Hochland und über die westlichen Inseln, gejagt von Truppen der Regierung. Einen Teil dieser Zeit verbrachte er auf der Insel Skye, wo sich Flora Macdonald einen Platz in der Geschichte erwarb, indem sie Prinz Charles versteckte. Anschließend ging er auf das schottische Festland zurück, um von dort aus mit einem französischen Schiff innerhalb einer Woche einhundert Meilen von Ben Alder nach Arisaig zu segeln und endgültig nach Frankreich zu entkommen.

Lange Zeit später – 238 Jahre, um genau zu sein – beschloß eine Handvoll Männer aus der Whiskybranche, diesen Ausbruch in die Freiheit nachzuvollziehen. Die Idee hatte Michael Thompson von der Whiskyfirma Peter Thompson in Perth. Sandy Grant Gordon, John Grant von Glenfarclas, Hector Maclennan von Ballantines und Sandy Corstorphine von der Firma Waverly Vintners begleiteten ihn. Nicht ganz glücklich mit der genauen Route, die Prinz Charles damals genommen hatte, entschied Michael Thompson, daß man doch wenigstens so genau wie möglich die Umstände nachempfinden sollte, unter denen der Prinz gereist war – in historischer Kleidung, mit den gleichen Nahrungsmitteln und auf harten Nachtlagern. Schließlich trug jeder einen riesigen wollenen Überwurf in Tartanfarben, den er sich um den Körper wickelte und mit einem Gürtel zusammenhielt und der nachts gleichzeitig als Schlafdecke diente. Sie hatten sich auch vorgenommen, sich von dem zu ernähren, was die Natur zu bieten hatte. Jeder hatte nur eine kleine Menge Weizenmehl und eine Flasche Whisky im Proviant, in der Hoffnung, über dem Lagerfeuer zubereiten zu können, was immer ihnen vor die Flinte kam oder in die Falle ging. Klugerweise hatten sie trotzdem, an strategischen Punkten entlang ihrer Route, Vorräte an Hühnern und Wildfleisch angelegt. Die Hühner lebten noch, und nachdem John Grant sie geschlachtet, ausgenommen und gerupft hatte, konnte er sein Talent als Koch unter Beweis stellen. Ihre einseitige Ernährung hatten sie gehofft mit Fisch aus den an der Strecke liegenden Seen zu ergänzen, doch sie fingen nur vier kleine Exemplare. Starker Regen zwang sie, einige Nächte in Berghütten zu verbringen, bis sie schließlich ans Ziel kamen, fußkrank, erschöpft und mit großem Respekt für den Stuart-Prinzen Charles Edward.

Ein altes schottisches Lied besingt die Route zu den Inseln, die »über Loch Tummel und Loch Rannoch und Loch Aber führt«. Heute führen Straße und Eisenbahnlinie zur Insel Skye nach Kyle of Lochalsh, von wo aus eine Fähre am Tage alle paar Minuten über den Sound of Sleat verkehrt. Auf der anderen Seite des Sunds bietet das Städtchen Kyleakin mit seinen eintönig grauen Cafés und Souvenirshops einen eher bedrückenden ersten Blick auf Skye. Eine attraktivere, wenn auch längere Anreise ist mit der alternativen Fährverbindung von Mallaig nach Armadale zu empfehlen.

Keine andere Hebrideninsel ist Skye an Schönheit und landschaftlichen Kontrasten ebenbürtig – die zerklüftete, hoch aufragende Bergkette, die Küste mit ihren Fjorden, Buchten und steilen Klippen, einsame Moore, grüne Felder und weiße Bauernhäuser. Im 19. Jahrhundert waren die Gipfel der Cuillins eine Herausforderung für Bergsteiger aus ganz Europa, während Damen der Viktorianischen Zeit William Turner nacheiferten und die Szenerie malten oder zeichneten. Der gälische Name der Insel – Eileen a' Cheo bedeutet soviel wie »die neblige Insel« – könnte kaum passender gewählt sein. Man kann Tage auf Skye verbringen, manchmal sogar Wochen, ohne die Gipfel der Cuillins auch nur ein einziges Mal zu Gesicht zu bekommen. Erst bei meinem dritten Besuch habe ich sie gesehen, ganz unerwartet, ausgangs einer Kurve auf der Straße von Portree nach Sligachan. Ein schier unglaubliches, fast furchteinflößendes Erlebnis. Plötzlich schien das Tal, durch das ich schon ein Dutzend Mal gefahren war, wie verwandelt, eingeschlossen von Bergen, die es mit erhabener Größe überragten.

Fahren Sie bei Sligachan landeinwärts, und Sie gelangen an

das Ufer von Loch Harport, wo im Schatten der Cuillins die Destillerie Talisker liegt. Als sie 1830 erbaut wurde, bezeichnete sie der örtliche Priester, Reverend Roderick Macleod, als »Fluch«, der über Skye gekommen sei. Tatsächlich jedoch hat Talisker – obwohl man im Grunde relativ wenige Leute benötigt, um eine Destillerie zu betreiben – dauerhafte Arbeitsplätze auf einer Insel geschaffen, deren Einwohnerzahl in den letzten hundert Jahren immer stärker zurückgegangen ist und die der heutigen Jugend kaum Zukunftsperspektiven bieten kann.

Als ich einmal auf Skye Material für einen Roman sammelte, stattete ich der Polizeistation von Portree einen Besuch ab. Es war Sonntag nachmittag, und die Free Church of Scotland sorgt dafür, daß sich an einem Sonntag auf Skye gar nichts abspielt, noch nicht einmal den Swimmingpool darf man benutzen. Der junge Wachtmeister war entsprechend froh, sich wenigstens mit jemandem unterhalten zu können. Er stammte aus Aberdeen und erzählte mir lang und breit von den Unzulänglichkeiten der Menschen auf Skye, von ihrer Faulheit, ihrem Aberglauben und ihrem Argwohn Fremden gegenüber. Am Ende seiner vierzigminütigen Schimpfkanonade lächelte er. »Ah«, sagte er, »aber es lebt sich hier einfach großartig!«

Die meisten Zugezogenen verlieben sich in diese Insel, auch wenn sie es vielleicht nicht gerne zugeben. Jemand hat einmal gesagt, Skye sei keine Insel, sondern eine Sucht. Einer der Zugereisten, die ihr erlagen, war Derek Bottomer, bis zu seiner kürzlichen Versetzung auf das Festland Leiter der Destillerie Talisker. Er erzählte einmal, wie er mit seiner Frau am vorherigen Sonntag elf wundervolle Stunden lang in den Bergen gewandert war. Derek war auch begeistertes Mitglied der Bergrettung. So schön die Cuillins sind, so gefährlich können sie sein. Jedes Jahr muß die Bergwacht mehrmals ausrücken, oft bei Nacht, um unter Lebensgefahr Kletterer zu retten, die entweder nicht gut genug ausgerüstet waren oder die sich nicht an die Sicherheitsregeln gehalten haben.

Talisker ist ein hervorragender Malt Whisky. Er duftet

nach Torf und Seetang, doch im Geschmack ist er viel feingliedriger als etwa der Whisky von Lagavulin, jener Destillerie auf Islay, die zur selben Unternehmensgruppe gehört. Auf meiner ersten Reise nach Skye versuchte ich, Derek für meine Theorie zu gewinnen, wonach der mit Gischt getränkte Torf der Insel den See-Geschmack an das Malz und schließlich den Whisky weitergibt. Er hörte mir höflich zu und erklärte mir dann, daß die gemälzte Gerste für Talisker vom Festland stammt. Damit waren wir also wieder einmal beim Thema Wasser ...

Damals wohnte ich im Skeabost House Hotel. Nach meiner Rückkehr vom Besuch der Destillerie, meine Theorie über Inselwhiskys immer noch im Hinterkopf, machte ich am Abend ein kleines Experiment in der Hotelbar. Aus einer Reihe von Gläsern mit Inselmalts – natürlich Talisker, dann Lagavulin und schließlich Highland Park von den Orkney-Inseln – verkostete ich mit der Nase im Stil eines Blendmeisters, schwenkte die Gläser zuerst, um das Aroma der Whiskys freizusetzen, und suchte nach Ähnlichkeiten wie auch nach Unterschieden im Charakter ihres Dufts.

Ein Mann, der ein paar Barhocker weiter saß, beobachtete mich neugierig und, so nahm ich an, mit Amüsement. Ich erklärte ihm, was ich suchte.

»Ja«, sagte er, »klar gibt es etwas Gemeinsames in den drei Whiskys. Stellen Sie sich vor, es seien Musikinstrumente, die alle die gleiche Melodie spielen. Lagavulin ist der Kontrabaß, Highland Park hat den schönen Klang eines Cellos. Der Talisker klingt noch feiner. Ein Waldhorn vielleicht? Oder würden Sie sagen, eine Oboe?«

Selbstverständlich habe ich angenommen, er arbeite in der Whiskybranche, nicht bei Talisker, da wir weit entfernt von der Destillerie waren, aber vielleicht war er ein Besucher von einer Destillerie auf dem Festland. Es stellte sich heraus, daß er in einer Autoreparaturwerkstatt in Portree arbeitete und daneben einen kleinen Bauernhof bei Kingsburgh besaß, wo sich Prinz Charles eine Nacht vor den feindlichen Truppen versteckt gehalten hatte.

Vor Bonnie Prince Charlie gibt es auf Skye kein Entrinnen – überall auf der Insel wird man an ihn erinnert und an die Legenden, die sich um ihn ranken. Das Grab von Flora Macdonald, die ihm zur Flucht verhalf. Das Hotel in Portree, in dem sie sich zum letzten Mal trafen. Höhlen, in denen er sich versteckt haben soll. All das hat wenig mit Geschichte zu tun, dafür um so mehr mit einem gewissen Unterhaltungswert für Touristen.

Bonnie Prince Charlies Flucht war nicht mehr als eine kurze Episode in der langen Geschichte der Insel Skye. Die Fehde zwischen den Clans der Macleods und der Macdonalds dagegen hat das Leben nahezu sämtlicher Insulaner über Jahrhunderte geprägt. Die Geschichte der Macdonalds wird in einem in Sleat erbauten Clan-Zentrum auf beeindruckende Weise nachgezeichnet. Das Schloß Dunvegan Castle im Nordwesten der Insel ist der Stammsitz der Macleods und vermutlich das einzige Haus in Schottland, das seit mehr als siebenhundert Jahren von derselben Familie bewohnt wird. Die Geschichten, die man sich über ihre barbarischen und blutigen Fehden erzählt, sind Beleg für eine Grausamkeit, deren Nachhall man auf Skye noch heute zu spüren meint.

Eng mit der Grausamkeit verbunden ist der Aberglaube. Bis auf den heutigen Tag glauben manche Menschen auf Skye an Gnome und Feen. Fairy Bridge, die »Feenbrücke« auf der Strecke von Edinbane nach Portree, läßt sie erschaudern und angeblich die Pferde scheuen. An einer Wand auf Dunvegan Castle hängt die »Feenfahne«. Es gibt eine ganze Reihe von Geschichten darüber, wie sie in den Besitz der Macleods kam – jedenfalls sind die Abergläubischen fest davon überzeugt, daß man, wenn der Clan in Gefahr ist, etwa in einem Kampf, übersinnliche Mächte zu Hilfe rufen kann, indem man diese Fahne schwenkt.

Ein wichtiger Bestandteil des wirklichen, des alltäglichen Lebens auf Skye ist die Landwirtschaft. Kaum mehr als achttausend Menschen leben auf der Insel, und doch gibt es hier rund zweitausend kleine Bauernhöfe. Nur etwa ein Drittel davon wird voll bewirtschaftet. Die meisten Kleinbauern haben heutzutage andere Hauptberufe; sie betreiben Läden, arbeiten als Beamte, Tierärzte oder Zimmerleute. Mit einem Morgen Ackerland und ein paar Stück Vieh, die auf Gemeindegrund weiden, ist man wirtschaftlich nicht überlebensfähig, auch nicht mit Beihilfen der Europäischen Gemeinschaft. Daß die Menschen auf Skye trotzdem entschlossen sind, ihre kleinen Höfe zu bewahren und weiter zu bewirtschaften, hat mit der Erinnerung an das Unrecht zu tun, das ihnen vor zweihundert Jahren zugefügt wurde. Man kann sich kaum etwas Grausameres und Schändlicheres vorstellen als die Vertreibungen, die damals stattgefunden haben. Großgrundbesitzer hatten damals herausgefunden, daß sie mit der Schafzucht am meisten Geld verdienen konnten. Bauern und Landarbeiter, die sie nicht mehr brauchten, Familien mit drei Generationen und mehr, ja ganze Gemeinden wurden mit Gewalt geräumt oder dazu überredet, ihre Häuser zu verlassen. Sie wurden mit ihren Siebensachen auf Schiffe gebracht und in die Fremde geschickt, im Gepäck die verzweifelte Hoffnung, sich irgendwo eine neue Existenz aufbauen zu können. Wer Berichte aus dieser Zeit liest und nicht vollkommen gefühllos ist, den packt die Wut über so viel Unmenschlichkeit. Diese Vertreibungen haben auf den westlichen Inseln und im westlichen Hochland Narben hinterlassen. Besucher, die auf Skye etwas genauer hinsehen, können nicht nur die romantische Schönheit der Insel entdecken, sondern auch eine Traurigkeit in den Gesichtern und in den alten Liedern: die tief verwurzelte Traurigkeit von Menschen, deren Ahnen ein Jahrhundert lang, Generation für Generation, ins Exil getrieben wurden.

Loch Maree ist wohl das schönste Binnengewässer der britischen Inseln, großartiger noch als Loch Lomond oder Lake Windermere. Wenn man Skye wieder verläßt, erreicht man es auf der Küstenroute nach Norden. Kurvenreiche Bergstraßen, die über die Halbinsel Applecross führen, vorbei an Loch Torridon, hinter dem eine mächtige Bergkette aufragt – Beinn Eighe, deren sieben Gipfel sich über sieben Meilen erstrecken, dann der Liathach und der Beinn Alligin. Der Blick von hier aus, zurück nach Westen, kann atemberaubend sein: wenn Abendlicht über Skye liegt und die Sonne hinter den Cuillins in den Atlantischen Ozean taucht.

So schön der Westen der Grafschaft Ross auch ist – es gibt hier keine Destillerien. Man fragt sich, ob es am Wasser liegt, das aus den zerklüfteten Felsen zu Tal fließt und womöglich nicht von einer Qualität ist, wie man sie zur Herstellung eines guten Whiskys benötigt. Ein Geologe würde diese Frage vielleicht beantworten können. Wenn man die Bergwelt hinter sich gelassen hat, erreicht man schließlich Dingwall – früher ein Versammlungsort der Wikingerhäuptlinge, ist es heute ein unscheinbares, ruhiges Städtchen. Jeder ist überrascht, wenn er erfährt, daß die Geschichte Dingwalls mit zwei berühmten Persönlichkeiten verbunden ist: Macbeth – einem für damalige Verhältnisse humanen und guten König, der von Shakespeare zu Unrecht herabgewürdigt wurde – und Sir Hector MacDonald.

MacDonald vollbrachte das Kunststück, als Schotte durch alle Ränge der britischen Armee bis zum General aufzusteigen. 1903 wurde der Held der Schlacht von Omdurman in einem Pariser Hotel tot aufgefunden, kurz bevor er in Ceylon, unter der Anklage homosexueller Handlungen, vor ein Kriegsgericht gestellt worden wäre. Die Annahme, er sei das Opfer einer Verschwörung der ceylonesischen Regierung oder seiner Offiziere gewesen, hatte ihm eine Welle der Sympathie eingetragen. Ein Staatsbegräbnis mit militärischen Ehren wurde ihm verweigert; auf einem Hügel mit Blick über Dingwall steht jedoch ein grandioses Denkmal, das an ihn erinnert. Bis heute wühlt sein Fall Emotionen auf. Eine Dame, die ich kürzlich in der Stadtbibliothek von Dingwall traf, hatte Tränen in den Augen, als wir über Sir Hector sprachen.

Unweit von Dingwall liegt die Destillerie Muir of Ord. Als sie 1838 gegründet wurde, gehörte sie mit anderen Brennereien zu einer landwirtschaftlichen Genossenschaft, die ihren Whisky bis nach Skye vertrieb. Von der Straße aus ist die Destillerie nicht einsehbar – sie wird verdeckt von einer großen, unansehnlichen Mälzerei, die 1968 erbaut wurde.

In einer Mälzerei wie dieser wird die Gerste nach dem Einweichen in rotierende Trommeln gefüllt, die dieselbe Funktion erfüllen wie die Männer, die die Gerste auf Mälzböden mit Holzschaufeln wenden. Unter wirtschaftlichen Gesichtspunkten muß eine solche Trommel-Mälzerei groß genug sein, um den Malzbedarf von mindestens sechs oder sieben nicht allzu weit entfernten Destillerien zu decken. Bisher wurde der Whisky von Muir of Ord hauptsächlich in Blends verschnitten, allen voran in der bekannten Marke White Label von der Firma John Dewar and Sons. Inzwischen wird er jedoch auch als zwölf Jahre alter Single Malt abgefüllt, unter dem Namen Glen Ordie.

Wenn man durch das westliche Hochland nach Norden reist, läßt man zwangsläufig all die Destillerien in der östlichen Hälfte Schottlands rechts liegen. Zwischen Dundee und Elgin wimmelt es nur so von Brennereien. Wer als engagierter Malt-Kenner keine Gelegenheit hat, sie zu bereisen, muß sich jedoch nicht allzusehr grämen. Damit will ich nicht sagen, daß ihre Whiskys in irgendeiner Hinsicht minderwertig wären, doch von ein oder zwei Ausnahmen abgesehen lassen diese Destillerien entweder gar keinen Whisky auf Flaschen abfüllen, oder aber sie haben als Hersteller von Single Malt keinen herausragenden Ruf. Zu den Ausnahmeerscheinungen gehört Glendronach in Aberdeenshire, eine der wenigen verbliebenen Destillerien mit eigenen Mälzböden. Der Single Malt von Glendronach ist kraftvoll und zeigt eine malzige Süße im Geschmack – etwas von seinem Charakter meine ich immer wieder im Blended Whisky Highland Cream herausschmecken zu können, einer Marke der Glasgower Firma William Teacher and Sons, zu der Glendronach gehört.

Die andere erwähnenswerte Destillerie im Osten ist Royal Lochnagar, und dies nicht nur wegen ihrer Verbindung zum Königshaus. Sie liegt unweit von Schloß Balmoral und wurde 1848 von Königin Victoria und Prinz Albert besucht. Offenbar mochten beide diesen Whisky – kurz darauf wurde die Destillerie zum Hoflieferanten ernannt.

Fast einhundertdreißig Jahre später wurde Lochnagar zum Gegenstand einer ganz anderen königlichen Angelegenheit, bei der Einhundertjahrfeier der Malt Distillers' Association of Scotland. Ehrengast des Festbanketts in Aviemore war der Herzog von Edinburgh. George Grant, der damalige Verbandspräsident und Gastgeber dieser glanzvollen Festveranstaltung, trug seinen Kilt. Der Prinzgemahl, ebenfalls im Kilt, schwebte spektakulär mit einem Hubschrauber ein, den er selbst steuerte. In seiner Ansprache, mit der er dem Scotch Whisky für herausragende Exporterfolge Tribut zollte, konnte sich Prinz Philip eine Bemerkung über Lochnagar nicht verkneifen. Er sagte, die Destillerie verschmutze den Fluß vor seinem »Ferienhaus«. Ich bin mir sicher, daß dies nur als erheiternde Nebenbemerkung gedacht war. Sir Alex Macdonald, Vorstand der Distillers Company, der die Destillerie gehörte, entgegnete entsprechend humorvoll, auch wenn er den Vorwurf gegen seine Firma ernst genommen haben muß: Im ersten Licht des nächsten Morgens wurden zwei Direktoren nach Lochnagar geschickt, um sich davon zu überzeugen, daß die Bemerkung des Prinzen nicht der Wahrheit entsprach. Kurz darauf stoppte das Unternehmen die Verwendung des »Royal« vor dem Namen der Destillerie. Es hieß damals, Sir Alex habe diese Entscheidung aus Verärgerung über diesen Vorfall getroffen. Ich kannte ihn und kann mir nicht vorstellen, daß dies der Grund war – der Rechtsanwalt und Geschäftsmann Sir Alex war viel zu klug und vornehm, um sich durch solche Lappalien beleidigt zu fühlen.

Wie auch immer, das königliche »Royal« prangt inzwischen wieder auf dem Etikett, und niemand würde auf die Idee kommen zu behaupten, dies sei unverdient. Der Single Malt von Lochnagar ist körperreich und voluminös. Kein Zweifel, daß die Angler, die in der Nähe von Lochnagar im Dee fischen, diesen Whisky im Flachmann haben und ihn ebenso genießen wie einen Whisky aus dem Spey-Tal.

Nach diesem Abstecher in den Osten zurück nach Muir of

Ord – und weiter nach Norden, zur Destillerie Dalmore, die bei Alness am Cromarty Firth liegt. Für mich scheinen Dalmore und ihr Single Malt Whisky zu einem anderen, gemächlicheren und gütigeren Zeitalter zu gehören. Vielleicht, weil sowohl die Destillerie als auch die Glasgower Whiskyfirma Whyte and Mackay, der sie heute gehört, von zwei Männern geprägt wurden, auf die dieselbe Beschreibung zutreffen würde. Hartley Whyte war ein kleiner, freundlicher und zuvorkommender Herr. Sein leidenschaftliches Interesse galt den sportlichen Amateur-Autorennen ganz früher Motorsportzeiten, was sich in seiner stattlichen Sammlung von Oldtimern ausdrückte.

Im Jahre 1960 fusionierten Whyte and Mackay mit der Destillerie Dalmore, die fast einhundert Jahre lang im Besitz der Familie Mackenzie gewesen war. Zum Zeitpunkt der Fusion leitete Major H.A.C. Mackenzie die Destillerie, ein Enkel jenes Mannes, der Dalmore 1876 gekauft hatte. »Hac« Mackenzie, wie man ihn allgemein nannte, spielte eine wichtige Rolle in der Malt-Whisky-Industrie und war eine Zeitlang Vorsitzender der Malt Distillers' Association. Irgendwie scheinen die traditionellen Werte dieses Mannes, seine offene, bodenständige Art und sein unverfälschter natürlicher Charme den Malt Whisky von Dalmore geprägt zu haben – oder umgekehrt.

Etwas weiter die Küste hinauf, außerhalb der kleinen Stadt Tain, liegt Glenmorangie. Eine Destillerie, die sich einer außergewöhnlichen Treue ihrer Mitarbeiter rühmen kann: Brennereileiter Ian McGregor setzte sich erst vor kurzem zur Ruhe, nach 47 Jahren Betriebszugehörigkeit; er war der Nachfolger seines Vaters, der sein Amt als Aufsichtsrat des Unternehmens Macdonald & Muir, dem Glenmorangie gehört, erst im Alter von 87 Jahren niederlegte. Als ich die Destillerie vor zwei Jahren besuchte, lernte ich Alice Ross kennen, die auf die Neunzig zuging und in einem Häuschen gegenüber der Küferei lebte, wie schon ihr Vater. Der hatte schier unglaubliche siebzig Jahre lang als Küfer bei Glenmorangie gearbeitet ...

Die Schauspielerei war eines von Ian McGregors Talenten, und er war führendes Mitglied der Amateur-Theatergruppe von Tain. Es heißt, die einzige Rolle, die man nicht mit ihm hätte besetzen können, wäre ein Part in einem Stück von Tschechow gewesen, in dem er die Qualität von Wodka hätte preisen müssen – an diesem Punkt hätte er wohl seine künstlerische Freiheit mehr als voll ausgeschöpft!

Bei einem Besuch in Glenmorangie lernt man zwei wichtige Lektionen. Die erste ist die korrekte Aussprache des Namens. Als ich danach fragte, sagte man mir, ich solle jedwede Assoziation mit einer bestimmten Affenart vergessen und einfach an die englische Aussprache von *orange* denken. Inzwischen kann ich schon gar nicht mehr anders, als jeden zu korrigieren, der den Namen falsch ausspricht – wahrscheinlich habe ich damit schon scharenweise Barkeeper, Kellner, Golfpartner und meine Freunde irritiert. Die zweite Lektion ist von grundlegenderer Bedeutung und darüber hinaus in der Lage, jedem, der angefangen hat zu glauben, er habe die wesentlichen Voraussetzungen zur Herstellung von gutem Malt Whisky verstanden, eine Art Kulturschock zu versetzen. »Weiches Wasser, das durch Torf fließt? Alles andere!« bekam ich bei meinem ersten Besuch zu hören. »Unser Wasser stammt aus den Bergen von Tarlogie, eine halbe Meile von hier, und ist hart. Wir sind der Überzeugung, daß hartes Wasser einen besseren Whisky hervorbringt.«

Ob ein Glenmorangie besser ist als andere Single Malt Whiskys, ist natürlich Geschmackssache. In jedem Fall ist er anders. Eine Ursache dafür mag sehr wohl das Wasser sein, eine andere sicherlich die ungewöhnlich schlanke und hohe Form der Brennblasen – es sollen die höchsten Pot Stills in Schottland sein. Ein weiterer Grund mag in dem Umstand liegen, daß keine Sherryfässer zum Reifen des Single Malt verwendet werden, sondern ausschließlich amerikanische Eichenfässer, in denen zuvor Bourbon Whiskey gereift ist. Sherryfässer, so glaubt man bei Glenmorangie, geben einem Whisky nicht nur mehr Farbe, sondern auch mehr Süße. Glenmorangie dagegen ist sehr hell, trocken und frisch, mit einem köstlichen, fast blumigen Duft, der ihn zu einem idealen Aperitif-Malt macht.

Von Tain aus weiter nach Norden fahrend, kommt man an Dunrobin Castle vorbei, dem Bilderbuchschloß der Herzöge von Sutherland, die im 19. Jahrhundert dafür bekannt waren, daß sie viele ihrer Kleinpächter gnadenlos vor die Tür setzten. Dahinter liegt der Ort Brora, der ganz anders wirkt als andere Kleinstädte im Hochland. Seine Einwohner scheinen ganz besonders geschäftstüchtig zu sein, denn früher einmal betrieben sie gleichzeitig ein Kohlenbergwerk, eine Saline, eine Ziegelei und eine Spinnerei, ganz zu schweigen von der Destillerie. Im Stil von Dr. Jekyll und Mr. Hyde ändert diese zwar ihren Namen von Zeit zu Zeit, nicht jedoch ihren Charakter. 1819 wurde sie unter dem Namen Clynelish vom Marquess of Stafford erbaut, dem späteren Herzog von Sutherland. Die Destillationsrückstände wurden in der Schweinezucht einer angrenzenden Farm verfüttert, die wiederum Dünger produzierte, der den Boden, auf dem die Gerste für den Whisky angebaut wurde, erheblich verbessert haben soll.

Die Nutzung dieses einfachen ökologischen Kreislaufes und der Umstand, daß man zum Befeuern der Brennblasen die vor Ort geförderte Kohle verwenden konnte, halfen Clynelish, die nächsten einhundertfünfzig Jahre zu überleben, während viele andere Hochland-Destillerien in für den Whiskyhandel oft schwierigen Zeiten schließen mußten. 1967 jedoch wurde auf einem angrenzenden Grundstück eine neue Destillerie erbaut, die den Namen Clynelish erhielt. Die ursprüngliche Brennerei wurde in Brora umgetauft. Auf manchen Karten sind beide Destillerien eingezeichnet, auch wenn in Brora längst kein Whisky mehr hergestellt wird. Die Gebäude stehen allerdings unter Denkmalschutz.

Wie alle erst in jüngerer Zeit erbauten Destillerien präsentiert sich auch Clynelish als gut durchdachte, hübsche und geräumige Gesamtanlage – ganz anders als jahrhundertealte Brennereien, deren Erweiterung oft unvermeidlich zu einem wirren Nebeneinander von alt und neu geführt hat. Bei meinem Besuch 1991 konnte ich ihren Single Malt versuchen, dem ich bis dahin nur ganz selten in den Verkostungsräumen von Blendmeistern begegnet war. Clynelish ist nicht allgemein erhältlich. Wie ich jedoch hörte, wird er von United Distillers, denen die Destillerie gehört, inzwischen in kleinen Mengen abgefüllt, wenn auch lediglich für den lokalen Markt. Ich fand, daß sich dieser Whisky deutlich von anderen Single Malts unterscheidet, und zwar auf höchst attraktive Weise. Sein eigentümlicher Geschmack ist fast unbeschreiblich. Ein Fachautor schrieb, er erinnere ihn an Eicheln. Ich möchte mich mit einem Urteil zurückhalten, bis ich diesen Whisky erneut verkosten kann. Kann sein, daß ich dazu wieder einmal ins nördliche Hochland fahren muß, was ich aber um so lieber tue, als die Menschen von Brora freundlich sind und auch der Golfplatz jeden Besuch wert ist.

Nördlich von Brora endet das Festland, doch zum Glück nicht die Reihe der Destillerien – gleich zwei davon liegen auf den Orkneys. Auf diesen Inseln, die über fünfhundert Jahre lang von den Norwegern kolonisiert und regiert wurden, wird man ständig an die Verwandtschaft Schottlands mit den Wikingern erinnert. Es waren bizarre Umstände, unter denen die Orkneys an Schottland zurückgegeben wurden. Anläßlich der Hochzeit seiner Tochter Margaret mit König James III. im Jahre 1472 verpfändete König Christian von Dänemark die Orkney- und die Shetland-Inseln an die schottische Krone, anstelle einer Mitgift. Das Pfand wurde nie ausgelöst, so daß die Inseln ein Teil Schottlands wurden. Orkney erinnert noch an eine andere Zivilisation, die sogar älter ist als die Geschichte des Scotch Whisky: Bei Skara Brae haben Archäologen ein bestens erhaltenes viertausend Jahre altes Dorf aus der Jungsteinzeit ausgegraben.

Unweit von Scapa Flow, wohin sich die geschlagene deutsche Kriegsmarine nach dem Ersten Weltkrieg geflüchtet hatte, liegt die Destillerie Scapa. Ihr Whisky zeigt diesen unverwechselbaren Insel-Geschmack, obwohl zum Mälzen kein Torf verwendet wird – ein letzter, unwiderlegbarer Beweis, daß meine Theorie über den Effekt von meerwassergetränktem Torf falsch war. Das Seearoma kann nur vom verwendeten Wasser herrühren, das auf dieser Insel sehr torfig ist. Scapa ist ein schwerer Malt, den manche als ölig empfinden – ein schöner Whisky zwar, aber sicher nicht der eigentliche Grund für das Auftauchen der deutschen Marine.

Highland Park, die zweite Destillerie auf Orkney, hat ihre ganz eigene Geschichte. Sie wurde am Platz einer früheren Kirche erbaut, deren Pastor Magnus Eunson seiner Gemeinde nicht nur geistlichen Beistand bot, sondern auch geistige Getränke. Er destillierte höchstpersönlich Whisky, den er unter seiner Kanzel versteckte. Highland Park ist ein hervorragender Whisky – ein echter Insel-Malt mit einem außergewöhnlichen Geschmacksvolumen, in einer ebenso außergewöhnlichen Flasche. Angesichts der wachsenden Beliebtheit von Single Malt Whiskys kann man davon ausgehen, daß Highland Park auf dem besten Wege ist, in absehbarer Zeit zu den Marktführern zu gehören.

Die Orcadians, wie sich die Bewohner der Orkneys nennen, stellen nicht nur Whisky her, sondern auch Käse. Ich besichtigte einmal eine kleine Käserei, um enttäuscht festzustellen, daß sie dort nicht nur Orkney-Käse produzieren, sondern auch Cheddar, Leicester, Gloucester, Wensleydale und andere Sorten regionaler Spezialitäten, samt und sonders für eine bekannte Marke von Fabrikkäsen. Zum Glück gibt es für diese Art kommerzieller Irreführung keine Entsprechung in der schottischen Whisky-Branche. Nach gesetzlich festgelegter Definition wird Scotch Whisky in Schottland hergestellt und nirgendwo sonst. Und wenn eine Flasche Scotch beispielsweise als Islay-Whisky bezeichnet ist, dann kann man sicher sein, daß dieser Whisky auch tatsächlich auf der Insel Islay destilliert wurde, und nicht auf Skye oder in Aberdeenshire. Wir Schotten haben lange dafür gekämpft, die *appellation controlée* für unseren Whisky weltweit zu schützen – und das werden wir auch weiterhin tun.

5
Eine Frage der Zeit

Eines Abends, es war 1991, saß ich mit Sandy Curle vor dem Fiddichside Inn und unterhielt mich mit ihm über die Zeit. Man sitzt hier immer schön, und da in diesem Jahr der Frühling besonders früh Einzug gehalten hatte, schien die Abendsonne warm auf das leuchtende Rot und Weiß der Tische und Stühle und über den hübschen Blumengarten, der bis an den Fluß hinunterreicht. Der Fiddich rauschte über sein steiniges Bett, als könne er es nicht erwarten, endlich in den Whisky-Fluß Spey zu münden, der ihn hinter der Brücke erwartete.

Gerade hier über die Zeit zu diskutieren, klingt nach einem eher ungewöhnlichen Gesprächsthema – die Whiskymacher am Spey nehmen die Zeit vielleicht etwas wichtiger als ihre Kollegen auf den westlichen Inseln, einen besonders hohen Stellenwert mißt man ihr aber auch hier nicht bei. Nicht, daß Zeit nicht wichtig für sie wäre. Im Gegenteil. Sie beherrscht ihr ganzes Arbeitsleben – doch andererseits haben die Brenner gelernt, daß man die Zeit nicht beschleunigen kann.

Zeit ist ein integrales, ein fundamentales Wesensmerkmal des Scotch Whisky: Denken Sie an die Jahrtausende, die der Torf brauchte, um zu entstehen; an die langen Monate im Frühling und Sommer, in denen die Gerste langsam wächst und reift; an die langen Stunden des Mälzens, in denen die Gerste erneut keimt, und an den langsamen, geduldigen Prozeß des Maischens, der Fermentation und der Destillation. Und allem voran an die Zeit, die es braucht, bis aus dem frischen Brand schließlich Whisky geworden ist.

Scotch Whisky muß mindestens drei Jahre lang im Eichenfaß reifen. Die Schlichtheit dieser Aussage, die einen Teil der gesetzlichen Definition von Scotch darstellt, macht leicht vergessen, daß es sich bei der Reifung um ein komplexes Themengebiet handelt, um einen Vorgang, der noch längst nicht vollständig erforscht ist.

Warum Eichenholz? Warum gerade drei Jahre? Und auf welche Weise transformiert die Reifung ein Destillat zu Whisky? Fragen, wie sie oft gestellt werden. Die erste ist relativ klar zu beantworten: Fässer müssen aus Holz bestehen, da Holz durchlässig ist und eine langsame Verdunstung ermöglicht, die für die Reifung von essentieller Bedeutung ist – wobei sich Eiche als geeignetste Holzart erwiesen hat. Hinzu kommt, daß ausschließlich Fässer aus spanischer oder amerikanischer Eiche verwendet werden, da Eichenholz aus anderen Ländern zu porös wäre.

Viele Jahre lang wurde praktisch der gesamte in Schottland destillierte Whisky in Fässern ausgereift, in denen zuvor Sherry gelagert worden war. Ein frischer Brand ist so klar wie Wasser – Farbe bezieht er erst aus dem Faß, in dem er reift. Sherryfässer verleihen ihm einen Goldton, vielleicht auch einen Hauch Süße, je nachdem, wie oft das Faß bereits verwendet wurde. Früher hatte die Verwendung von Sherryfässern zudem ökonomische Vorteile: Sherry war ein ganz besonders beliebtes Getränk in Großbritannien, dem bei weitem größten Exportmarkt für die Händler in Jerez. Sherry wurde damals grundsätzlich in Fässern verschifft und erst am Zielort auf Flaschen gefüllt. Die leeren Fässer wurden anschließend billig verkauft, da es zu kostspielig gewesen wäre, sie zur Wiederverwendung zurück nach Spanien zu transportieren.

Nach dem Zweiten Weltkrieg begann sich dies zu ändern, und zwar aus zwei Gründen. Zunächst wuchs die Nachfrage nach Scotch weltweit so sprunghaft, daß schlicht und einfach nicht genügend Sherryfässer zur Verfügung standen, um den Bedürfnissen des Handels gerecht zu werden. Hinzu kam, daß die Spanier ihren Sherry immer häufiger in Flaschen exportierten – ein Trend, der seitens der spanischen Regierung gefördert wurde, da die Herstellung von Flaschen und Verpackungsmaterial, wie auch die Abfüllung, neue Arbeitsplätze schuf.

Die Schotten mußten sich also nach einer anderen Quelle für ihre Fässer umsehen, und sie fanden sie in den Vereinigten Staaten. Nach dortigem Recht darf ein Faß zum Reifen von Bourbon-Whiskey nur ein einziges Mal verwendet werden. Eine ärgerliche Bestimmung aus Sicht der amerikanischen Whiskeybrenner, deren Lobbyisten sich bisher vergeblich um eine Gesetzesnovelle bemüht haben. Ich fragte einmal einen amerikanischen Whiskeymacher, weshalb man mit diesen Bestrebungen noch keinen Erfolg gehabt hat. »Weil die Lobby der Holzindustrie mächtiger ist als die Bourbon-Lobby«, antwortete er mit saurer Miene.

Amerikanische Eichenfässer, die zum Transport zerlegt und in schottischen Küfereien wieder zusammengesetzt werden, stellen einen Großteil des sogenannten »Holzes« dar, das von Schottlands Whiskybrennern verwendet wird. Mancher in der Branche steht auf dem Standpunkt, amerikanische Eiche sei sogar besser als Sherryholz, da sie weniger Farbe und Süße an den Whisky abgibt, der damit eher dem Zeitgeschmack entspreche. Dennoch muß man sich fragen, ob hier nicht aus der Not eine Tugend gemacht wurde.

Sandy Curle würde dies wohl bejahen, auch wenn er zu höflich wäre, diesen Gedanken von sich aus zu äußern. Viele Jahre lang war er Direktor der Destillerie Macallan, deren Single Malt ausschließlich in Sherryholz ausgereift wird. Um den Geschmack und Charakter des Macallan gleichbleibend zu bewahren, werden sogar ausschließlich solche Fässer verwendet, in denen zuvor Oloroso Sherry gelegen hat – Fino, Amontillado oder Fässer sonstiger Sherrytypen gelten hier als inakzeptabel.

Bis er sich aus dem Geschäft zurückzog, reiste Sandy jedes Jahr nach Jerez, um geeignete Fässer auszuwählen. Dabei ist die richtige Sherry-Art beileibe nicht die einzige Anforderung, die ein Faß erfüllen muß. Es muß handwerklich gut gemacht und das Holz solide genug sein, um darin Whisky zwölf oder achtzehn Jahre oder noch länger lagern zu können, ohne übermäßige Verdunstung oder gar undichte Stellen zu riskieren. Im Zuge seiner Reisen nach Spanien erwuchs in Sandy eine Sympathie für die Spanier, die auf Gegenseitigkeit beruhte. Er wurde gebeten, Vorträge über Scotch und seine Herstellung zu halten, und über die Rolle, die Spanien, wenn auch nur indirekt, hierbei spielt. Bald wurde er auch in Fernsehsendungen eingeladen, wo er, stilecht im Schottenrock, demonstrierte, wie man Scotch Whiskys voneinander unterscheidet und sie in ihrer großen Vielfalt richtig genießt. Sandy ist der Auffassung, daß Kontinuität in Geschmack und Charakter ein Hauptaugenmerk für jeden Brenner sein sollte.

»Die wahre Kunst der Destillation«, sagte er mir an jenem Tag vor dem Fiddichside Inn, »besteht darin, einen immer gleich bleibenden Whisky herzustellen, der sich niemals verändert. Wer eine Flasche Macallan kauft, kann zu Recht Kontinuität erwarten. Das war immer unser Ziel, und deshalb verwenden wir grundsätzlich immer dieselbe Faßart.«

Jeder, der es schon einmal versucht hat, wird mir zustimmen, daß ein frisch gebranntes Destillat rauh, brennend und unangenehm schmeckt. Wenn man es in ein Eichenfaß füllt und dort reifen läßt, verwandelt es sich allmählich in eine weiche, milde Spirituose. Diese Metamorphose ist für mich immer wieder erstaunlich, eines der Wunder der Natur. Einige meiner Freunde unter den Brennern haben mit viel Geduld versucht, mir die wissenschaftlichen Hintergründe für diese

Verwandlung zu erklären. Zu diesem Vorgang gehöre eine Oxydation, die unerwünschte Bestandteile im Alkohol umwandelt und die Schärfe beseitigt. In wissenschaftlichen Magazinen wurde viel darüber geschrieben, zum Teil Widersprüchliches. Der Autor eines Artikels, der vor einigen Jahren erschien, war immerhin ehrlich genug zuzugeben, daß es Aspekte der Whisky-Reifung gibt, die noch niemand vollkommen verstanden hat. Als Genießer mag einem das genügen – schließlich braucht man nicht unbedingt eine wissenschaftliche Erklärung für ein Phänomen, das man mit Nase und Gaumen am besten erfaßt.

Nach gesetzlicher Definition muß Scotch Whisky – dies gilt sowohl für unverschnittene Whiskys als auch für Blends – wie gesagt mindestens drei Jahre lang reifen. Die große Mehrheit der Scotch Whiskys reift jedoch wesentlich länger: Blends vielleicht vier oder fünf Jahre, die meisten Premium- oder Deluxe-Blends zwölf Jahre, und Single Malt Whiskys sieben, zehn, zwölf, fünfzehn, achtzehn Jahre oder noch länger. Das »beste« Alter für einen bestimmten Whisky ist Ansichtssache, eine Frage des persönlichen Geschmacks.

Ich war einmal dabei, als der Chef-Blender einer großen Whiskyfirma, ein offener und ehrlicher Mann, vor einer Gruppe von dänischen Weinjournalisten, die auf einer Rundreise durch die Destillerien Schottlands waren, über Scotch sprach. In seinem Vortrag meinte er unter anderem, daß Whisky im Faß zwar gewinne, jedoch nicht unendlich. Nach fünfzehn Jahre der Reife, betonte er, könne sich Whisky nicht mehr verbessern und würde, wenn man ihn weiter im Faß ließe, nur noch abbauen. Damit hatte er sich eine unangenehme Frage eingehandelt.

»Wenn dem so ist, Sir«, fragte einer der dänischen Journalisten, »weshalb bringt dann Ihre Firma einen 21 Jahre alten Blend auf den Markt?«

Der Blendmeister machte keinen Rückzieher. Wie gesagt, er war eine ehrliche Haut. »Das ist nur ein Marketing-Gag«, antwortete er.

Vielleicht war der Ärmste bei dieser Gelegenheit doch etwas zu ehrlich – wenig später erfuhr ich jedenfalls, daß er nicht mehr bei dieser Firma arbeite.

Wie lange ein Whisky reifen sollte, hängt von einer ganzen Reihe von Faktoren ab. Etwa von Größe, Typ und Qualität des Fasses und davon, wie oft es zuvor bereits zum Reifen von Whisky verwendet wurde; von der Art des Gebäudes, in dem das Faß lagert, und, vor allem, vom Charakter des Whiskys, den der Brenner oder Blender als Ziel vor Augen hat. Und schließlich hat die Zeitfrage auch kommerzielle Aspekte, denn jahrelange Reifung ist ein kostspieliger Prozeß.

Zu den Kosten der Kapitalbindung in Form lange ruhender Lagervorräte kommt noch ein mengenmäßiger Verlust durch die Verdunstung. In jedem Jahr verdunsten durchschnittlich etwa zwei Prozent des Whiskys aus dem Faß – das bedeutet, daß beispielsweise ein Faß mit 12 Jahre altem Scotch bereits ein Viertel seines ursprünglichen Inhalts verloren hat. Die Franzosen, die ihre Branntweine in der Regel nicht so lange ausreifen, wie es beim Scotch üblich ist, bezeichnen diese Verdunstung scherzhaft als »Anteil der Engel« – wir Schotten nehmen diesen Verlust weniger leicht hin, auch wenn er für die Qualität notwendig ist.

Scotch wird größtenteils in drei Faßgrößen ausgereift: in *butts* mit einem Fassungsvermögen von etwa 500 Litern, in den halb so großen *hogsheads* sowie in amerikanischen *barrels*, die zwischen 170 und 190 Litern fassen. Als Faustregel kann man sagen, daß Whisky um so schneller reift, je kleiner das Faß ist. Vor einigen Jahren hatte sich mein Schwiegervater, nachdem er von dieser Möglichkeit gehört hatte, in den Kopf gesetzt, einen Malt Whisky speziell für sich destillieren und auf Flaschen mit einem eigenen Etikett füllen zu lassen. Ein etwas überspannter Einfall, zumal er kaum je Whisky trank – er gehörte einer Generation an, die schon in jungen Jahren von einem grauenhaften Getränk korrumpiert worden war: Dry Martini.

Seine Idee bedeutete jedenfalls eine Menge Aufwand für mich. Nichts ist unmöglich, wenn man Freunde in der Whiskybranche hat, und so erklärte sich George Grant freundlicherweise bereit, ein Viertel-Faß mit Glenfarclas zu füllen und zum Reifen in seiner Destillerie zu lagern. Früher kauften Privatleute häufig solche Fässer für sich, heute ist es nicht mehr üblich. Nach sieben Jahren in diesem kleinen Faß war der Whisky ausgereift und konnte abgefüllt werden. Eine so kleine Menge mit einer modernen Abfüllanlage auf Flaschen zu füllen kann man kaum als ökonomisch sinnvolles Unterfangen bezeichnen, so daß ich erneut auf die Hilfe von Freunden angewiesen war. Ian Brown, der mit mir in der erwähnten Fernsehsendung aufgetreten war, organisierte Flaschen von ungewöhnlicher, aber sehr attraktiver Form, die Abfüllung und sogar den Druck spezieller Etiketten, die darauf hinwiesen, daß dieser Glenfarclas eigens für meinen Schwiegervater destilliert, ausgereift und abgefüllt wurde. Zum Zeitpunkt der Bestellung hatte der Whisky überraschend wenig gekostet, und auch für die Lagerung erhob George lediglich eine minimale Gebühr. In diesen sieben Jahren hatten sich jedoch die ohnehin schon lächerlich hohen Alkoholsteuern nochmals verdoppelt – das Gute daran: Mein Schwiegervater war so schockiert über die Rechnung, daß er seine Martinis vergaß und seine Nerven mit einem übergroßen Scotch beruhigte.

Ende der sechziger und in den siebziger Jahren investierten eine ganze Reihe von Privatleuten, hauptsächlich aus den Vereinigten Staaten, in Lagerbestände von Scotch Whisky. Sie kauften riesige Mengen verschiedenster Destillate auf und ließen sie in den jeweiligen Destillerien lagern, im festen Glauben, die Blending-Firmen würden sich um den ausgereiften Whisky geradezu reißen und Preise weit über den Einstandskosten bezahlen. Diese Transaktionen wickelten Firmen sogenannter Whisky-»Broker« ab, natürlich gegen Agenturprovision. Solche Unternehmen schossen wie Pilze aus dem Boden, mit Büros in New York, passenden schottisch klingenden Namen und dem simplen Zweck, diese Form der »Geldanlage« zu organisieren und zu bewerben. Ihre Werbeprospekte erweckten den Eindruck, alle großen Blending-Häuser würden, über Agenturen, erst dann ausgereiften Whisky kaufen, wenn sie ihn zur Produktion benötigten, anstatt Kapital aufzubringen und eigene Lagervorräte aufzubauen.

Dies ist natürlich unzutreffend. Es gehört zum Routinegeschäft der Blending-Unternehmen, ausreichende Mengen jungen Whiskys einzukaufen und auf Lager zu halten, je nach Absatzprognosen für die kommenden Jahre. Diese Lagerbestände werden entweder aus eigenen Mitteln finanziert oder mit Hilfe von Banken. Keine Blending-Firma, welcher Größe auch immer, würde sich darauf verlassen, ihre Whiskys erst kurz vor dem Verschneiden von privaten Investoren zu kaufen oder aus sonstigen Quellen zu beziehen.

Gleichwohl spielt der »Broker«, der echte Handelsmittler, durchaus eine legitime Rolle im Whiskyhandel. Gehen einem Blender die Vorräte an einem bestimmten Whisky aus, den er für seinen Blend benötigt, kann er sich an einen solchen Agenten wenden, der womöglich eine Quelle für diesen Whisky kennt. Entsprechend kann ein Broker von Nutzen sein, wenn es darum geht, überschüssige Bestände eines oder mehrerer Whiskys wieder abzustoßen.

Private Investoren indes, die unvorsichtig genug waren, mit Whisky zu spekulieren, machten fast ausnahmslos dieselbe Erfahrung: Wenn sie ihre Investition realisieren wollten, stellte sich heraus, daß sich der Whisky, wenn überhaupt, nur zu Schleuderpreisen verkaufen ließ. Allzu oft endete es damit, daß die Anleger keinerlei Gewinn machten oder sogar Geld verloren. Und oft mußten sich diese Spekulanten schließlich auf die etablierten Broker stützen, um ihre Bestände verkaufen zu können. Das Problem dabei war, daß sie mit dem Erwerb zusätzlicher Mengen jungen Whiskys eine Überproduktion angeregt und damit eine Art Whisky-Pool – vorwiegend aus Grain Whisky – geschaffen hatten, den schließlich niemand brauchen konnte.

Einige verstimmte Spekulanten beschwerten sich sogar bei der Scotch Whisky Association, in gewisser Weise sei es die Schuld dieses Verbandes, der sie nicht vor den Risiken einer solchen Spekulation gewarnt habe – obwohl sie den Rat des

Verbandes nicht gesucht hatten, bevor sie sich von ihrem Geld trennten. Ich weiß von einem Amerikaner, der, nachdem er sich beklagt hatte, nach Hause zurückgekehrt und der Association ein Farbfoto schickte – es zeigte ihn selbst, seine Frau und ihre zwei halbwüchsigen Kinder, deren Collegeausbildung er wohl aus dem Profit seiner Investition hatte finanzieren wollen. Auf der Rückseite stand: »Als kleine Erinnerung an zwei junge Menschen, deren Zukunft Sie ruiniert haben.«

An jenem Abend vor dem Fiddichside Inn erzählte mir Sandy von einem neuen Lagerhaus, das gerade bei Macallan gebaut wurde. Früher konnte man bei jeder Destillerie diese langgestreckten, niedrigen Gebäude sehen, in denen die Fässer zum Reifen des Whiskys gelagert wurden. Die Fässer sind dort zwei oder drei Lagen hoch übereinander gestapelt, in langen Reihen, die sich weit hinten im Dunkel des Lagerhauses verlieren. Auf Deckel und Boden jedes Fasses werden mit Hilfe einer Schablone der Name der Destillerie, das Jahr der Destillation und eine Faßnummer aufgebracht. Manchmal auch der Name des Unternehmens, in dessen Auftrag dieses Faß gefüllt wurde – oft wird dies aber auch durch eine bestimmte Farbe signalisiert, in der Deckel und Boden gestrichen sind. In regelmäßigen Abständen wird jedes Faß inspiziert, um sicherzustellen, daß kein Leck aufgetreten ist.

Diese traditionellen Lagerhäuser haben einen Boden aus gestampfter Erde und sind kühl und feucht. Temperatur und Luftfeuchtigkeit beeinflussen sowohl die Menge an Whisky, die durch Verdunstung verlorengeht, als auch die Dauer der Reife. Lagerhäuser dieser Art existieren immer noch bei den meisten Destillerien. Um mit der wachsenden Produktion Schritt zu halten, wurden jedoch in den letzten drei Jahrzehnten immer mehr moderne, größere Lagerhäuser errichtet, in denen die Fässer in hohen Gerüsten gelagert werden. Obwohl bei dieser Technik zehn oder elf Lagen Fässer übereinander gestapelt werden können, läßt sich das einzelne Faß so leichter handhaben. Während die Fässer in den alten Lagerhäusern von Hand über den Boden gerollt und an ihren Platz gehoben wurden, geht das in modernen Hallen mit speziellen Gabelstaplern wesentlich schneller.

Ich hatte oft den Gedanken, daß bei diesen hohen Lagerhäusern die Temperatur unter dem Dach höher sein müßte als am Boden und daß dies auch einen Einfluß auf die Reifedauer der jeweiligen Fässer haben müßte. Doch neugierig genug, um herauszufinden, ob ich damit recht hatte, war ich wohl auch wieder nicht gewesen. Nun aber, als wir über das Reifen sprachen, fragte ich Sandy.

»Natürlich hast du recht«, antwortete er. »Das macht einen enormen Unterschied aus. Deshalb haben wir auch dieses ganz neue Lagerhaus bei Macallan gebaut. Laß uns zur Destillerie hochgehen, und ich zeige es dir.«

Das neue Lagerhaus war gewaltig. Ein grün gestrichener Gigant, so riesig, daß das Gebäude monströs gewirkt hätte, wäre es nicht geschickt in die hügelige Landschaft eingefügt worden. Sandy nannte die Zahl der Millionen Liter reifenden Whiskys, die hier schließlich lagern würden – doch mein Gehirn hat sich offenbar geweigert, diese Information zu speichern. Zahlen solcher Größenordnung bedeuten nichts, jedenfalls nicht mir. Ich kann nur sagen, daß es sich nach verdammt viel Whisky angehört hat.

Das Neue an diesem Lagerhaus liegt jedoch nicht so sehr in seiner Größe, sondern vielmehr in seiner technischen Ausgestaltung. Es ist mit einer Klimaanlage ausgestattet, die dafür sorgt, daß nicht nur die Temperatur unter dem Dach der am Boden entspricht, sondern daß Temperatur und Luftfeuchtigkeit immer konstant gehalten werden, unabhängig von der jeweiligen Wetterlage – und dies auf einem Niveau, das sich Experimenten zufolge als ideal für den Whisky von Macallan erwiesen hat.

So riesig es auch ist – das neue Lagerhaus von Macallan wirkt in seiner Größe und Kapazität wie ein Zwerg im Vergleich zu einigen der Lagerhallen, die manch andere Unternehmen der Whiskybranche gebaut haben. Die Glenlivet Distillers Group verfügt über ganze Komplexe von Lagerhäusern am Rande der Stadt Keith. Noch größer sind schließlich die Anlagen der United Distillers Group bei Blackgrange und Menstrie in der Grafschaft Clackmannanshire. Das Ausmaß dieser Komplexe mit hektargroßen Lagerhäusern in geometrischer Uniformität ist schlicht umwerfend. Sich diese Lagerhäuser auch nur von außen anzusehen erfordert eine mehrminütige Autofahrt. Der Wert des Whiskys, der dort liegt, läßt sich kaum schätzen – das Vermögen mancher arabischer Scheichs dürfte sich dagegen wie Kleingeld ausnehmen. Andere Whiskybrenner haben diesen Lagerhauskomplexen, vielleicht nicht ganz ohne Neid, den Spitznamen »Fort Knox« gegeben.

Bei einem Großteil des Whiskys, der in diesen riesigen Lagerhäusern ruht, handelt es sich um Grain Whisky, der in säulenförmigen Brennapparaten destilliert wird. Grain Whisky ist ein Thema, das Fingerspitzengefühl verlangt. In der Whiskybranche spricht man ungern darüber, und wenn, dann im Stil einer großen Dame, die einen armen Verwandten erwähnt – freundlich, aber mit einer gewissen Herablassung. Folglich ist auch die wichtige Rolle, die Grain Whisky für den Blended Scotch spielt, im großen und ganzen unbemerkt geblieben.

Der Name »Grain Whisky«, also »Getreidewhisky«, ist in jeder Hinsicht ein Fehlgriff. Jede Art von Whisky wird schließlich aus »Grain«, aus Getreide, hergestellt. In Schottland werden zwei verschiedene Typen von Whisky destilliert, wobei der wesentliche Unterschied in der Brenntechnik liegt – einerseits die Destillation in der Brennblase, andererseits im Säulen-Brennapparat. Logischer wäre es also, von *Pot Still Whisky* und von *Patent Still Whisky* zu sprechen. Natürlich ist es längst zu spät, an den Bezeichnungen, die sich eingebürgert haben, noch etwas ändern zu wollen, und jeder Versuch würde wohl nur noch mehr Verwirrung stiften. Ein anderer Unterschied liegt darin, daß »Pot Still Whisky« ausschließlich aus gemälzter Gerste hergestellt wird und daher auch als Malt Whisky bezeichnet wird, während »Patent Still Whisky« aus ungemälzten Getreidearten, meistens Mais oder

Weizen, hergestellt wird, mit nur einem relativ kleinen Anteil an gemälzter Gerste.

Bei dieser klaren Sachlage kann man sich fragen, was denn nun in der Whiskybranche zu so viel Reserviertheit dem Grain Whisky gegenüber geführt hat. Die Antwort liegt in der Natur der Patent Still und im Charakter des Whiskys, der in ihr produziert wird. Bis zur eigentlichen Destillation ist die Herstellung von Grain Whisky, bei dem eine Getreidemaische in Washbacks vergoren wird, der von Malt Whisky nicht unähnlich. Eine Patent Still ist jedoch nun einmal eine lieblose Industrieanlage, die im Gegensatz zur Pot Still keinerlei Assoziationen zu althergebrachten, bäuerlichen Handwerkstraditionen weckt. Mit ihren zwei großen Säulen, dem Analysator und dem Rektifikator, könnte sie für das technisch ungeschulte Auge ebensogut eine Erdölraffinerie darstellen. Wie in der Pot Still auch wird der Alkohol zunächst verdampft und schließlich wieder kondensiert. Ein weiterer Unterschied zwischen den beiden Techniken: Mit der Pot Still wird chargenweise destilliert, mit der Patent Still kontinuierlich.

Das Kondensieren und das Auffangen des frischen Brandes wird vom Brennmeister kontrolliert. Es ist ohne weiteres möglich, so lange zu destillieren, bis nur noch ein neutraler, geschmackfreier Alkohol übrigbleibt. In der Tat werden Patentbrennanlagen in vielen Ländern dazu verwendet, einen Neutralsprit zu destillieren, aus dem sich Gin oder Wodka oder ein halbes Dutzend anderer, weniger edler Spirituosen herstellen läßt. Der kritische Punkt ist der, an dem der Alkohol aus der Patent Still aufgefangen wird – hier liegt der Kern aller, manchmal ins kaum noch Verständliche abgleitenden Diskussionen darüber, was nun Whisky ist und was nicht.

In diesem Punkt ist die Definition von Scotch Whisky durch die britische Rechtsprechung eindeutig festgelegt. Whisky muß demnach über Aroma und Geschmack verfügen, die erkennbar von den zu seiner Herstellung verwendeten Rohstoffen geprägt sind; und er muß mit einem Alkoholgehalt destilliert werden, der unterhalb von 94,8 Prozent liegt. Jeder Scotch Whisky, ob Single Malt oder Blend, muß dieser Definition entsprechen.

Schottlands Brennmeister haben keinerlei Schwierigkeiten, diese Anforderungen zu erfüllen. In manchen anderen Ländern jedoch kann Whisky per Definition durchaus auch ein Verschnitt aus Whisky und Neutralsprit sein. In den Vereinigten Staaten etwa darf »Blended Whiskey« bis zu 80 Prozent Neutralsprit enthalten. Hersteller in solchen Ländern – eifersüchtig auf den Erfolg von Scotch auf ihren ureigenen Märkten – sind oft schnell mit der Behauptung bei der Hand, schottischer Grain Whisky sei auch nichts anderes als Neutralsprit, und daß ihre Whiskys daher mit Scotch vergleichbar seien.

Man kann sich des Gefühls nicht erwehren, daß der schottische Whiskyhandel dieser Herausforderung mit mehr Entschlossenheit hätte begegnen sollen. Es ist noch gar nicht so lange her, daß manches Unternehmen nur ungern Besucher durch seine Patent-Still-Destillerie geführt hat, und auch heute noch kommt es nur selten vor, daß Grain Whisky, etwa in der Werbung oder im Rahmen der Öffentlichkeitsarbeit, auch nur erwähnt wird. Man sollte dem Verbraucher unzweideutig klarmachen, daß es sich bei Whisky, der in Schottland in Patentbrennapparaten hergestellt wird, um echten Scotch Whisky handelt, der, wie jeder andere Scotch auch, mindestens drei Jahre lang in Eichenfässern gereift ist.

Zwei Patent-Still-Destillerien, Cameronbridge und Invergordon, füllen ihren Whisky sogar als Single Grain Whisky auf Flaschen, und die Nachfrage wächst. John Green – ein Filmproduzent, der mich durch seine Heirat mit Alison Bullen einer unersetzlichen Sekretärin beraubt hat – ist nur einer von vielen Genießern, die Single Grain Whisky einem Single Malt oder einem Blend vorziehen. Cameronbridge ist der Markenname für einen Grain Whisky, der bei Windygates in der Grafschaft Fife destilliert wird. Anders als die meisten Grain-Whisky-Destillerien liegt Cameronbridge in einem dicht belaubten Tal, und ich kann mir keinen schöneren Ort vorstellen, an dem man erleben kann, daß die Destillation von Grain Whisky keineswegs so steril und unromantisch ist, wie man meinen könnte. Die am Cromarty Firth gelegene Destillerie Invergordon wurde 1961 von Frank Thomson erbaut, einem schillernden, extrovertierten Charakter. Mit seiner Unternehmung wollte er vor allem Arbeitsplätze in einer Region schaffen, in der es ansonsten kaum Alternativen zur Landwirtschaft gab. Es war ihm ein inneres Anliegen, die Landflucht aus den Highlands zu stoppen. Skeptiker unter den Whiskymachern hielten Thomson für verrückt. Grain Whisky war von jeher in Zentralschottland hergestellt worden, im Industriegürtel der Großstädte, in denen Blended Whisky abgefüllt wurde, nahe den Häfen, von denen aus Scotch leicht zu seinen Exportmärkten verschifft werden konnte. Den Grain Whisky erst aus dem Hochland herzutransportieren sei nicht ökonomisch gedacht, hieß es.

Zunächst schienen Thomsons Kritiker recht zu behalten, und ein Jahrzehnt oder länger mußte sich Invergordon durch schwere Zeiten kämpfen. Die Destillerie war auf Whiskyfirmen angewiesen, die ihren Grain zur Herstellung von Blends verwendeten, doch in den sechziger Jahren kamen Aufträge nur sehr schleppend herein. Der Mann, der eine Hauptrolle bei der Lösung von Invergordons Problemen spielen sollte, war Charles Craig. Ein Londoner, rauh, aber herzlich und mit der entwaffnenden Angewohnheit, sich ahnungsloser zu geben, als er in Wirklichkeit ist. Charles tat sich mit Chris Greig zusammen, einem brillanten Brennmeister, der wohl über mehr Sachverstand in allen technischen Aspekten der Whiskyherstellung verfügt als irgend jemand sonst in der Branche. Gemeinsam machten sie aus der isolierten Destillerie Invergordon ein blühendes Whisky-Unternehmen – im Laufe der Zeit haben sie ein ganzes Portfolio von Malt-Whisky-Destillerien in Speyside, auf Islay und Jura aufgekauft und schließlich die in Edinburgh ansässige Firma Charles Mackinlay and Company, die eine eigene Marke Blended Scotch auf dem Markt hatte und die sowohl in Großbritannien als auch auf den Exportmärkten gut eingeführt war. Invergordon Distillers gehört heute zu den wichtigsten Unternehmen der schottischen Whiskybranche.

Wenn man von Edinburghs Flughafen aus in die Innenstadt fährt und die neue Straße nimmt, die entlang der früheren Bahnlinie gebaut wurde, hat man plötzlich diesen schweren, aber nicht unangenehmen Geruch von gärendem Getreide in der Nase. Dieser Geruch könnte auch aus einer der Brauereien von Edinburgh stammen, hier aber, wo die Straße ansteigt, liegen die Gebäude der North British Distillery – kein hübscher Anblick, und wann immer ich dort vorbeikomme, sieht man Bauarbeiten. Man sollte sich nicht darüber ärgern, denn schließlich bedeuten diese Aktivitäten, daß es der Destillerie, und damit einer großen Zahl von Whiskyfirmen, gutgehen muß.

Die »NB«, wie sie allgemein liebevoll genannt wird, ist eine einzigartige Institution, eine Art Brenner-Genossenschaft. Sie wurde 1886 gegründet, zu einer Zeit, als die Distillers Company Limited praktisch ein Monopol auf schottischen Grain Whisky hatte. Also taten sich eine Reihe kleinerer Wein- und Spirituosenhändler – die »Unabhängigen«, wie man sie später nannte – zusammen und errichteten ihre eigene Patent-Still-Destillerie.

Um sicherzustellen, daß die Kontrolle über die NB in den Händen dieser Gründerfirmen blieb, wurde in den Statuten festgelegt, daß ausschließlich Mitarbeiter aus der Whiskybranche Geschäftsanteile erwerben durften. Wer seine Anteile abstoßen wollte, mußte sie an die NB zurückverkaufen; und als zusätzliche Vorsichtsmaßnahme durften keine Anteile an Mitarbeiter der D. C. L. oder ihrer Tochterunternehmen verkauft werden. Aus der entspannteren, freundschaftlicheren Atmosphäre des heutigen Scotch-Handels betrachtet, wirken diese Vorkehrungen ein wenig paranoid. Die NB ist jedoch ein ganz besonders effizient arbeitendes und florierendes Unternehmen geblieben; und von ihr Geschäftsanteile angeboten zu bekommen hat einen Prestigewert, der weit über dem materiellen anzusiedeln ist.

Nach Abschluß jeder Jahreshauptversammlung werden alle NB-Aktionäre und eine Reihe von Gästen zu einem Mittagessen eingeladen, das viele Jahre lang im Hotel George in der gleichnamigen Straße von Edinburgh abgehalten wurde. Dieses Mittagessen ist etwas ganz Besonderes, einer der wichtigsten gesellschaftlichen Anlässe der gesamten Whisky-Szene, mit einem superben Menü und ausgewählten Weinen. Es heißt, daß die Geschäftsleitung der NB bereits Wochen zuvor das Menü probiert, um sicherzustellen, daß es dem Standard entspricht, den Mitglieder und Gäste mittlerweile erwarten.

Eines Tages saß ich bei einem dieser Lunches neben Peter Russell. Peter ist Whisky-Broker, eine bekannte Edinburgher Persönlichkeit, geistreich, aber in seiner Art sehr direkt. Einer der Weine, die zum Menü serviert wurden, war ein Bordeaux. Als Peter daran nippte, wandte er sich mir unvermittelt zu.

»Der Wein schmeckt korkig«, sagte er. »Rufen wir den Kellner.« Zweifelsohne schmeckte der Bordeaux etwas nach Kork, doch – Feigling, der ich bin – hätte ich mich nie beschwert, sondern ihn lieber ungetrunken zurückgehen lassen. Ich hatte das Gefühl, sich beim NB-Lunch über irgend etwas zu beschweren, käme einer Majestätsbeleidigung relativ nahe. Der Ober kam, und als er hörte, der Wein schmecke korkig, räumte er unsere Gläser ab und holte sofort eine andere Karaffe Bordeaux und frische Gläser. Das alles geschah so diskret, daß es mit Sicherheit niemand an einem der anderen Tische bemerkt haben konnte.

Bei diesen Gala-Mittagessen war es gute Sitte, daß auf jedem Tisch Malt Whisky stand, den die Gäste nach dem Essen zum Kaffee tranken. Wie es auch bei Veranstaltungen der Scotch Whisky Association üblich ist, wurde er anonym in Karaffen serviert, um keinen der Gäste zu beleidigen, die für eine andere Destillerie arbeiteten. Ich war mir fast sicher, daß der Whisky, den ich mir einschenkte, ein Glenmorangie war, der nicht allzu schwer zu erkennen ist. Plötzlich bemerkte ich, daß Peter stirnrunzelnd in sein Glas sah.

»Um Himmels willen!« rief er aus. »Was um alles in der Welt ist mit diesem Whisky los?«

»Aber Peter!« protestierte ich.

Zu entscheiden, daß der Wein Korken hatte, war eine Sache. Sich nun auch noch über den Whisky zu beschweren, damit wollte ich nichts zu tun haben. Andererseits kannte Peter seine Whiskys. Abgesehen davon, daß er als Agent tätig war, befaßte sich seine Firma mit dem Verschneiden und Abfüllen von Scotch. Ihr Isle of Skye ist ein sehr schöner acht Jahre alter Blend von internationalem Ruf. Als Peter sah, wie ich zögerte, gab er mir kommentarlos sein Glas. Beim ersten Riechen wußte ich, daß er recht hatte. Dieser Whisky hatte ein höchst außergewöhnliches Aroma, mit einer schweren, parfümierten Süße über den bekannten Aromen von Malt Whisky.

»Haben Sie irgend etwas in den Whisky gegeben?« fragte ich Peter.

»Nur Wasser aus der Karaffe.«

Ich roch am Hals der Karaffe, die an seinem linken Ellbogen gestanden hatte, und mußte laut lachen. Soweit ich weiß zum ersten Mal in der Geschichte dieses Lunches hatte jemand Karaffen mit Malt und mit Gin auf sämtliche Tische gestellt. Wohl das Ergebnis einer Geistesverwirrung auf seiten des Hotelpersonals. Kein normaler Whiskybrenner würde auch nur im Traum daran denken, nach einem Essen Gin zum Kaffee zu trinken!

Apropos Grain Whisky: Sandy Gordon erzählte mir einmal eine Geschichte, die ich nicht in allen Details wiedergeben werde, da sie sich vor langer Zeit zugetragen hat. Das Wesentliche daran war, daß seine Firma, die Grant's Blended Whisky und zwei Single Malts herstellt und vermarktet, einmal in ein Dilemma geriet. Man hatte ihn wissen lassen, daß sein Unternehmen eine bestimmte Strategie verfolgte, von der die Distillers Company Limited glaubte, sie schade den Interessen der Branche – daher werde William Grant's nicht mehr mit Grain Whisky beliefert. Da die D. C. L. bei der Produktion von Grain Whisky damals praktisch eine Monopolstellung hatte, hätte dies das Aus für Grant's Blend bedeutet, sobald die Vorräte erschöpft gewesen wären.

Unter diesen Umständen blieb seiner Firma nichts anderes übrig, als den kritisierten Plan aufzugeben. Die Familie Grant war jedoch entschlossen, sich nie wieder in eine Lage bringen zu lassen, in der sie solchem Druck ausgesetzt und derart verwundbar wäre. Also ließ Sandys Bruder Charles in Girvan eine Patent-Still-Destillerie errichten, und zwar in Rekordbauzeit. Im Gegensatz zu den meisten Brennereien dieser Art liegt sie nicht in einer der engen Industriestädte, sondern im Grünen, und für alle, die einmal sehen möchten, wie Grain Whisky hergestellt wird, ist sie einen Abstecher wert.

Girvan liegt in Ayrshire, der Grafschaft, in der Robert Burns geboren wurde. Burns, der unerschütterlich an die Unabhängigkeit geglaubt hat, hätte das resolute Handeln der Familie Grant sicher gefallen. War er es nicht, der geschrieben hat, daß »Freiheit und Whisky Hand in Hand gehen«?

Richard Paterson, der Blendmeister der Glasgower Whiskyfirma Whyte and Mackay, reichte mir ein Verkostungsglas. Es war eines von fünf Gläsern, die vor uns auf einem Tisch in seinem Büro standen, und in die er Proben verschiedener Whiskys eingeschenkt hatte, mit ein wenig Wasser. Ich roch am Glas und kam zu dem Schluß, daß dieser Whisky in keiner Weise außergewöhnlich zu sein schien, eher etwas zu sanft in der Nase.

Als ich fragte, um welchen Whisky es sich handelte, antwortete er: »Sie können ihn als einen Mini-Blend aus gut ausgereiften Whiskys betrachten, der dominierende Malt jedoch ist Scapa.«

Er reichte mir drei weitere Gläser, an denen ich abwechselnd roch. Zwei enthielten Proben von Macallan Single Malt unterschiedlichen Alters, neun und sechzehn Jahre, wenn ich mich recht erinnere, beide im Sherryfaß gereift. Das dritte Glas war eine Probe von Longmorn, ebenfalls in Sherryholz ausgereift. Der Unterschied zwischen diesen Whiskys war leicht zu erkennen, und doch schwer zu beschreiben.

»Riechen Sie jetzt noch einmal am Scapa Blend«, sagte Richard.

Ich tat es und war erstaunt. Diesmal war da, scheinbar ganz im Hintergrund, ein Aroma, das ich zuvor nicht bemerkt hatte – die salzige Note eines Whiskys, der am Meer destilliert wird; nicht annähernd so stechend wie bei einem Islay Malt, aber unverwechselbar von der gleichen Art. Richard erklärte mir dann, daß er mir demonstriert hatte, wie sich das Aroma eines 20 Jahre alten Whiskys scheinbar plötzlich verändern kann. Das erinnerte mich an ein Gespräch, das ich mit einem anderen Blendmeister, Alan Reid von Robertson & Baxter, in seinem Verkostungsraum in der Glasgower West Nile Street geführt hatte. Einen Whisky verkosten, hatte Alan gesagt, kann eine Erfahrung sein, die einer optischen Täuschung ähnelt. Wenn man beispielsweise lange genug die Zeichnung eines Würfels ansieht, beginnt sich das Bild zu verändern, bis man den Eindruck hat, man sehe in ein leeres Zimmer. Entsprechend bemerken die meisten Menschen, wenn sie einen Whisky verkosten, zuerst nur seine Rauchigkeit. Doch dann, wenn sie erneut daran riechen, glauben sie andere Aromen entdecken zu können: Heidehonig, Birnen oder Johannisbeeren.

Ein Blendmeister muß im Rahmen seiner Arbeit Dutzende, manchmal Hunderte von Whiskyproben verkosten. Dabei arbeitet er einzig und allein mit seinem Geruchssinn, sonst würde er den Tag natürlich nicht überstehen. Er sucht nicht nach dem Aroma von Johannisbeeren oder Birnen – um zu verstehen, wonach er sucht, muß man die Grundlagen des Verschneidens kennenlernen. Ein Blended Whisky besteht aus einer ganzen Reihe von unverschnittenen Single Whiskys, Malts wie auch Grain Whiskys, die miteinander, nach einer festgelegten Formel, vermischt werden. Die Anzahl der Einzelwhiskys in einem Blend kann unterschiedlich sein, meist zwischen fünfzehn und fünfzig, und auch ihr Alter variiert. Natürlich darf kein Whisky jünger als drei Jahre sein, und wenn das Alter eines Blended Whiskys auf dem Etikett angegeben ist, bezieht sich dies auf den jüngsten im Blend enthaltenen Single Whisky – die Angabe eines Durchschnittsalters ist nicht erlaubt.

So, wie es das Ziel eines Brennmeisters ist, einen in Geschmack und Charakter immer gleich bleibenden Single Whisky zu produzieren, gehört es zu den Ambitionen jedes Blendmeisters, seinen Blended Whisky immer wieder in derselben Qualität herzustellen. Manche mögen dies für unnötigen Schnickschnack halten und annehmen, ein Whiskytrinker würde kleine Veränderungen im Geschmack eines Blends überhaupt nicht bemerken – zumal die meisten Menschen in einer Bar nicht nach einer bestimmten Marke fragen, sondern ganz einfach Scotch bestellen. Eindeutig ein unzutreffendes Vorurteil, wie mir einmal in der Bar des Caledonian Hotels in Edinburgh klar wurde.

Hinter der Bar stand damals Frank. Ich glaube, ich kannte nie seinen Nachnamen, jedenfalls war er höflich und würdevoll, einer aus der großen Bruderschaft internationaler Barkeeper, die jeder kennt, der es vorzieht, seinen Drink in luxuriöser Umgebung zu genießen und tadellos bedient zu werden. Ich war allein, wartete auf einen Freund und hatte einen Mackinlay's Whisky bestellt. Nach einiger Zeit fragte mich Frank schüchtern, ob Charles Mackinlay and Company, die Eigentümer der Marke, eventuell die Zusammensetzung dieses Blends verändert hätten. Der Grund für seine Frage war, daß zwei seiner Stammgäste, ein Mann aus Edinburgh und seine Frau, die nie einen anderen Whisky als Mackinlay's tranken, früher an diesem Abend in der Bar gewesen waren. Frank hatte jedem ein Glas eingeschenkt, und nach dem ersten Schluck hatten sie gefragt, ob er sicher sei, daß er ihnen Mackinlay's gegeben habe.

»Ich habe das Gefühl«, sagte Frank traurig, »sie haben angenommen, in der Mackinlay's-Flasche sei ein anderer Whisky gewesen.«

Ich verstand, daß Frank sich in seinem Stolz verletzt fühlte. Für skrupellose Barleute ist es nichts Ungewöhnliches, leere Flaschen einer renommierten Marke mit einem weniger bekannten und billigeren Scotch wieder aufzufüllen, um ihre

Gewinnspanne zu vergrößern. Gewissenlose Verkäufer von Whiskyfirmen machen es manchmal ebenso. Doch ich wußte sehr wohl, daß Frank nicht zu diesen schäbigen Schwindlern gehörte und daß es ihm auch nicht gefiel, dessen verdächtigt zu werden.

Einen oder zwei Tage später traf ich zufällig Donald Mackinlay, Blendmeister der fünften Generation im Unternehmen seiner Familie. Als ich ihm von Frank und dieser Geschichte berichtete, war er überrascht.

»Ich hätte nie geglaubt, daß ein normaler Kunde überhaupt einen Unterschied bemerkt hätte«, sagte er.

»Sie haben Ihren Blend also tatsächlich verändert?«

»Das natürlich nicht!«

Er erzählte mir, daß seine Firma kurz zuvor beschlossen hatte, einen neuen Filtertyp in der Abfüllanlage zu verwenden. Whisky muß vor dem Abfüllen gefiltert werden, und dieser neue Filter war bekannt dafür, effektiver zu sein als der zuvor verwendete. Vor der Installation war er getestet worden, und Donald war der Ansicht, er könne eine leichte Veränderung im Geschmack des Blended Whiskys feststellen, der damit gefiltert worden war. Er hatte die anderen Mitglieder seines Teams damit konfrontiert, wie auch die anderen Direktoren seines Unternehmens – keiner von ihnen schloß sich seiner Auffassung an. Sie konnten keinerlei noch so geringfügige Veränderung am Geschmack des Blends feststellen. Damit wurde der neue Filter akzeptiert.

»Das ist ja ganz außergewöhnlich!« rief Donald aus. »Die geschmackliche Veränderung, wenn es überhaupt eine gibt, ist minimal. Ich hätte nie für möglich gehalten, daß irgend jemand sonst etwas bemerkt hätte.«

»Vielleicht sollten Sie diesen Mann und seine Frau für Ihr Blending-Team gewinnen«, schlug ich scherzhaft vor.

Ein Blendmeister und seine Assistenten müssen sicherstellen, daß jedes benötigte Faß Whisky zum Verschneiden bereitsteht. Der Whisky darf absolut nicht verunreinigt sein. Es kommt manchmal vor, daß Whisky beispielsweise in ein Faß gefüllt wird, das irgendwann einmal nicht für Sherry oder

Bourbon verwendet wurde, sondern zum Lagern eines Likörs. Im Laufe der Jahre geht die Süße der Likörreste in den Whisky über und macht ihn unbrauchbar. Entsprechendes gilt für ein überaltertes Faß, aus dessen Holz der Whisky unangenehme Geruchs- und Geschmackseigenschaften absorbiert hat. Vor jeder Art von Holzigkeit in einem Single Whisky müssen Blender immer auf der Hut sein.

Ihre Verantwortung endet nicht mit dem Überprüfen der Reinheit des Whiskys. Sie müssen auch entscheiden, ob er das gewünschte Reifestadium erreicht hat. Es gibt eine Vielzahl möglicher Einflüsse, unter denen Whisky langsamer reift – wenn er, sagen wir, nach vier Jahren noch nicht soweit ist, kann das Faß für eine weitere Reifeperiode im Lagerhaus bleiben.

Scotch Whisky wird zwar immer nach feststehenden Formeln komponiert, und Qualität und Alter der verschiedenen Einzelwhiskys werden in Betracht gezogen, wenn das Unternehmen neue Whiskys bei den einzelnen Destillerien ordert – dennoch kann es vorkommen, daß die Zusammensetzung eines Produktionsdurchlaufes variiert werden muß. Die Neubestellungen basieren auf Prognosen für den Absatz in soundso vielen Jahren. Solche Vorhersagen sind bekanntlich schwierig zu treffen, da die künftige Absatzentwicklung vom wirtschaftlichen Klima abhängt, von der Entwicklung der Steuern und nicht zuletzt von den Markterfolgen der Konkurrenz. Wenn schließlich die Zeit reif ist, vor Jahren gekaufte Whiskybestände zu verschneiden und abzufüllen, kann sich herausstellen, daß die Vorräte an einem bestimmten Einzelwhisky inzwischen knapp geworden sind. In diesem Fall ist das Können des Blendmeisters gefordert. Er muß wissen, wie er diesen Einzelwhisky, wenn er sich nicht anderweitig beschaffen läßt, durch die Verwendung anderer Whiskys oder durch ein verändertes Mischungsverhältnis der anderen Bestandteile kompensieren und seinen Blend auf diese Weise zum gewohnten Geschmack hin variieren kann.

Die meisten Whiskyfirmen, die Blended Scotch produzieren und vermarkten, ganz besonders die größeren Unternehmen, stellen mehr als nur eine Marke her. Sie haben meist einen Standard-Blend und einen Premium- oder Deluxe-Blend, und manche vermarkten daneben noch einen Sekundär-Blend für eine weniger zahlungskräftige Zielgruppe. Manche Unternehmen produzieren auch spezielle Blends, die sie ausschließlich in bestimmten Ländern in Übersee absetzen, wo man entsprechenden Erfahrungen oder Marktuntersuchungen zufolge einen ganz eigenen Scotch-Stil bevorzugt. In den sechziger Jahren schienen viele zu glauben, daß Amerikaner einen eher »leichten« Scotch mögen und daß die Blends, die sich in den Staaten besonders gut verkauften, in diese Kategorie fielen.

Soweit ich weiß, hat noch niemand definiert, was ein »leichter« Scotch ist, jedenfalls nicht präzise. Daher kann ich nur meine persönlichen Eindrücke wiedergeben, oder wenigstens die meines Geruchs- und Geschmackssinns. Ich würde sagen, ein leichter Scotch ist weniger rauchig, als man es von den traditionellen Blends erwartet, was darauf schließen läßt, daß die Gerste der Einzelwhiskys, aus denen er besteht, wenn überhaupt, dann nur mit wenig Torf gemälzt wurde. Man kann sich auch vorstellen, daß für einen solchen Blend eher zarte, unaufdringliche Malt Whiskys ausgewählt werden, was Islay Malts, robuste Highland Malts und sämtliche in Sherryholz gereiften Malts ausschließt. Man könnte auch annehmen, daß leichte Blends einen höheren Anteil an Grain Whisky enthalten – ihre Hersteller würden dies allerdings nur ungern zugeben.

Jede Diskussion über das ausgewogene Verhältnis zwischen Malt und Grain Whiskys in einem Blend verlangt Takt und Fingerspitzengefühl – hier bewegt man sich in einem Niemandsland sich widersprechender Vorstellungen und Vorurteile. Die meisten Menschen akzeptieren die Aussage, daß es im Prinzip die Malt Whiskys sind, die einem Blend den größten Teil seines Geschmacks geben. Unter dieser Voraussetzung ist es verständlich, wenn viele annehmen, ein Blend sei um so besser, je höher der Anteil an Malt Whisky ist. Diese Annahme trifft nicht unbedingt zu. Ein Blend aus beispielsweise 80 Prozent Single Malt Whiskys und 20 Prozent Grain Whiskys muß noch lange nicht besser schmecken als ein Blend mit genau umgekehrtem Mischungsverhältnis. Ein derart Malt-betonter Blend wäre für die meisten Whiskytrinker sogar weniger akzeptabel als der »leichtere«.

Das wirft die Frage auf, was einen guten Blended Scotch eigentlich ausmacht und wie der Blendmeister vorgeht, um ihn zu kreieren. James Bruxner, der Geschäftsführer des Hauses Justerini and Brooks, hat einmal Blended Scotch mit einem Sinfonieorchester verglichen. Die verschiedenen Instrumente im Orchester spielen unterschiedlich, manche *forte*, manche so *pianissimo*, daß man sie kaum hören kann – das Ergebnis jedoch ist ein perfekter Zusammenklang.

Ich vergleiche einen Blendmeister gerne mit einer Gastgeberin, die eine Dinnerparty ausrichtet. Zunächst überlegt sie sich, wer die wichtigsten Gäste sein sollen, die Attraktionen des Abends. Dazu passend müssen die anderen Gäste ausgewählt werden – keine Extrovertierten, die eine Konversation unterbrechen würden, sondern zurückhaltende Leute, die zuhören können, Fragen stellen und die richtigen Bemerkungen machen. Nur so kann sie sichergehen, daß es ein angenehmer, harmonischer Abend wird.

Ein guter Blend sollte ausgewogen sein zwischen geschmacklich kräftigeren Single Malt Whiskys, die ihm Charakter verleihen, und anderen Malts von ruhigerem Temperament, Lowland Malts und Grain Whiskys, die ihren Beitrag leisten, indem sie die Qualitäten der charaktergebenden Bestandteile unterstreichen und hervorheben. Die meisten Blendmeister würden mir zustimmen, daß kein einzelner Whisky in einem Blend dominieren sollte.

Zu Bessie Campbells Zeiten vermarktete ihr Unternehmen, das bereits Laphroaig als Single Malt abfüllte, auch einen Blend namens »Islay Mist«. Ungewöhnlich für Blended Whiskys: Das Etikett auf der Flasche gab an, daß der Blend aus drei Single Malts und Grain Whisky bestand. Es handelte sich um herausragende Malts. Soweit ich mich erinnern kann, waren es The Glenlivet, Glenfarclas und, natürlich, Laphroaig. Dennoch wurde der Blend dermaßen vom Geschmack des Laphroaig beherrscht, daß er wohl ausschließlich eingefleischten Liebhabern der Islay Whiskys geschmeckt haben dürfte.

Ähnlich hieß es bis vor einigen Jahren, daß man im Blended Scotch »White Horse« ohne weiteres den Lagavulin herausschmecken könne. Das war auch nicht weiter überraschend, denn »White Horse« – übrigens nach einem Gasthaus in Edinburgh benannt, in dem Robert Burns Stammgast war – wurde von Peter Mackie auf den Markt gebracht, dem damals die Destillerie Lagavulin gehörte. In der Whiskybranche war man jedoch im allgemeinen der Auffassung, es sei zuviel Lagavulin im Blend enthalten. Für den heutigen »White Horse« scheint das nicht mehr zu gelten, so daß man davon ausgehen kann, daß die Rezeptur verändert wurde.

Whiskyblender stufen ihre Einzelwhiskys unterschiedlich hoch ein. Viele listen Single Malts nach Güteklassen. Sie teilen etwa Highland Malts in ein bis fünf verschiedene Klassen ein und bilden separate Kategorien für Lowland und Islay Malts. Whisky-Broker führen ähnliche Listen, da der Preis für einen ausgereiften Single Whisky natürlich von dem Rang abhängt, den man ihm beimißt. Solche Ranglisten sind selten identisch, da die Qualitäten eines Whiskys Geschmackssache sind.

Ein Brenner, den ich gut kenne, entdeckte einmal mit Verärgerung, daß der Whisky seiner Destillerie in einer dieser Listen als Highland Malt der Kategorie vier geführt wurde.

»Jeder in der Branche wird Ihnen sagen, daß dieser Malt wenigstens Kategorie drei ist«, beschwerte er sich bei mir. »Es gibt sogar Blendmeister, die ihn in Kategorie zwei einordnen.«

Trotz manch unterschiedlicher Auffassungen – der Blick in verschiedene Listen zeigt doch einen hohen Grad an Übereinstimmung. Angesichts der wachsenden Zahl von Single Malts auf dem Markt und der Lobeshymnen, die ihnen von manchen Weinjournalisten gesungen werden, sind diese Abstufungen in Gefahr, in Vergessenheit zu geraten. Schließlich läßt sich jeder unerfahrene Whiskygenießer gerne beeinflussen von Umschreibungen wie »… ein großartiger und weitgehend unbekannter Single Malt, den ich entdeckt habe, hergestellt in einer winzigen Destillerie am Südhang des Ben Soundso«.

Wenn eine Gastgeberin ihre Dinnerparty plant, ist die Wahl der Gäste durch die Zahl ihrer Freunde begrenzt. Für einen Whiskyblender dagegen ist die Auswahl praktisch unbegrenzt. Er kann nicht nur aus mehr als einhundert verschiedenen Single Malts wählen, er kann sie auch in unterschiedlichen Reifestadien verwenden. Dann hat er die Wahl zwischen Whiskys, die in Sherryfässern gereift sind, und solchen, die aus dem Bourbonfaß stammen. Die Art des Lagerhauses, in dem der Whisky gereift ist, ergibt eine weitere, wenn auch weniger ausgeprägte Variation im Geschmack.

Ein Hersteller von Blended Scotch könnte mit all den Permutationen, die ihm zur Verfügung stehen, wenn er wollte, buchstäblich Tausende von Blends kreieren, die sich in Geschmack und Charakter alle voneinander unterscheiden würden. Die Herstellung eines Blends, der auf einen ganz bestimmten Markt abzielt, stellt somit kein Problem dar. In den letzten Jahren haben sich auch »Hausmarken« zu einem profitablen Geschäft entwickelt.

Ursprünglich wurden solche Blends hauptsächlich für exklusive Institutionen und Clubs produziert. Vor einigen Jahren sah ich in der bei Glasgow gelegenen Firma James Buchanan and Sons, wie der Blend »House of Commons« abgefüllt wurde, der dort für das britische Unterhaus hergestellt wird. Nicht lange danach hatte ich das Glück, eine Flasche von Ian Campbell geschenkt zu bekommen, dem Parlamentsabgeordneten für Dumbarton, der zu jenen schottischen Parlamentariern gehört, die die Bedeutung des Scotch für die Wirtschaft Schottlands erkannt haben und sich in Westminster für die Interessen der Whiskyindustrie stark machen. Die Flasche trägt ein hübsches Etikett, auf dem ein Fallgatter abgebildet ist, das Symbol des Unterhauses, grün vor weißem

Hintergrund. Der Blend schmeckte vollkommen anders als Buchanans »Black and White«. Zweifellos ist das nach wie vor so, da das Unternehmen auch heute noch das Unterhaus mit Whisky beliefert. Die britischen Eisenbahnen hatten ebenfalls ihre eigene »Hausmarke«, wie auch etwa das berühmte Londoner Kaufhaus Harrods. Heutzutage führen auch einige Supermarktketten ihre eigene Scotch-Marke, die speziell für sie kreiert wurde.

Es gibt auch Whiskyfirmen, die bereit sind, »Hausmarken« für Privatclubs und Restaurants herzustellen, sofern die Bestellung groß genug ist, um sich wirtschaftlich zu rechnen. Eine nicht unbeträchtliche Anzahl von Blends wird sogar für einzelne Privatleute abgefüllt. Normalerweise stellt das Unternehmen dann keinen Blend speziell für den Kunden her, sie schickt ihm jedoch Proben von drei oder vier Blends, die sie im Angebot hat. Der Kunde wählt einen davon aus, legt die Flaschenform fest und schließlich das Design des Etiketts, das er gerne hätte. Der Whisky wird dann verschnitten, abgefüllt und an den Kunden ausgeliefert, der dann nur noch die kleine Formalität der Bezahlung zu erledigen hat – nicht nur den Preis für seinen Exklusiv-Whisky, sondern auch die entsprechenden Steuern in seinem Land –, bevor er seine Freunde damit beeindrucken kann.

Das Verschneiden ist ein Handwerk, das großes Können erfordert. Ein ausgeprägter Geruchssinn allein ist nicht genug. Trevor Cowan, der gemeinsam mit Donald Mackinlay als Blender für Mackinlay's arbeitet, hat die anspruchsvollste Aufgabe bei der Kunstfertigkeit eines Blenders am besten beschrieben: Er oder sie – die Anzahl der Blendmeisterinnen wächst – muß in der Lage sein, die »Nase«, die er von einem Einzelwhisky, ob Malt oder Grain, erwartet, seinem Gedächtnis einzuprägen wie eine Art Aroma-Karteikarte. Ein Whisky-Blender kann nicht unbedingt jeden einzelnen unverschnittenen Whisky identifizieren, den Sie ihm vorsetzen – und wenn Sie all die Hunderte verschiedener Blends hinzunehmen, wäre dies natürlich eine unlösbare Aufgabe. Die Fähigkeit, verschiedene Whiskys am Geruch zu identifizieren, ist eine außergewöhnliche Gabe, die nicht allein für Blendmeister reserviert ist.

Ich war einmal bei einem Empfang in Edinburgh, den die Scotch Whisky Association für eine Besuchergruppe vom Kontinent gab. Er fand im Caledonian Hotel statt, das damals den britischen Eisenbahnen gehörte. Wie immer bei Veranstaltungen des Verbandes war das Hotel angewiesen worden, den Whisky in Karaffen zu servieren. Weiterhin war vereinbart worden, daß jeder beliebige Scotch serviert werden durfte, sofern der Hersteller dem Verband angehörte. Dies schloß also den »Royal Scot«, die Hausmarke der britischen Eisenbahnen, aus – es war zwar ein sehr guter Whisky, die Eisenbahnen waren jedoch kein Mitglied des Verbandes.

Bill Burnett, der für die Produktion zuständige Direktor der Distillers Company, war einer der ersten, die auf dem Empfang eintrafen. Er nahm nur einen kleinen Schluck von dem Glas Scotch, das man ihm gereicht hatte, um – etwas laut, da er selbst schlecht hörte – zu fragen: »Warum bekommen wir hier Royal Scot?« Der Oberkellner wurde gerufen. Es war ihm sichtlich peinlich, er versuchte jedoch nicht, abzustreiten, daß es sich bei dem Whisky um »Royal Scot« handelte. Ohne Zweifel hatte jemand vom Hotelpersonal einen Fehler gemacht, oder die entsprechenden Anweisungen waren nicht weitergegeben worden. Also wurden die Karaffen abgeräumt und durch andere mit der Marke eines Verbandsmitgliedes ersetzt. Ich fand daran bemerkenswert, daß Bill Burnett in der Lage war, einen Scotch sofort zu identifizieren, der nicht aus seinem Unternehmen stammte und den er zudem selten trank.

Der Verkostungsraum einer Whiskyfirma ist ein faszinierender Ort. An den Wänden stehen Vitrinen mit Hunderten von Proben verschiedenster Whiskys, Malts ebenso wie Grains und Blends. Die Flaschen sind schlicht, weniger attraktiv als Medizinflaschen. Jede trägt ein Etikett, auf dem die Produktionsnummer, das Datum der Destillation und die Faßnummer vermerkt sind. Der Arbeitstisch mitten im Raum ist mit einem Wasserhahn und einem Becken ausgestattet. Auf dem Tisch stehen Reihen tulpenförmiger Verkostungsgläser, deren Form das Aroma des Whiskys im Glas bündelt.

Um einen Whisky zu prüfen, gießt der Blendmeister ein wenig von der jeweiligen Probe in ein Glas, gibt die gleiche Menge Wasser hinzu, damit sich das Aroma stärker entfaltet, und riecht einmal kurz daran. Das sagt ihm normalerweise genug. Manchmal muß er sich aber auch etwas länger mit dem Aroma beschäftigen oder die Meinung eines Kollegen seines Teams einholen. In manchen Labors stehen sogar Verkostungsgläser aus blauem Glas. Man verwendet sie in den seltenen Fällen, wenn der Blendmeister ausschließen möchte, daß die Farbe des Whiskys sein Urteil beeinflußt.

Blendmeister tragen oft weiße Kittel bei der Arbeit, was das enttäuschend klinisch-nüchterne Erscheinungsbild eines Verkostungsraums noch verstärkt. Man meint, Wissenschaftler im Labor zu beobachten, die leidenschaftslos flüssige Nebenprodukte von Kohle oder Petroleum analysieren. Erst wenn einem der Blendmeister ein Glas zum Verkosten reicht und man das Aroma eines Cardhu oder Bruichladdich oder Ben Nevis in der Nase hat, wird die Phantasie wieder in andere Bahnen gelenkt, und man meint, die Düfte der Täler und Moore zu spüren.

Verkostungsräume müssen immer klinisch sauber sein. Fremde Gerüche würden es unmöglich machen, das Aroma eines Whiskys akkurat zu erfassen. Vielleicht ist Ihnen schon einmal aufgefallen, daß Sie das Parfum einer Dame, der Sie die Hand gegeben haben, an Ihrer Hand riechen können – wenn Sie mit dieser Hand später ein Glas Scotch an die Lippen führen, stört das Parfum die Aromen des Whiskys. Aus diesem Grund haben es Blendmeister allgemein nicht gern, wenn jemand irgendeine Form von Duft mit in den Verkostungsraum trägt. Sie wissen, daß der Geruch noch in der Luft hängt, wenn der Besucher schon längst wieder gegangen ist.

Die Fähigkeit des Blendmeisters, subtile Unterschiede zwischen Whiskys zu erkennen und zu interpretieren, verleiht seiner Arbeit eine ganz besondere Faszination. Der simple Vorgang des Verschneidens wirkt dagegen prosaisch, wenn nicht gar banal. Die Hallen, in denen verschnitten und abgefüllt wird, sind ästhetisch reizlos, und auch die Arbeiten, die dort verrichtet werden, bieten keinerlei romantische Eindrücke. Die Fässer mit allen benötigten Einzelwhiskys werden zum Verschneiden gerollt und entlang einer Metallrinne aufgereiht. Dann werden die Spunde entfernt und Faß für Faß in die Rinne entleert, durch die der Whisky in einen Auffangbehälter fließt.

Jedes Faß trägt auf dem Deckel den Namen der Destillerie, aus welcher der Whisky stammt, sowie das Jahr seiner Destillation. Wenn man in der Verschneidehalle die Reihen der Fässer entlanggeht, die auf das Entleeren warten, bekommt man einen Eindruck davon, welche Einzelwhiskys den späteren Blend ergeben. Ein Notizbuch zu nehmen, um sich die Namen aufzuschreiben, wird allerdings nicht gerne gesehen.

Ein solcher Einblick in die Komposition eines Blends ist heute nicht mehr überall möglich. Einige Hersteller sind dazu übergegangen, den Whisky in Tankwagen von den Destillerien zu beziehen. Grain und Malt Whisky werden getrennt angeliefert und in die Auffangbehälter gepumpt. Die Fässer bleiben bei der Destillerie, um dort wiederverwendet zu werden.

Im Auffangbehälter wird der Whisky gründlich umgerührt. Anschließend kann die Mischung erneut in Fässer gefüllt werden, um noch eine bestimmte Zeit zu lagern und den einzelnen Whiskys Zeit zu geben, sich homogen miteinander zu verbinden oder zu »vermählen«, wie man in der Fachsprache sagt. Danach wird der Blend gefiltert und auf modernen Abfüllanlagen in Flaschen gefüllt und in Kisten verpackt. In Abfüllhallen geht es laut zu, wenn ständig Flaschen aneinanderklirren, und man kommt ins Staunen über die hochentwickelte Technik dieser Anlagen. In der modernsten Fabrik dieser Art, die ich bisher gesehen habe – Ballantine's bei Kilmalid in der Grafschaft Dumbarton –, können in einer Minute 265 Flaschen gefüllt, etikettiert und in Kisten verpackt werden. Nur eine Automation in dieser Größenordnung hat es der Whiskyindustrie möglich gemacht, mit der wachsenden Nachfrage nach Scotch Schritt zu halten.

Bevor der Blended Whisky abgefüllt wird, kann Farbstoff in Form von karamelisiertem Zucker zugesetzt werden. Dies ist ein weiteres kontroverses Thema, wenn auch kaum ein Hauptstreitpunkt. Farbe wird vorwiegend der Kontinuität wegen beigemischt. Beim besten Willen ist es nicht möglich, durch das Verschneiden allein einen Whisky zu produzieren, der immer denselben Farbton hat. Der Grund hierfür liegt darin, daß die Farbe jedes Einzelwhiskys, je nach Alter und Faßart, unterschiedlich ausfallen kann. Die Hersteller von Blended Whiskys glauben, daß es ihre Kunden verwirren könnte, wenn die Farbe ihrer Marke von Mal zu Mal variieren würde – sie könnten annehmen, daß der Blend als solcher verändert wurde. Die meisten Whiskymacher sind der Überzeugung, daß die minimalen Mengen an Zuckercouleur, die beigegeben werden dürfen, den Geschmack nicht beeinflussen. Andere wiederum schwören, daß dies sehr wohl der Fall ist und den Whisky süßer mache. Wie dem auch sei – wenn die Whiskytrinker insgesamt mehr von der Destillation und dem Verschneiden verstünden, wäre ein Farbzusatz nicht nötig.

Vor dem Abfüllen wird der Whisky »reduziert«, indem man Wasser zugibt. Der Alkoholgehalt von Whisky – und anderen Spirituosen – scheint vielen Menschen, jedenfalls im angelsächsischen Raum, als etwas Undurchschaubares, und das aus gutem Grund. Bis 1980 war in Großbritannien »Proof« die gängige Maßeinheit, was mehr zur Verwirrung als zur Erhellung beigetragen hat. In der Branche sprach man von »über Proof« und »unter Proof«, und in Amerika gab und gibt es ein eigenes, ganz anderes Proof-System, das etwas logischer aufgebaut ist als das britische.

Fangen wir am Anfang an, und das bedeutet, in die Geschichte zurückzugehen. Seit mindestens zweihundert Jahren wird der Alkoholgehalt von Spirituosen gemessen. Die erste Methode bestand darin, daß man eine kleine Menge der Spirituosen mit etwas Schießpulver vermischte und das

Ganze dann anzündete. Wenn das Gemisch mit einem anständigen Krach explodierte, war dies der »Beweis« (englisch: *proof*), daß die Spirituose einen ausreichend hohen Alkoholgehalt hatte. Dieser Test war immerhin weniger skurril als die Art und Weise, wie man früher den Alkoholgehalt von Ale »gemessen« hat: Hierzu mußte ein Mann eine Lederhose anziehen, das Bier über eine Holzbank schütten und sich darauf setzen. Je stärker die Hose beim Aufstehen an der Bank kleben blieb, desto stärker war das Bier.

Das Schießpulver wurde später durch verschiedene andere Techniken ersetzt. Glaskugeln unterschiedlicher Größe wurden verwendet und gaben, je nachdem, wie tief sie sanken, einen Hinweis auf das spezifische Gewicht der Flüssigkeit, aus dem man anhand von Tabellen auf den Alkoholgehalt schließen konnte. Das in den 1870er Jahren erfundene Hydrometer, die Senkwaage, erfüllte den selben Zweck.

Da Bürokraten nun einmal keinen Sinn für Humor oder Romantik haben, wurde das Proof-System in Großbritannien nach dem Beitritt zur Europäischen Gemeinschaft abgeschafft und durch ein System ersetzt, das den Alkoholgehalt in Volumenprozent bei einer Temperatur von 20 Grad Celsius angibt. Nach dieser Methode gemessen, hat Malt Whisky, wenn er aus der Brennblase fließt, normalerweise um die 70 Prozent Volumenalkohol. Grain Whisky wird mit einem wesentlich höheren Alkoholgehalt von bis zu 94,8 Prozent destilliert. Beide Whiskyarten werden in der Regel durch Wasserzugabe auf etwa 64 Volumenprozent reduziert, bevor sie in Fässer gefüllt werden, in denen der Alkoholgehalt während des Reifens weiter abnimmt. Vor dem Verschneiden wird der Whisky noch einmal auf Trinkstärke reduziert, die in Großbritannien bei 40, auf einigen Exportmärkten bei 43 Prozent liegt.

Jeder, der schon einmal kalkhaltiges und stark gechlortes Leitungswasser in seinen Scotch gegeben hat, weiß, daß dies den Geschmack des Whiskys ruinieren kann. Das Wasser, mit dem Whisky auf Trinkstärke reduziert wird, muß daher weich und frei von Fremdstoffen sein. Viele der Abfüllbetriebe liegen in oder um Glasgow und beziehen ihr Wasser vorwiegend aus Loch Katrine, einem See mit dem angeblich besten Wasser in ganz Schottland. Firmen, die ihren Whisky an weniger günstig gelegenen Standorten abfüllen, verwenden entmineralisiertes Wasser oder halten dies zumindest vorrätig für den Fall, daß das örtliche Wasser einmal nicht der erforderlichen Qualität entsprechen sollte.

Hier zeigt sich wieder einmal, von welch entscheidender Bedeutung Wasser ist – auf jeder Stufe der Herstellung von Scotch. Whisky wird in vielen Gegenden der Welt hergestellt. Doch nirgends kommt er Scotch Whisky gleich. In manchen Ländern wurden unermüdlich immer wieder Versuche unternommen, Whisky zu destillieren, der Scotch in Geschmack und Charakter zum Verwechseln ähnlich ist. Man baute Brennereien als exakte Kopien von Destillerien in Speyside. Der Herstellungsprozeß wurde präzise bis ins letzte Detail kopiert, Torf zum Mälzen wurde sogar aus Schottland importiert, in der Hoffnung, dies würde zum Ziel führen. Doch die Whiskys, die in diesen Ländern hergestellt werden, bleiben anders – ohne Zweifel gute Whiskys, aber eben doch von anderer Art.

Es wird oft übersehen, daß es nicht nur das Wasser und die Gerste und der Torf sind, die dem Scotch seinen einzigartigen Geschmack geben. Schottland liegt im Norden. Von Aberdeen aus ist es näher nach Stavanger in Norwegen als nach London, und die Shetland-Inseln liegen auf derselben geographischen Breite wie Alaska. Dem Golfstrom, der Schottlands Westküste umspült, ist es zu verdanken, daß nördlich von Glasgow Palmen und tropische Pflanzen gedeihen. Das Klima Schottlands, die Luft, die Feuchtigkeit und geringe Temperaturschwankungen im Jahresverlauf, ohne allzu extreme Hitze- oder Kälteperioden, sind ebenso wichtig für die Herstellung von Whisky wie das Wasser. Doch diese Gaben der Natur lassen sich einfach nicht imitieren.

6
Die »French Connection«

In gewisser Weise hat Schottland Frankreich viel zu verdanken. Daß die Franzosen heute mehr Scotch trinken als jede andere Nation, abgesehen von den Amerikanern, ist ein Anlaß, ihnen dankbar zu sein. Dieser Umstand ist wiederum eine Konsequenz aus zwei weiteren Gründen zur Dankbarkeit, die weit in die Geschichte zurückreichen. Viele assoziieren die Allianz zwischen Schottland und Frankreich vage mit der Ehe zwischen Maria Stuart und dem französischen Thronfolger und späteren König Franz II. von Frankreich. Tatsächlich jedoch kam es schon wesentlich früher zu einer Allianz zwischen beiden Ländern, nämlich 1295, als die Schotten Schutz vor dem englischen König Edward I. suchten, der bereits Wales geplündert und Irland unterjocht hatte und nun auch noch größenwahnsinnige Absichten Schottland gegenüber hegte.

Die Allianz brachte Schotten und Franzosen einander näher, und die Manieren des schottischen Hofes und Adels wurden stark von französischer Kultur und Kultiviertheit geprägt. Junge Schotten, die ihren Horizont auf Reisen erweitern wollten, gingen nicht nach England, sondern nach Frankreich. In jedem Fall war es leichter und sicherer, vom Osten Schottlands aus mit dem Schiff nach Frankreich zu segeln, als die Risiken einer langen Reise per Kutsche oder Pferd nach London in Kauf zu nehmen. Darüber hinaus wurde ein Schotte in Frankreich als Gleicher unter Gleichen behandelt, und nicht, wie von den Engländern, mit Verachtung oder Herablassung.

Auch Frankreich profitierte von dieser Allianz, als nämlich die Schotten zunehmend Geschmack an französischen Weinen und Branntweinen fanden. Im achtzehnten Jahrhundert wurde in Schottland mehr Bordeaux und Burgunder getrunken als in England, und als die Schwarzbrennerei im Hochland ihren Höhepunkt erreicht hatte, wurden riesige Mengen Branntwein aus Frankreich ins Land geschmuggelt. Durch authentische Quellen belegt ist die Geschichte eines Steuerbeamten, der in Begleitung von Soldaten am Solway Firth eintraf, als dort gerade Schmuggel-Brandy angelandet wurde. Zwei Logger lagen vor der Küste, beide mit Kanonen bewaffnet. Die Anführer der Schmugglerbande drohten dem Steuerbeamten und seinen Leuten, die Schiffe würden auf sie feuern, sollten sie eingreifen wollen. Wenn sie sich aber zurückzögen und das Löschen der Ladung nicht behinderten, würde man einige Fässer am Strand für sie zurücklassen. Der Steuereintreiber und seine Soldaten zogen sich zurück, und als sie nach einiger Zeit zurückkamen, fanden sie sechsunddreißig kleine Fässer vor.

Bereits zehn Jahre nach Inkrafttreten des Steuergesetzes (Excise Act) von 1823, das die gesetzliche Grundlage für eine legale Whiskyproduktion geschaffen hatte, wurde in Schottland Grain Whisky in großem Stil destilliert. Möglich geworden war dies durch Robert Stein – er hatte 1827 den Patentbrennapparat erfunden, der drei Jahre später von Aeneas Coffey entscheidend verbessert wurde. Schon bald darauf kam jemand auf die Idee, Whiskys aus der Pot Still und der

Patent Still miteinander zu vermischen – und damit war das Zeitalter des Blended Scotch Whisky eingeläutet.

Niemand weiß mit letzter Sicherheit, wer den ersten Verschnitt hergestellt hat. Im allgemeinen wird dies einem gewissen Andrew Usher zugeschrieben. Usher stammte aus Edinburgh. Er arbeitete als Agent für Smiths Glenlivet-Whisky und begann damals, einen sogenannten Vatted Malt zu vermarkten, einen Verschnitt entweder aus verschiedenen Destillationen des gleichen Single Malts oder aus Single Malts unterschiedlicher Herkunft. Den ersten Vatted Malt, »Usher's Old Vatted Glenlivet«, brachte er 1853 auf den Markt. Brodie Hepburn, ein Whisky-Broker aus Glasgow, schenkte mir einmal eine halbe Flasche »Usher's«, die er von seinem Vater bekommen hatte und die Anfang dieses Jahrhunderts abgefüllt worden sein mußte. Ich habe die Flasche noch heute, obwohl Donald Mackinlay und ich der Versuchung nicht widerstehen konnten, sie zu entkorken und ein winziges Schlückchen zu verkosten. Der Whisky war immer noch ausgezeichnet, auch wenn die Farbe wohl ein wenig verblaßt war.

Die Behauptung, Usher habe als erster mit dem Blending begonnen, steht nicht unwidersprochen im Raum. Alexander Cameron von der Firma John Dewar and Sons war – wenn nicht sogar der erste, der Malt und Grain Whiskys miteinander verschnitten hat – zumindest derjenige, der die Kunst des Verschneidens, wie wir sie heute kennen, perfektioniert hat. Cameron war ein unermüdlicher Experimentator, der herausfand, daß nicht jeder Einzelwhisky mit jedem beliebigen anderen harmonisiert. Er perfektionierte schließlich eine Kombination aus vierzig einzelnen Malt und Grain Whiskys, aus denen Dewar's Blend »White Label« wurde. Welche Geschichte auch immer stimmen mag – unbestritten ist, daß die Entwicklung des Patentbrennapparates und die Einführung der Blended Whiskys, auch wenn sie damals bei vielen Whiskybrennern unbeliebt waren, den Beginn der modernen Scotch-Whisky-Industrie markieren.

Deren frühes Wachstum wurde in zweierlei Hinsicht von

Frankreich begünstigt. Schottische Weinhändler, die ihr Geschäft auf dem Import französischer Weine und Branntweine aufgebaut hatten und die sich auf den Groß- und Einzelhandel verstanden, erkannten als erste die Möglichkeiten, die im Export von Scotch Whisky lagen. Bis dato war Whisky hauptsächlich faßweise in Pubs in ganz Schottland verkauft worden, wo er glasweise ausgeschenkt wurde. Große Mengen sowohl von Pot-Still- als auch von Patent-Still-Whisky wurden nach England verschifft, wo er jedoch fast ausschließlich rektifiziert und zu Gin verarbeitet wurde.

Scotch kannte man kaum in England. Dort tranken die Arbeiter Gin oder Porter, und in den besseren Kreisen bevorzugte man Brandy. Brandy mit Soda war das Getränk, das eine Gastgeberin ihren Gästen zum Ausklang eines Abends anbot, an dem man Sherry oder Madeira als Aperitif und zum Essen Wein getrunken hatte. Wenn sich die Damen nach dem Essen zurückgezogen hatten, tranken die Männer Portwein. Brandy mit Soda tranken die Herren auch, wenn sie in ihren Londoner Clubs beim Kartenspiel saßen.

Das blieb so, bis den französischen Weinhandel eine Serie von Unglücken traf. Ein Mehltaupilz befiel die Weinberge und verursachte eine schlechte Ernte nach der anderen. Um gegenzusteuern, importierten die französischen Winzer Reben aus Amerika, in der Erwartung, »neues Blut« würde ihren Weinstöcken guttun. Statt dessen hatten sie sich eine noch größere Katastrophe eingehandelt: einen der grünen Blattlaus verwandten Schädling namens *phylloxera* – die Reblaus. 1879 begann sie, Frankreichs Weinberge zu verwüsten, und zerstörte mehr als die Hälfte der Anbaufläche. Wein wurde ebenso rar wie teuer – und mit ihm natürlich auch der französische Branntwein.

Die schottischen Whiskyblender machten sich diese Situation schnell zunutze und begannen, ihren Scotch herauszustellen. Die manchmal aufgestellte Behauptung, das Unglück der Franzosen sei der einzige Auslöser für den Geschmackswandel der Engländer und damit allein verantwortlich für die beginnende Weltkarriere des Scotch gewesen, ist jedoch eine starke Vereinfachung. 1879 gab es bereits substantielle Exporte von Blended Whisky nach England, und mehrere schottische Handelsunternehmen hatten Agenturen in Liverpool, Newcastle und Hull. Die Glasgower Firma William Teacher and Sons hatte schon 1876 eine Niederlassung in London. Die Firma John Walker aus Kilmarnock eröffnete ihre Londoner Zweigstelle 1880. Damals wurde Blended Scotch auch bereits nach Australien, Neuseeland, Indien und Südafrika exportiert – im Grunde in jedes Land, in das Schotten ausgewandert waren und in dem sie nach ihrem Nationalgetränk dürsteten.

Die königliche Familie von England hat indirekt wohl ebenfalls dazu beigetragen, das Ansehen des Scotch zu steigern. Prinz Albert, der Gatte Königin Victorias, hatte Gefallen an Balmoral gefunden, das er mit dem mitteleuropäischen Herzogtum verglich, aus dem er stammte – tatsächlich ist Sachsen-Coburg etwa so groß wie die schottische Grafschaft Balmoral. Albert machte es sich zur Gewohnheit, Kilt zu tragen, und bestand darauf, daß es ihm seine Kinder gleichtaten, wenn sie in Schottland waren. Auf einem alten Foto, das die Familie zeigt, scheinen sich die Jungen in ihrer Hochlandtracht so unbehaglich zu fühlen, als würden sie Baströckchen tragen.

Die Frage, ob es nun Bewunderung für das Land oder für ihren Jagdaufseher John Brown war, die Königin Victoria immer wieder nach Schottland zog, läßt sich heute nicht mehr beantworten. Jedenfalls folgten ihr die Neureichen der Mittelschicht, kauften Häuser und Jagden und entdeckten, daß Whisky ein durchaus genießbares Getränk war.

Schon vor dieser Zeit hatte König George IV. bei seinem Besuch in Edinburgh im Jahre 1822 – nach einhundertfünfzig Jahren war er der erste König, der den Mut hatte, nach Schottland zu reisen – den Wunsch zum Ausdruck gebracht, Whisky zu trinken. Er bestand auf einem Malt Whisky aus dem Hochland, denn es gab noch keine Blended Whiskys, und Grain Whiskys aus den Lowlands hatten einen schlechten Ruf. In ihren Memoiren berichtet Elizabeth Grant of Rothiemurchus, mit welchem Widerwillen sie etwas von ihrem Bestand an Glenlivet, zusammen mit dreißig Paar Schneehühnern, an den König in den Holyrood Palace lieferte. Der Whisky, sagte sie, »schmeckte nach Konterbande«; die Erwähnung des Umstandes, daß sie ihn in unverkorkten Flaschen aufbewahrte, kommt dagegen etwas überraschend. Jedenfalls wurde ihrem Vater später ein Richteramt in Indien verliehen, als Lohn für ihre großzügige Geste.

Zugunsten des Blended Whisky wird manchmal ins Feld geführt, Malt Whisky sei zu schwer, um Menschen anzusprechen, die in wärmeren Klimazonen leben oder sitzende Tätigkeiten ausüben. Malt Whisky aus der Brennblase, behaupten manche, sei ein Getränk für die Birkhuhnmoore und die Lachsflüsse und für Menschen, die in Schottlands rauhem Klima unter freiem Himmel arbeiten. Die ersten Blender hätten das Verdienst, dies erkannt und gezielt Verschnitte aus Malts und Grains hergestellt zu haben, die sich dank ihres leichteren Charakters in England und auf überseeischen Märkten besser verkaufen ließen.

Auch so einer der Mythen, die über Scotch Whisky verbreitet wurden und werden. Auch wenn spätere Ereignisse gezeigt haben, daß der weltweite Erfolg auf den Blends basierte, kann man sich andererseits kaum vorstellen, daß diejenigen, die als erste Blended Scotch herstellten, so viel Weitblick besaßen, wie ihnen heute manchmal nachgesagt wird. In den 1870er Jahren war Malt Whisky ein zumindest relativ gut florierendes Geschäft. Er wurde in eine ganze Reihe von Ländern in Übersee exportiert, speziell nach Australien und Südafrika, wo man Malts mit einem kräftigen, ja sogar feurigen Geschmack bevorzugte. Grain Whisky ging dagegen durch harte Zeiten. Seine Überproduktion hatte Probleme geschaffen, die durch die Politik der Regierung noch verschärft wurden. Englische Ginbrenner hatten Schutz vor Spirituosenimporten aus Schottland verlangt. Den bekamen sie auch, und zwar in Form verschiedener Importvorschriften und -auflagen sowie eines sich ständig ändernden Abgabensystems, das die schottischen Grain-Brenner diskriminierte.

Angesichts solcher Schwierigkeiten installierte eine Patent-Still-Destillerie, Caledonian in Edinburgh, sogar zwei große Pot Stills, um einen Whisky im irischen Stil zu produzieren, der die große Zahl irischer Immigranten in Schottland ansprechen sollte. Sechs der größten Grain-Destillerien schlossen sich 1877 unter dem Namen Distillers Company Limited zusammen. Das Vertrauen der Öffentlichkeit in Grain Whisky war nicht gerade groß, so daß nur ein Bruchteil der Aktien, die von der neuen Firma ausgegeben wurden, Käufer fanden.

Wenn man sich diese Umstände vor Augen führt, wird klar, daß man mit dem Verschneiden von Malt und Grain Whiskys hauptsächlich aus kommerziellen Gründen begonnen hat – so konnte man die überschüssige Kapazität der Patentbrennanlagen auslasten, während der Geschmack des neuen Getränks gleichzeitig an den erfolgreichen Malt Whisky erinnerte. Um diese Ähnlichkeit zu erreichen, wurden die frühen Blends vorwiegend aus geschmacklich prägnanteren Inselwhiskys und solchen aus dem Gebiet des Spey, den sogenannten »Glenlivets«, komponiert, zusammen mit bis zu 95 Prozent Grain Whisky.

Wie man sich vorstellen kann, war die Entwicklung der Blends und ihre in den folgenden zwei Jahrzehnten weiter zunehmende Akzeptanz ein Dorn im Auge der Pot-Still-Brenner, die den Absatz ihrer unverschnittenen Malt Whiskys schon schwinden sahen. Einige unter ihnen waren weitsichtig genug, zu erkennen, daß eine wachsende Nachfrage nach Blends langfristig zu ihrem Vorteil sein würde – dennoch drängten sie die Regierung, Vorschriften zu erlassen, die einen Mindestgehalt an Malt Whisky für alle Blends festlegten.

Ihre Position wurde allmählich geschwächt, als einige der größeren Blender, wie etwa James Buchanan und John Haig and Company, Pot-Still-Destillerien aufkauften, um ihren Nachschub an Malt Whisky zu sichern. Sogar ein Londoner Weinhändler, W. & A. Gilbey, hatte eine Malt-Brennerei bei Rothes erstanden. Die Preise für Malt Whisky waren nach unten getrieben worden, mit der Folge, daß einige Destillerien verkaufen mußten, andere in Konkurs gingen.

Der Streit und die Einflußnahme durch Lobbys gingen mit wachsender Verbitterung weiter. 1905 kam es zum Eklat, als die Stadtverwaltung des Londoner Stadtteils Islington entschied, zwei Wein- und Spirituosenhändler strafrechtlich zu verfolgen, die Whisky verkauft hatten, der nicht »der erforderlichen Natur, Art und Qualität« entsprach. Die Richter entschieden diesen Fall, der unter dem Schlagwort »Was ist Whisky?« bekannt wurde, zugunsten der Stadtverwaltung und lösten damit Panik unter den Grain-Brennern und Whisky-Blendern aus. Die Fronten standen sich nun zum letzten Gefecht gegenüber.

Der Vorsitzende der Distillers Company Limited, William Ross, machte einen Kompromißvorschlag, und die Blender waren bereit, einen für alle Blends verbindlichen Mindestgehalt an Pot-Still-Whisky auszuhandeln. Eine Vereinbarung wurde indes nicht erzielt. Die Pot-Still-Brenner wollten ein Minimum von vierzig Prozent durchsetzen – die Blender hätten sich auf ein Minimum von dreißig Prozent wohl noch eingelassen, doch die andere Seite bestand auch noch darauf, daß jeder Whisky mindestens zwei Jahre reifen müsse. Eine solche Vorschrift hätte die Produktionskosten von Grain Whisky, der damals größtenteils überhaupt nicht gereift wurde, erheblich verteuert.

Im Jahre 1908 schließlich brachte die Distillers Company die Regierung dazu, eine Königliche Kommission einzusetzen, die die gesamte Thematik des Whiskys und anderer Spirituosen untersuchen sollte. Die Kommission bestand aus sechs Wissenschaftlern und Medizinern, allesamt Engländer, die so gut wie gar nichts von Whisky verstanden, mit Lord James of Hereford als Vorsitzendem. Sie verbrachten ein Jahr damit, sich die ausführlichen Argumentationen anzuhören, die von Pot-Still-Brennern einerseits und von Patent-Still-Brennern andererseits vorgebracht wurden. In ihrem Abschlußbericht vermied es die Kommission sorgfältig, zu irgendeiner Entscheidung über einen Mindestanteil an Malt

Whisky in einem Blend oder über eine vorgeschriebene Reifedauer für Whisky zu kommen. Statt dessen beschränkte sie sich darauf, eine breitangelegte und im großen und ganzen allgemeinverträgliche Definition des Begriffs »Whisky« abzugeben, und stellte fest, daß keine weiteren gesetzgeberischen Schritte nötig seien. In Wirklichkeit bedeutete der Bericht einen Sieg auf ganzer Linie für die Patent-Still-Brenner und Whisky-Blender.

Der Bericht dieser Kommission wurde damals und auch noch später von vielen prominenten Schotten angegriffen. Aus heutiger Sicht erkennt man jedoch, daß diese ganze Debatte nicht mehr war als ein Schluckauf in der Entwicklung des Blended Whiskys. Man weiß zwar nicht genau, wer als erster Malt und Grain Whiskys zu einem Blend verschnitten hat. In jedem Fall waren es aber die Weinhändler der damaligen Zeit – heute weltweit bekannte Namen wie Walker, Buchanan, Dewar oder Gloag –, die ihn förderten und mit Erfahrung und Fingerspitzengefühl den Zug der Ereignisse in Gang gesetzt haben, der dazu geführt hat, daß Blended Scotch Whisky zur beliebtesten Spirituose der Welt wurde.

Eines Abends setzten sich zwölf Herren zu einem Dinner im prunkvollen Restaurant eines der besten Hotels in London zusammen. Alle trugen Abendgarderobe, auch der schlanke, große, rothaarige Schotte, der so aussah, als fühle er sich in einem Kilt eher zu Hause. Der Weinkellner kam an den Tisch und fragte sie, was sie als Aperitif trinken wollten.

»Buchanan's Blended Whisky natürlich!«, rief der Mann am Kopfende des Tisches.

Der Weinkellner war verlegen und sagte ihm, das Hotel führe keinen Buchanan's Whisky.

»Was? Keinen Buchanan's?« rief die ganze Gesellschaft entsetzt und weithin hörbar. Timing und Intonation ihres Chores waren perfekt – kein Wunder, denn mit einer Ausnahme waren es allesamt Schauspieler, die für diesen Auftritt engagiert worden waren. Nachdem sie allen anderen Gästen im Raum verdeutlicht hatten, daß sie unmöglich in einem Etablissement dinieren könnten, das Buchanan's Whisky nicht führte, erhoben sie sich und verließen indigniert den Saal, auf dem Weg in ein anderes Hotel oder Restaurant und zu ihrer nächsten Vorstellung.

Diese Vorstellung war einer von vielen Kunstgriffen – sicher nicht der geschickteste, aber ein relativ kostengünstiger –, die der rothaarige Schotte anwandte, um seinen Whisky bekannt zu machen. James Buchanan wurde als Sohn schottischer Einwanderer in Kanada geboren, kehrte aber schon kurz nach der Geburt nach Schottland zurück. Nachdem er zunächst als Versandbuchhalter und später in einer Getreidehandlung gearbeitet hatte, ging er im Alter von dreißig Jahren nach London, als Repräsentant der Whiskyhändler und Blender Charles Mackinlay and Sons aus Leith. Es heißt, daß er nicht sehr erfolgreich war, doch nach fünf Jahren hatte er genügend Kenntnisse und Erfahrung, um sich selbständig zu machen. Mit Fremdkapital und einer Lieferzusage des Glasgower Whiskyhauses W. P. Lowrie gründete er in London die Firma James Buchanan and Company.

In späteren Jahren schrieb Buchanan, daß er selbst erstaunt gewesen sei über das »äußerste Selbstvertrauen«, mit dem er sich in dieses Unternehmen gestürzt hatte. Dies läßt sich nicht bestreiten, doch neben seinem Selbstvertrauen besaß Buchanan genau die Eigenschaften, die für seinen bemerkenswerten Erfolg nötig waren: Geduld, Hartnäckigkeit, Eitelkeit und Dreistigkeit. Diese setzte er ein, um Whisky zu verkaufen. Er fuhr in einem grell lackierten Sportwagen durch London und pflegte jede nur denkbare Beziehung, die ihm für sein Geschäft von Nutzen sein konnte.

Zwei Kontakte, die er knüpfen konnte, waren für ihn besonders wertvoll. Der eine brachte ihm einen Vertrag ein, dank dessen er seinen Whisky an den Großteil der führenden Londoner Musiktheater liefern konnte, die alle demselben Unternehmen gehörten. Der andere verhalf ihm dazu, Whisky-Lieferant des Unterhauses zu werden. Daß er in der Lage war, einen Fuß in die Tür zweier so unterschiedlicher sozialer Milieus zu bekommen, läßt ahnen, wie schnell Blended Scotch Whisky überall auf Akzeptanz stieß. Soweit ich weiß, liefert James Buchanan and Company bis heute Whisky nach Westminster, allerdings unter einem anderen Etikett.

Später in seinem Leben berichtete Buchanan gern davon, wie er diese und andere Kontrakte an Land zog, doch er erzählte seine Geschichte in einer Art und Weise, die den Eindruck vermittelte, es gehe ihm im wesentlichen darum, seine Gewitztheit und seinen Geschäftssinn hervorzuheben, während seine Aufrichtigkeit kaum zur Geltung kam. Eine dieser Geschichten dreht sich darum, wie es ihm gelang – indem er sich mit zwei Töchtern eines einsamen Witwers anfreundete, dem eine Reihe von Lokalen in London gehörten –, einen Auftrag über 5000 Gallonen seines Whiskys zu gewinnen, den er später in einen Exklusivvertrag umwandeln konnte.

Seine Geschichten werden seiner Person wahrscheinlich nicht gerecht, denn er wäre kaum so beliebt gewesen, wie er es offensichtlich war, wenn er so selbstsüchtig gewesen wäre, wie ihn diese Geschichten erscheinen lassen. Die Wahrheit dürfte darin liegen, daß Buchanan ganz einfach stolz auf seine Geschäftstüchtigkeit war. Es gab keinen Grund, darauf nicht stolz zu sein, denn er gehörte zu den Vorreitern einer neuen Spezies – Marketingleute, die ihren Einfallsreichtum dafür einsetzten, neue Wege im Verkauf einzuschlagen. Er war der erste, der so manche List einsetzte, die heute zur Routine gehört: Er überredete Zeitungsredakteure zu Schleichwerbung in Form redaktioneller Artikel über Prominente, die angeblich keinen anderen Whisky als »Buchanan's Blend« tranken, und er brachte Mediziner dazu, mit ihrem Namen für die gesundheitsfördernden Eigenschaften seines Whiskys einzustehen. Die Förderung der Markenbekanntheit war ein neues Feld im Whisky-Handel, denn bis zum Aufkommen der Blends gab es keine Markennamen bekannt zu machen. Buchanan setzte seine ganze Energie dafür ein, mit seiner Marke, die später in »Black and White« umbenannt wurde, in den besten Hotels, Restaurants und Clubs und bei gesellschaftlichen Anlässen präsent zu sein.

Buchanans neuartiger Geschäftsstil war ausgesprochen erfolgreich, und schon nach relativ kurzer Zeit war sein Unternehmen soweit gewachsen, daß es luxuriös ausgestattete Büros in Holborn beziehen konnte, am Standort der historischen Black-Swan-Destillerie. Sein Fuhrpark an Kutschen, die von schwarzen Pferden gezogen und von livrierten Kutschern gelenkt wurden, gehörte bald zu den stadtbekannten Spektakeln. Wie viele andere Selfmade-Unternehmer auch, nutzte er Pferderennen als Entree in die gesellschaftlichen Kreise der Aristokratie. Er wurde zu einem erfolgreichen Rennstallbesitzer und hatte zwei Derbysieger unter seinen Pferden, die er in Lavington Park in Sussex züchtete.

1920 wurde er geadelt, und zwei Jahre später wurde ihm von Lloyd George ein Sitz im Oberhaus angeboten. Dies ist Thema einer weiteren Geschichte, die erfunden wirken mag, die aber typisch ist für die Geschichten, die Buchanan »gegen sich« erzählte. Die Peerswürde, heißt es, sollte ihm für eine beträchtliche Spende an die Partei von Lloyd George verliehen werden. Er hatte im Prinzip nichts dagegen, im voraus zu bezahlen, doch aus Mißtrauen Politikern gegenüber unterzeichnete er seinen Scheck mit »Woolavington«, jenem Titel, den er sich ausgesucht hatte, um sicherzustellen, daß der Scheck erst eingelöst werden konnte, wenn die Verleihung der Peerswürde im Staatsanzeiger offiziell bekanntgegeben worden war.

Im Jahre 1891 erhielt die Firma eines Weinhändlers in Perth, die mehr als vierzig Jahre zuvor vom Sohn eines Kleinbauern aus Aberfeldy gegründet worden war, einen Brief mit folgendem Inhalt:

Cluny Castle, 21. September 1891

An die Herren
John Dewar und Söhne
Weinhändler
Perth

Sehr geehrte Herren,

würden Sie bitte ein kleines Faß, etwa neun oder zehn Gallonen, des besten Scotch Whiskys, den Sie finden können, erwerben und an folgende Adresse senden:

An den Präsidenten,
den Ehrenwerten Benjamin Harrison,
Amtssitz des Staatsoberhauptes,
Washington D. C.,
U. S. A.

Die Rechnung geht an mich.

Hochachtungsvoll
Andrew Carnegie

Carnegie war ein Schotte, der in die Vereinigten Staaten ausgewandert war. Nachdem er mit Stahl und dank Freunden des Präsidenten ein Vermögen gemacht hatte, war er nach Schottland zurückgekehrt, um das Leben eines Gutsbesitzers, zumindest aber eines schottischen Gentleman zu führen. Sein Auftrag an die Wein- und Spirituosenhandlung in Perth ist indes in zweierlei Hinsicht ungewöhnlich. Zum einen hatten Händler, die Whisky ins Ausland verschickten, herausgefunden, daß es dem Whisky im allgemeinen abträglich zu sein schien, wenn man ihn im Faß mit dem Schiff transportierte. Hinzu kommt, daß Dewar's zu den ersten Firmen gehörte, wenn sie nicht gar die erste überhaupt war, die Blended Whisky herstellte und ihn in Flaschen verkaufte. Schon möglich, daß Andrew Carnegie in der Abgeschiedenheit seines großen Schlosses davon noch nichts gehört hatte.

John Dewar, der Gründer eines bescheidenen Ladens in

Perth, war der Sohn eines Pächters, der einen kleinen Bauernhof am Rande von Aberfeldy bewirtschaftete. Als er 1880 starb, wurde die Firma von seinen beiden Söhnen übernommen. John Alexander und Thomas Robert. Sie beschlossen, daß London die besten Marktchancen für Blended Scotch Whisky bot, und so ging Tom Dewar 1887 nach Süden, um diesen Markt zu erobern. Es war wohl unvermeidlich, daß er und James Buchanan, der sich dort bereits in derselben Branche selbständig gemacht hatte, zu erbitterten Rivalen wurden.

Die beiden Männer waren sehr unterschiedlich, sowohl in ihrer physischen Erscheinung als auch in ihrer Arbeitsweise. Buchanan war schlank und gut aussehend und legte – vielleicht, weil er ein Selfmade-Mann war – mehr Wert auf elegante Kleidung und Manieren, die er mit der gehobenen Gesellschaft verband, zu der er gehören wollte. Tom Dewar dagegen wirkt auf Fotos wie ein solider, aufrichtiger Mann von der Statur eines Rugbyspielers. Daran ist nichts auszusetzen. John Macphail, der sich als Vorsitzender der Scotch Whisky Association in den achtziger Jahren dieses Jahrhunderts für die Interessen der schottischen Whiskyindustrie einsetzte, hat für Schottland Rugby gespielt. Dewars Geschäftstüchtigkeit war nicht vom Scharfsinn eines Buchanan geprägt, sie beruhte auf einer direkteren Art und offenen Worten, wenn ihm jemand eine Abfuhr erteilte – dennoch muß er beträchtlichen Charme besessen haben, denn er erhielt nur selten eine Abfuhr.

Seinen größten Erfolg hatte er im Ausland, in Nordamerika und im Britischen Empire, wo sich viele Schotten niedergelassen hatten oder vorübergehend arbeiteten. Vielleicht war es auch Andrew Carnegies Brief, der ihn dazu inspirierte, für seinen Whisky Exportmärkte zu erobern, denn bereits im Jahr nach dem Erhalt dieses Schreibens ging er auf große Geschäftsreise. Sie sollte zwei Jahre dauern und ihn rund um die Welt führen – er besuchte mehr als zwanzig Länder, in denen er über dreißig Agenturen für Dewar's Whisky etablierte. Als er nach London zurückkehrte, gingen bereits zahlreiche Aufträge aus der ganzen Welt in Perth ein.

Diese Reise ist gut dokumentiert: Dewar hat seine Erlebnisse in einem Buch mit dem Titel *A Ramble Round the Globe* festgehalten. Es war mit über zweihundert Illustrationen von Absolventen der Royal Academy und anderen etablierten Künstlern ausgestattet, aber auch mit eigenen Zeichnungen. Dewar war auch ein vollendeter Tischredner. Dieses Talent und sein literarischer Ehrgeiz fanden ihren Ausdruck in Aphorismen, von denen einige in zeitgenössische Anthologien aufgenommen wurden. Sie offenbaren einen angeborenen geistreichen Zynismus. Ein Beispiel: »Die größten Lügen werden in Grabsteine gemeißelt.«

Dewar wurde in London enorm populär, vor allem wegen seines Interesses am Sport. Wie Buchanan auch war er ein erfolgreicher Rennstallbesitzer. Daneben besaß er Windhunde, war Mäzen des Amateurfußballs und einer der ersten Männer in ganz Großbritannien, die sich ein Automobil kauften. Es war ein riesiger Benz, von dem Dewar zu sagen pflegte, daß der größte Teil der Betriebskosten in der Miete für die Pferde bestehe, mit denen man den Wagen wieder nach Hause zog, wenn er liegengeblieben war. Dewar war eng mit Thomas Lipton befreundet, dem Teemagnaten, der ein passionierter Segler war und der mit seiner Yacht *Shamrock* sogar am America's Cup teilgenommen hat.

Eine recht nette Geschichte über die beiden handelt von einer Geschäftsreise, die Dewar nach Afrika führte. Von dort aus telegraphierte er spaßeshalber an Lipton, daß er ein Angebot habe, drei Frauen für sechs Pfund von Liptons Tee zu kaufen, und vorschlage, daß Lipton – ebenfalls Junggeselle – nachkomme. Lipton telegraphierte zurück: »Schicke Proben von Tee – stop – erwarte Proben von Frauen.«

Dewars Sinn fürs Geschäft machte seinen Blend »White Label« zum am weitesten verbreiteten Scotch der Jahrhundertwende. Sein Unternehmen konnte gar nicht so schnell expandieren, wie die Nachfrage stieg. Er erbaute eine Malt-Brennerei bei Aberfeldy, bis heute ein Paradebeispiel einer Destillerie, und begann damit, weitere aufzukaufen. Im Dewar House, seinem Londoner Bürogebäude im Stadtteil

Haymarket, wurden Agenten und Importeure aus der ganzen Welt empfangen. In diesem hübschen edwardianischen Gebäude konnten sie schottisches Kulturerbe bewundern, berühmte Gemälde, darunter Landseers *The Macnab* und *Monarch of the Glen*, oder auch den Wirtshaustisch, an dem Robert Burns viele seiner Gedichte geschrieben hat. Leider wurde Dewar House vor nicht allzu langer Zeit aufgegeben.

Wie Buchanan und sein Bruder John wurde auch Tom Dewar zuerst in den Ritterstand erhoben, bevor ihm die Peerswürde verliehen wurde. Sie und andere geadelte Persönlichkeiten aus der Whiskybranche wurden – vielleicht mit ebenso viel Neid wie mit Spott – als die »Whisky-Barone« bekannt. In jenen Tagen wurden Ehrentitel nur selten für Verdienste um das Gemeinwesen verliehen. In einem späteren Zeitalter jedoch hätte Dewar sicherlich Anspruch darauf gehabt: für seine Verdienste um die Whiskyindustrie. Er hat mehr dafür geleistet, den Namen und die Qualität des Scotch Whisky international bekannt zu machen, als jede andere Einzelpersönlichkeit seiner Zeit oder gar aller Zeiten.

Buchanan und Dewar sind zwei der Firmen, die man »die großen Drei« der Whiskybranche nannte. Das dritte Unternehmen, John Walker and Sons, älter als die beiden anderen und in der Royal Burgh von Kilmarnock gegründet, war auch das erste, das ein Büro in London eröffnete. Allerdings nicht mit sofortigem Erfolg, denn die Geschäfte liefen nur schleppend an. Schließlich jedoch überflügelten seine beiden Blend-Marken, »Johnnie Walker Red Label« und »Black Label«, sämtliche Konkurrenten und wurden zu den meistverkauften Scotch Whiskys der Welt. Alec Walker, ein Enkel des Gründers, wurde für Verdienste in den Ritterstand erhoben, die er sich während des Ersten Weltkrieges als Berater von Lloyd George im Ministerium für Kriegsmaterial erworben hatte.

Die beiden letzten Whisky-Barone, die hier zu erwähnen sind, kamen aus relativ begüterten Familien. Die Familie Haig hatte in den schottischen Lowlands seit alters her Whisky gebrannt. Schon 1665 wurde einer von ihnen vor den Kirchengemeinderat bestellt, weil er an einem Sonntag destilliert hatte. Im 19. Jahrhundert besaßen die Haigs eines der größten Brennereiunternehmen Schottlands und produzierten riesige Mengen an Alkohol, vorwiegend zur Rektifizierung in Gin. Haig war eines der ersten Unternehmen, die mit dem Patentbrennapparat arbeiteten, und als sie damit anfingen, Blended Whisky herzustellen, begannen sie ebenfalls, Malt-Brennereien aufzukaufen.

Zu Beginn des Ersten Weltkrieges waren »John Haig's Gold Label« und sein Blend »Dimple« auf den Exportmärkten gut eingeführt. Doch der Krieg traf die Whiskybranche hart. Als er ausbrach, stellte sich Lloyd George auf den Standpunkt, daß die Destillation und das Bierbrauen eingestellt und die Prohibition eingeführt werden sollte. Er behauptete, die Trunksucht der Arbeiter in den Waffen- und Munitionsfabriken behindere die Produktion und sei für den hohen Anteil an Ausschuß verantwortlich. In Wirklichkeit lag dies, wie Historiker später belegen konnten, an Mißmanagement und unzureichender Ausbildung unerfahrener Mitarbeiter.

Erst nach langwierigen Verhandlungen konnten ihn Wirtschaftsführer aus der Branche umstimmen, indem sie auf den Nutzen vieler Nebenprodukte der Destillation hinwiesen, speziell auf die Hefe. Es konnte weiter destilliert werden, allerdings nur begrenzt, um – angesichts der Bedrohung der Importwege durch U-Boote – Getreide einzusparen. Einige Destillerien ließen sich dazu bewegen, auf die Produktion von Azeton für industrielle Zwecke umzustellen. Zusätzlich verabschiedete das Parlament ein Gesetz, das verfügte, daß Whisky grundsätzlich mindestens zwei Jahre im Faß reifen müsse – ein Zeitraum, der wenig später auf drei Jahre ausgedehnt wurde.

Wir haben uns so sehr an weichen und milden Scotch Whisky gewöhnt, daß fast völlig in Vergessenheit geraten ist, daß es vor diesem Gesetz keinerlei Verpflichtung gab, Whisky überhaupt auszureifen. Der größte Teil des Malt Whiskys wurde einfach deshalb im Faß gelagert, weil er durch die Reifung besser und geschmackvoller wurde. Mit der Einführung des Patentbrennapparates jedoch wurde Quantität wichtiger als Qualität, und große Mengen billigen, unausgereiften Whiskys wurden praktisch direkt nach dem Brennen auf den Markt geworfen. Die Königliche Kommission von 1910 hat dies geflissentlich übersehen, indem sie sich weigerte, die Einführung einer Mindestlagerdauer zu empfehlen. Erst auf den Rat von James Stevenson, einem Direktor von John Walker and Sons, der ebenfalls als Berater der Regierung rekrutiert worden war, wurde das entsprechende Gesetz, der Immature Spirits Act, erlassen. Mit später Einsicht erkennen wir heute, daß dieses längst überfällige Gesetz von vitaler Bedeutung für die Zukunft des Scotch Whiskys als internationaler Spirituose war. Man könnte einwenden, daß anständige Brenner und Blender ihren Whisky auch aus freien Stücken gründlich ausgereift hätten. Ohne Zweifel ist das richtig, doch traurigerweise haben entsprechende Vorkommnisse erst jüngst wieder gezeigt, daß es immer Menschen gibt, die den Profit über die Qualität stellen, selbst wenn es dem Ruf des Scotch schadet.

Obwohl der Erste Weltkrieg die meisten Whisky-Unternehmen hart getroffen hatte, zogen die Haigs indirekt auch Nutzen daraus. Douglas Haig, der Sohn John Haigs, wurde Oberbefehlshaber der britischen Armee in Frankreich – und der Name von Feldmarschall Earl Haig war ein Aktivposten für das Unternehmen, als er nach dem Krieg zunächst als Direktor und später als Aufsichtsratsvorsitzender fungierte.

Der letzte verbleibende der Whisky-Barone – auch wenn er über den Ritterstand nie hinauskam – war Peter Mackie. Er war ein temperamentvoller und rastloser Mann, den man als »ein Drittel genial, ein Drittel größenwahnsinnig und ein Drittel exzentrisch« beschrieben hat. Abgesehen davon, daß er Whisky destillierte und verschnitt, verwandte er seine Energie für immer neue Unternehmungen. Eine davon, die ihm vielleicht das Etikett »exzentrisch« eingebracht hat, war der Erwerb einer Mühle, in der er ein Mehl produzierte, das er »B. B. M.« nannte – die Initialen standen sinngemäß für das

Versprechen von »Bärenkräften für Bein und Muskel«. Sämtliche Mitarbeiter seiner Firma waren verpflichtet, dieses Mehl zu verwenden. Eine seiner besseren Ideen bestand darin, seinem Blend den Namen »White Horse« zu geben, in Anlehnung an ein bekanntes Gasthaus in Edinburgh, eine andere dann, statt Korken Schraubverschlüsse für seine Flaschen einzuführen, noch bevor der erste Konkurrent auch nur darüber nachgedacht hatte.

Während diese fünf Unternehmen expandierten und Erfolg hatten, war die Distillers Company nicht untätig geblieben. Sie hatte selbst Malt-Brennereien aufgekauft. Bei ihrer Gründung hatte sie zwar festgelegt, daß sie keinen Whisky im Vereinigten Königreich vertreiben wollte, doch sie exportierte trotzdem Blended Scotch unter eigenem Etikett. Sie lieferte auch Whisky an die großen Blender und gab ihnen, speziell Dewar's, substantielle Kredite.

In dieser Periode entwickelte sich der Whiskyhandel zyklisch: Auf Zeiten des Booms folgten Flauten, ausgelöst entweder durch Überproduktion oder durch steigende Steuern. Die Distillers Company war in der Lage, entweder aus eigener Kraft oder mit Unterstützung eines der großen Blendinghäuser, zahlungsunfähige Firmen zu übernehmen, von denen manche stark im Export gewesen waren.

Das Endziel hieß Verschmelzung: Aus den erfolgreichsten Blendinghäusern – Dewar, Buchanan, Walker, Haig und White Horse – sollte ein einziges Unternehmen unter dem Dach der Distillers Company entstehen. Der Erste Weltkrieg mit seinen Produktionsbeschränkungen verzögerte die Realisierung dieses Plans, doch als der Frieden wieder einkehrte, wurde das Vorhaben unermüdlich weiterverfolgt – federführend war William Ross, der geschäftsführende Direktor der D. C. L., der die langen Verhandlungen geduldig führte. Haig's war die erste Firma, die der Fusion 1919 zustimmte, Walker, Buchanan und Dewar folgten schließlich 1925. Zwei Jahre später bekam die D. C. L. auch noch die Kontrolle über White Horse.

Eine Fusion solcher Größenordnung wäre heutzutage kartellrechtlich gar nicht mehr möglich. Gemessen an der Produktion wie auch am Umsatz kontrollierte das neue Unternehmen mindestens sechzig Prozent der schottischen Whiskyindustrie – und das war nur der Marktanteil, den man freiwillig einräumte; der wirkliche dürfte höher gelegen haben. Solche Berechnungen sind schwierig, wenn nicht gar unmöglich, da die Whiskyfirmen ihre Umsätze und Produktionszahlen nicht publizieren. Zahlen für den Gesamtmarkt sind in offiziellen Quellen zugänglich, und jeder Whiskyhersteller kann sich durch Vergleich mit den eigenen Daten seinen Marktanteil ausrechnen. Verständlicherweise sind nach außen alle recht zurückhaltend mit solchen Zahlen.

Dieser letzte Fusionsschritt der Distillers Company Limited war ein folgenschweres Ereignis für die schottische Whiskyindustrie. Über das folgende halbe Jahrhundert beherrschte das Unternehmen den Markt. Die D. C. L. konnte nicht nur die Preise auf den heimischen und den Exportmärkten diktieren, sondern dominierte zudem auch die Industriepolitik. Lange Zeit hatte sie praktisch das Monopol auf Grain Whisky und hätte nach Belieben ihre Lieferungen an jedes Blending-Haus aussetzen können, von dem sie meinte, es handle gegen die Interessen der Branche. Ob diese Machtposition moralisch gerechtfertigt war, ist Ansichtssache. Es ist jedoch unbestreitbar, daß die Formierung der D. C. L. für die Branche eine Periode der Stabilität mit sich brachte, die nach dem Zweiten Weltkrieg eine bemerkenswerte Expansion ermöglichte.

Dank ihrer Größe hatte die Firma – sie produzierte neben Whisky auch Gin, Wodka und einige Jahre lang sogar Pharmazeutika – beträchtlichen Einfluß auf die Regierung. Sie setzte sich für die Interessen der gesamten Branche ein, doch selbst sie war nicht in der Lage, Whitehall von einer uneinsichtigen und unlogischen Steuerpolitik abzubringen. In den fünfziger Jahren schrieb ein Journalist, die größte Leistung der D. C. L. habe darin bestanden, die Überproduktion zu drosseln, von der die Branche einhundert Jahre lang verhext gewesen sei. Wie die spätere Zeit auf dramatische – und für die Industrie schmerzhafte – Weise bewies, hatte er unrecht, doch das ist eine andere Geschichte.

Zu ihrer Zeit mag Bessie Campbell die einzige Frau gewesen sein, die eine Destillerie leitete, doch sie war keineswegs die einzige Ausnahmefrau in der Branche. Ethel Robertson war eine von drei Schwestern, Enkelinnen von W. A. Robertson, dem Gründungsmitglied der Glasgower Whiskyfirma Robertson and Baxter. Ich lernte sie in einem Hotel in Forres, in der Nähe von Elgin, kennen, wo die Vereinigung der Malt Distillers of Scotland ihre Jahresversammlung abhielt. Die Verbandsmitglieder hatten sich schon am Abend vor der Versammlung zu einem Dinner im Hotel eingefunden. Das Abendessen war fast vorüber, was in einem schottischen Landhotel bedeutet, daß es etwa halb acht gewesen sein muß, als Ethel Robertson hereinhuschte und sich auf den freien Platz neben mir setzte.

»Gott sei Dank!« rief sie aus. »Ich dachte schon, wir verpassen das Dinner. John ist gefahren wie der Teufel, um es noch rechtzeitig zu schaffen.«

Sie berichtete mir, daß sie und John Macphail, ihr Direktionskollege bei Robertson und Baxter, eine der zu ihrem Unternehmen gehörenden Destillerien in Rothes besucht hätten. John hatte damals einen schnellen Wagen, einen Bristol, glaube ich, und ich konnte mir bildhaft vorstellen, wie dieser charmante, ältere Hagestolz auf zwei Rädern um die Kurven der engen Straßen gefegt war, Ethel starr vor Angst.

Miß Robertson, die von ihren Freunden Babs genannt wurde, schlug während des Essens vor, ich solle bei meinem nächsten Besuch in Glasgow doch einmal im Verwaltungsgebäude ihrer Firma in der West Nile Street zu Mittag essen. Ein paar Wochen später, als ich ihrer Einladung folgte und dort eintraf, wurde mir klar, welch glückliches Händchen ich bei der Wahl des Termins gehabt hatte, denn nicht nur Babs, sondern auch ihre beiden Schwestern Agnes und Elspeth waren zugegen. Alle drei waren Direktionsmitglieder des Robertson Trust, der beträchtliche Summen an gemeinnützige Einrichtungen spendet und Forschungsvorhaben akademischer Institute fördert; und genau an diesem Tag hielt der Trust eine Versammlung in Glasgow ab.

Am Ende eines köstlichen Mittagessens in familiärer Atmosphäre, bei dem Babs das Fleisch tranchiert hatte, fragte sie mich, welche Pläne ich für den Nachmittag hätte. Als ich ihr sagte, ich würde nach London fliegen, bestand sie darauf, mich in einem der Firmenwagen zum Flughafen fahren zu lassen. Nach einem Glas Highland Park Single Malt Whisky zum Kaffee ging ich also zur Garage, wo bereits ein Chauffeur in einem Jaguar auf mich wartete. Ich saß schon im Wagen, und der Chauffeur hatte den Motor angelassen, als er plötzlich innehielt. Hinter uns hörten wir das tiefe Donnern eines Sportwagenmotors.

»Wir warten besser und lassen Miß Ethel zuerst rausfahren, Sir«, sagte der Chauffeur.

Wir sahen die Motorhaube eines langen, niedrigen Aston Martin auftauchen. Als Babs an uns vorbei auf die Zufahrt zur Straße fuhr, winkte sie mir zu. Auf unserem Weg zum Flughafen erfuhr ich, daß diese ältere Dame, die mir in Forres so leid getan hatte, eine Leidenschaft für schnelle Autos hegte. Um zur Arbeit zu fahren, »pendelte« sie drei Mal in der Woche durch ganz Schottland, von Berwick-on-Tweed aus, wo die drei Schwestern eine Farm und Stallungen mit Rennpferden besaßen.

»Eines kann ich Ihnen versprechen«, sagte der Chauffeur. »Wann immer ich sie auf der Straße sehe, fahre ich an die Seite und lasse sie vorbeifahren. Unter hundertfünfzig Sachen fährt sie nie.«

Es heißt, daß sie und ihr Aston Martin bei Verkehrspolizisten in ganz Schottland bekannt gewesen seien, die jedoch taktvoll in die andere Richtung schauten, wenn sie sie kommen sahen. Sie wurde nur ein Mal von der Polizei angehalten, nämlich als sie von der West Nile Street losfuhr und ihre Handtasche noch auf dem Wagendach stand.

Ethel Robertson blieb im Vorstand von Robertson and Baxter, bis sie 1985 starb. Sie war in der Branche enorm beliebt, wurde aufgrund ihres Wissens und ihrer Fähigkeiten bewundert und wegen ihres Charmes und ihrer Herzensgüte geliebt.

Glasgow hatte immer etwas mit Whisky zu tun. Am Ende der industriellen Revolution war es eine der wichtigsten Städte des British Empire. Ihr Wohlstand beruhte weitestgehend auf Schiffsbau, Stahlindustrie und Maschinenbau. Als der weltweite Niedergang dieser Industriezweige begann, litt darunter auch Glasgow. Der Clyde und große Stadtviertel verkamen allmählich. Sauchiehall Street, früher eine belebte Prachtstraße, wurde von chinesischen und indischen Restaurants mit Straßenverkauf überschwemmt, und die großen viktorianischen Häuser der reichen Hüttenbesitzer wurden zu Mietshäusern mit kleinen, ärmlichen Apartments umgebaut. Das Abwandern der Arbeiter aus ihren angestammten Wohngegenden in die neuen Städte Cumbernauld und East Kilbride verschärfte die Probleme noch weiter.

Inzwischen erholt sich Glasgow wieder. Prachtvolle Einkaufszentren wurden gebaut, die berühmten Kunstgalerien der Stadt wurden renoviert oder sind in neue Gebäude gezogen. Heute sieht man Porsches und BMWs, früher als Privileg Londoner Yuppies angesehen, vom Blytheswood Square aus die steilen Hügel hinunterrasen und in Serpentinen durch die Querstraßen fegen wie Polizeiwagen in den Straßen von San Francisco. Ich habe mich in San Francisco immer wie zu Hause gefühlt und empfand es als eine Art Glasgow für arme Leute.

Auch in den schlechten Zeiten verlor die Whiskybranche nie ihr Vertrauen in Glasgow, wo sie so viele Wurzeln hat. Es war eine Glasgower Firma, W. P. Lowrie, die Buchanan den Start ermöglichte, und Buchanan selbst hielt es für wichtig, ein Büro in Glasgow zu unterhalten, obwohl er von London aus operierte. Später ließ er seine Whiskymarke »Black and White« in Glasgow abfüllen.

Zu der Zeit, als Buchanan, Dewar und Walker die Basis eines enormen Exportgeschäfts für den Scotch Whisky legten, konzentrierten sich zahlreiche Firmen in Schottland auf den

Verkauf ihrer Whiskys auf den heimischen Märkten. Eine der ersten war die Firma William Teacher and Sons, die mit ihrem Blend »Highland Cream« schon immer eine führende Position auf dem Inlandsmarkt innegehabt hatte. William Teacher stieg 1834 in den Wein- und Spirituosenhandel ein, indem er begann, in dem kleinen Laden seiner Schwiegermutter im Glasgower Stadtteil Anderston zu arbeiten. Man kann zwar von einem Wein- und Spirituosengeschäft sprechen, im Grunde war es aber ein Kolonialwarenladen mit Konzession zum Verkauf von Alkohol. Kaufläden dieser Art waren jahrelang eine einzigartige schottische Institution. In England gab es damals nichts Vergleichbares, auch wenn dort heute, in einem liberalen Klima, anscheinend so gut wie jeder Laden Wein, Bier und Spirituosen verkaufen darf. Eine weitere auf Schottland begrenzte Institution, die von William Teacher ins Leben gerufen wurde, waren die dram shops, eine Art Trinkhallen.

Fotos aus jener Zeit zeigen, daß sie ganz anders waren als unsere heutigen Pubs. In ihrer schmucklosen und funktionellen Atmosphäre konnte man zwar für wenig Geld ein Glas Whisky kaufen und an Ort und Stelle trinken, doch so etwas wie Komfort oder Geselligkeit gab es nicht. Rauchen war verboten, man durfte niemanden zu einem Drink einladen, und auf Kleidung und gesittetes Benehmen wurde streng geachtet. Wer zuviel trank oder sich wie ein Rabauke aufführte, wurde hinausgeworfen, und zwar so konsequent, daß die Lizenzbehörde Teacher sogar ein Lob aussprach für die Bemühungen um Mäßigung. All dies schien für die Trinker von Glasgow kein Hinderungsgrund zu sein, so daß Teacher innerhalb relativ kurzer Zeit in den verschiedenen Stadtteilen insgesamt achtzehn solcher Trinkhallen eröffnete. Bis heute ist dieses Unternehmen, dessen Hauptverwaltung im größten Einkaufszentrum der Stadt liegt, ein nicht wegzudenkender Teil Glasgows und unterstützt die Stadt und ihr Kulturleben aktiv, vor allem die Musikszene und das Opernhaus.

Eine andere Glasgower Firma entstand aus der Partnerschaft zwischen James Whyte und Charles Mackay. Es ist nicht als Kritik gemeint, wenn man sagt, die Firma sei ein Spätentwickler gewesen. 1960 fusionierte sie mit der Destillerie Dalmore und kann seither ein bemerkenswertes Wachstum verzeichnen. Sie hat inzwischen nicht nur zwei weitere Malt-Brennereien erworben, sondern in jüngerer Zeit auch zehn in Großbritannien sehr bekannte Blend-Marken, wodurch das Unternehmen zu einem der Marktführer im Inland wurde.

Whyte and Mackay wenden bei der Herstellung ihres Blends eine interessante Technik der »doppelten Vermählung« an. Viele Firmen, wenn auch nicht alle, legen nach dem Verschneiden von Malt und Grain Whiskys ihren Blend noch einmal für eine weitere Reifeperiode ins Faß. Whyte and Mackay vermischen zunächst nur die 35 Malt Whiskys – diesen Vatted Whisky vermählen sie acht Monate lang in Sherryfässern. Erst dann werden die Grain Whiskys untergemischt, bevor der Blend ein weiteres Mal für mehrere Monate im Faß vermählt wird. Soweit ich weiß, ist Whyte and Mackay der einzige Hersteller, der diese Technik anwendet. Das Unternehmen hält sie für wesentlich bei der Herstellung eines Blended Scotch höchster Qualität.

Eine ganze Reihe anderer Hersteller, auch solche, die nicht in Glasgow ansässig sind, lassen ihren Whisky am Rande der Stadt verschneiden und abfüllen. Zum einen geschieht dies aus wirtschaftlichen Gründen: Moderne Abfüllhallen benötigen viel Platz, der in den Randbezirken natürlich weniger teuer ist. Ein anderer Grund liegt darin, daß man sich noch heute an den Brand von Cheapside im Jahre 1960 erinnert, als ein Whisky-Lager Feuer fing und neunzehn Menschen ums Leben kamen. Die Erinnerung an solche Katastrophen verblaßt nur langsam, und die Furcht, daß so etwas wieder passieren könnte, ist noch vorhanden, weshalb die Anlagen lieber in weniger dicht besiedelten Gegenden angesiedelt werden. Obwohl die Firma William Grant and Sons ihren Single Malt, übrigens als einzige, in der eigenen Destillerie in Dufftown abfüllt, betreibt sie darüber hinaus für ihren Blended Whisky eine Abfüllhalle im Vorort Paisley. Justerini and Brooks füllen ihren »J. & B. Rare« etwas weiter nördlich von Glasgow ab, in Dumbarton. »Cutty Sark« wird bei Drumchapel abgefüllt. Unter dem Strich hat die Whiskyindustrie in großem Stil in und um Glasgow investiert, und daran wird sich wohl auch nichts ändern.

Die Rivalität zwischen Glasgow und Edinburgh sorgt südlich der Grenze immer wieder für Heiterkeit. Die Engländer finden diesen Zwist unglaublich und vermuten, all das sei nur Getue. Wer jedoch mit Menschen aus beiden Städten zusammenlebt oder -arbeitet, der weiß, daß die Antipathie echt ist und daß dieses Gefühl, auch wenn es sich nur in kleinen Sticheleien ausdrückt, viel tiefer sitzt als bloße Mißgunst. Erstaunlich dabei ist, daß zwei Städte, die nur vierzig Autominuten voneinander entfernt liegen, so unterschiedlich sind. Die Gründe dafür sind sowohl ethnischer als auch geschichtlicher oder kultureller Natur. Der Einwanderungswelle der Iren in die Gegend entlang des Clyde und nach Glasgow hinein folgte in jüngerer Zeit eine bescheidenere Invasion von Italienern, und auch Juden haben sich von jeher in Glasgow heimischer als in Edinburgh gefühlt. Jack House, ein bedeutender Journalist aus Glasgow, brachte die kulturellen Unterschiede zwischen beiden Städten auf den Punkt, indem er bemerkte, in Edinburgh bedeute Bildung Erziehung zu gesitteten Formen, in Glasgow dagegen zu möglichst viel Lebensfreude.

Edinburgh ist das Verwaltungs-, Gerichts- und Medizinzentrum des Landes und darüber hinaus die Hauptstadt von Schottland. Man kann sich des Gefühls nicht erwehren, daß die Glasgower dies übelnehmen. Mit dem Verdruß von Menschen, die für alles Erreichte hart arbeiten mußten und nun zusehen dürfen, wie ein weniger würdiger, wenn auch begabterer Rivale geehrt wird. Die Edinburgher sind sich dessen bewußt, auch wenn sie so tun, als betrachteten sie das alles von oben herab.

Als bekanntgegeben wurde, daß Glasgow europäische Kulturhauptstadt des Jahres 1990 würde, fragte jemand aus der Whiskybranche: »Was für eine Kultur? Hefe oder Penizillin?«

Edinburgh ist nicht nur Kapitale, sondern auch eine ganz besonders schöne Stadt. Man nannte sie »Athen des Nordens« – ein Vergleich, der aus heutiger Sicht kaum noch schmeichelhaft ist, denn im Gegensatz zu Athen hat Edinburgh nicht nur seine geschichtlichen Monumente erhalten, sondern auch einen Großteil seiner urbanen Schönheit. Robert Louis Stevenson beschrieb die Stadt als »Überfluß an Verstiegenheiten« und als »Traum zwischen lebendiger Baukunst und Felsgestein«. Auf dem Burgberg von Edinburgh steht das Schloß, als brüte es angesichts der turbulenten Geschichte der Stadt vor sich hin. Von dort oben erkennt man die ganze Eleganz der Neustadt aus dem achtzehnten Jahrhundert mit ihren Plätzen und geschwungenen Häuserreihen, die von einem halben Dutzend Architekten, darunter Robert Adam, geplant wurde.

Natürlich blieb der Charme von Edinburgh nicht ganz und gar unbefleckt. Auf der Royal Mile, die vom Schloß aus nach Holyrood House führt, dem Palast des Monarchen bei seinen Aufenthalten in Edinburgh, florieren Pizzerien und Andenkenläden für Touristen. Aus dem Deacon Brodie's – einem Pub, das nach Edinburghs berühmtesten Verbrecher benannt wurde, der tagsüber eine tragende Säule der Kirchengemeinde, nachts jedoch ein Einbrecher war und der 1788 gehenkt wurde – plärrt laute Popmusik, und ich habe mir sagen lassen, daß es dort nicht einmal mehr eine anständige Auswahl an Malt Whiskys gibt. Doch all dies sind nur kleine Schönheitsfehler einer Straße, die eine Reise in die Geschichte ermöglicht.

Obwohl der Edinburgher Chirurgengilde bereits 1505 ein Monopol zum Verkauf von Whisky zugesprochen wurde, hat sich in dieser Stadt nie eine so enge Verbindung zum Whisky entwickelt, wie es in Glasgow der Fall ist. Bestimmt würden die Glasgower sagen, dies sei der beste Beleg für den Dünkel der Edinburgher, die das Whisky-Brennen für unter ihrer Würde halten. Eine plausiblere Erklärung ist jedoch, daß Glasgow mit seinem Hafen der passendere Standort für eine Industrie war, dic den größten Teil ihrer Produktion nach Übersee exportieren wollte. Aus demselben Grund haben sich die Whiskyfirmen im Osten Schottlands vorwiegend in Leith angesiedelt. Diese alte Hafenstadt war seit dem 15. Jahrhundert ein wichtiger Handelsplatz gewesen. In jüngerer Zeit allerdings gemahnen Hafen und Docks eher an den traurigen Niedergang des internationalen Seehandels. Neuerdings liegt Leith wieder mehr im Trend und präsentiert sich mit modernen Stadthäusern, Apartments, überteuerten Restaurants und Weinbars, die am Ufer aus dem Boden schießen.

In Leith gibt es heute zwei große Whiskyfirmen. Die eine ist Macdonald and Muir, der die Destillerien Glenmorangie und Glen Moray gehören und die auch Blended Whiskys herstellt, mit »Highland Queen« als ihrer wichtigsten Marke. Das Gelände von Invergordon Distillers, der zweiten großen Firma, liegt auf einem Teil der früheren Leith Links, einem der ersten Golfplätze von Schottland. Er hatte zwar nur fünf Löcher, dafür aber die Ehre, daß dort 1728 die ersten Golfregeln festgelegt wurden. Es waren lediglich dreizehn Regeln, doch viele Golfspieler sind von der Kompliziertheit des heutigen Regelwerks so verwirrt, daß sie oft das Gefühl haben, man hätte bei dreizehn Regeln bleiben sollen. Puristen sind der Meinung, daß man ohnehin nur eine Regel braucht: »Man spiele den Ball von dort aus, wo er gerade liegt.«

Lange vor Aufzeichnung der Regeln wurde auf diesem Platz bereits Golf gespielt. König Jakob IV. von Schottland golfte dort anno 1505. Ein etwas makabres Spiel fand im Jahre 1724 statt, zwischen dem Ehrenwerten Alexander Elphinstone – dem Bruder von Lord Balmerino – und Captain John Porteous vom Wachregiment der Stadt Edinburgh. Es ist nicht bekannt, wer dieses Spiel um zwanzig Guineen gewonnen hat – wir wissen aber, daß Porteous kurz danach ums Leben kam. Als Hauptmann der Stadtwache überwachte er die Hinrichtung eines Whiskyschmugglers, als der Mob, der sich eingefunden hatte, um zuzusehen, plötzlich aufsässig wurde und den Gefangenen befreien wollte. Diesen Eindruck hatte jedenfalls Porteous, der seinen Soldaten daraufhin Befehl gab, in die Menge zu feuern. Mehrere Menschen wurden getötet, Porteous wurde festgenommen und kam in Haft. Als das Gerücht umging, er solle wieder auf freien Fuß gesetzt werden, stürmte der Mob das Gefängnis und lynchte ihn.

Die Investitionen der Whiskyindustrie in und um Edinburgh sind in den letzten Jahren zurückgegangen. Früher hatte die Distillers Company ihre Hauptverwaltung in der Torphichen Street – ein nüchternes, schmuckloses Gebäude, das aber nicht deshalb von den Direktoren ihrer Tochterfirmen »Kreml« genannt wurde. Dieser Spitzname war auch nicht ausschließlich scherzhaft gemeint. Das Unternehmen, das inzwischen als United Distillers Group firmiert, hat seine Verwaltung immer noch in Edinburgh, die Stadtbüros seiner kleineren Tochterfirmen dagegen – unter anderem von Macdonald Greenless, dem Hersteller des Blend »Old Parr«, sowie der in Leith ansässigen Firma J. and G. Stewart – wurden dichtgemacht.

Die Abfüllhallen in und um Edinburgh sind nicht so gigantisch wie die in der Glasgower Gegend, doch immerhin bieten sie eine ganze Menge Dauerarbeitsplätze. Sowohl Macdonald and Muir als auch Invergordon Distillers füllen in Leith ab, und die Firma Seagram Distillers betreibt eine Abfüllhalle fast genau gegenüber dem Gelände, auf dem alljährlich die Hochland-Ausstellung abgehalten wird. Hier werden die Single Malt Whiskys von The Glenlivet und Glen Grant abgefüllt, und nicht weit davon entfernt, in Broxburn, hat die Firma Arthur Bell's and Sons erst 1971 eine große, moderne Abfüllanlage in Betrieb genommen. Dort wird unter anderem Peter Russels Blend »Isle of Skye« abgefüllt. Leider sind die Anlagen von William Sanderson – unübersehbare Gebäude bei South Queensferry, mit Blick über den Firth of Forth – auf denen der Blend »Vat 69« abgefüllt wurde, inzwischen stillgelegt.

Das frühere Anwesen von J. and G. Stewart in Leith hat immer noch eine Verbindung zum Whisky. In einem Teil der Gebäude residiert heute die Malt Whisky Society, eine Organisation, die gegründet wurde, um das wachsende Interesse an schottischen Single Malt Whiskys zu nutzen. Im Besucherzentrum gibt es eine breite Auswahl an Single Malts, und Mitglieder haben die Gelegenheit, ausgewählte Malts zu erstehen – Sonderabfüllungen der Society, oft in Faßstärke. In einem anderen Teil des Anwesens wurde mit den »Vintner's Rooms« ein Restaurant eingerichtet, das man wärmstens empfehlen kann, sowohl wegen seiner Küche als auch wegen seines Ambientes.

J. and G. Stewart war das Unternehmen, das seinerzeit die Firma von Andrew Usher geschluckt hatte. Usher hat Edinburgh sein ganz eigenes Denkmal hinterlassen, die Usher Hall. So weit man zurückdenken kann, wird in Edinburgh darüber gesprochen, ein neues Opernhaus zu bauen, um die Usher Hall zu ersetzen, deren Akustik dem Urteil von Fachleuten zufolge viel zu wünschen übrig läßt. Die Stadtväter haben immer wieder einen Grund gefunden, den Bauwünschen nicht zuzustimmen – ich habe mich immer gefragt, ob es Ausdruck des sentimentalen Wunsches ist, Ushers Andenken zu bewahren, daß auch weiter alle Hauptveranstaltungen des berühmten Musikfestivals von Edinburgh in dieser Konzerthalle stattfanden. Ich hätte es besser wissen sollen. Gerüchten zufolge wurde inzwischen entschieden, nun doch ein neues Opernhaus zu bauen. Und der Grund? Ganz einfach: In Glasgow wurde ein neues Theater gebaut.

Um noch einmal auf die Geschichte zurückzukommen – es ist schon kurios, daß die Weinhändler, die als erste das Potential des Blended Scotch Whisky erkannten, weder in Edinburgh noch in Glasgow ansässig waren. John Walker und Söhne hatten ihr Geschäft in Kilmarnock, Buchanan startete in London, und John Dewar kam aus Perth. Dewar's war nur eine von mehreren Weinhandelsfirmen, die ausgerechnet in Perth Blends herstellten – die anderen waren Matthew Gloag and Sons und Arthur Bell and Sons. Das mag zum Teil geschichtliche Gründe haben. Die »Fair City«, wie Perth genannt wurde, war in grauer Vorzeit einmal die Hauptstadt Schottlands, und hier, im Palast von Scone am Rande der Stadt, wurden die schottischen Könige gekrönt, bis der englische König Edward I. den Krönungsstein raubte und mit nach Westminster nahm.

Der wichtigere Grund für Perths Rolle bei der Entwicklung der Blended Whiskys war geographischer Natur. Bis zur Schlacht von Culloden und der Unterwerfung des schottischen Hochlands war Perth nicht nur das Tor nach Norden, sondern auch der nächstgelegene und größte Marktplatz für Whiskyschmuggler. So gesehen war Perth schon eine Whiskystadt, lange bevor die Blends aufkamen.

Matthew Gloag wurde 1797 geboren und begann sein Arbeitsleben in Diensten des Earl of Mansfield im Scone-Palast. Später wurde er Butler im Hause des Polizeichefs der Grafschaft Perth, dem auch die Glenalmond Lodge auf einem großen Gut im Westen der Stadt gehörte. Eine von Gloags Aufgaben bestand darin, Glenalmond Anweisungen zu übermitteln, was mit dem Wild zu geschehen hatte, das auf den Ländereien geschossen wurde. In einem erhalten gebliebenen Brief gab er Anweisungen bezüglich der Auslieferung von Moorhühnern an verschiedene Haushalte in Edinburgh und Perth, denen er hinzufügte, »... sowie einen Vogel und einen sehr kleinen für Euch selbst«. Durchaus möglich, daß es dieser Brief war, der Matthew Gloag dazu inspiriert hat, später einen Blended Whisky unter dem Namen »The Famous Grouse« zu vermarkten – »Das berühmte Moorhuhn«.

Bereits lange Zeit davor hatte sich Gloag mit einer Weinhandelsfirma fest etabliert. 1842 wurde er gebeten, die Weine für ein Festbankett zu liefern, das Königin Victoria in Perth anläßlich ihrer ersten Schottlandreise gab. Die Weinliste seiner Firma aus den 1860er Jahren belegt klar, daß Whisky bei den Wohlhabenden damals noch immer keinen großen Stellenwert genoß. Auf dieser Liste sind Glentlivet und andere Malt Whiskys zu Preisen zwischen fünfzehn und achtzehn Shilling für ein Dutzend Flaschen geführt – Whisky war demnach billiger als Rum und halb so teuer wie Cognac. Die gleiche Menge Portwein kostete zwischen dreißig und sechzig Shilling, zwölf Flaschen erstklassiger Bordeaux von siebzig Shilling an aufwärts. Die Vorstellung, eine Flasche Glenlivet heute umgerechnet für sieben oder acht Pence kaufen zu können, bringt jeden Whiskyliebhaber ins Träumen – doch seit damals ist nun einmal viel Malt und Grain zum Verschneiden und viel Wasser den Spey hinunter geflossen.

7
Die goldenen Jahre

Als im Jahre 1912 die *Titanic* sank und mehr als eintausendfünfhundert Menschen ertranken, erschien eine Zeitung in Aberdeen mit folgender Schlagzeile auf der ersten Seite: MANN AUS ABERDEEN AUF HOHER SEE ERTRUNKEN. Auch heute noch widmen Schottlands führende Tageszeitungen den größten Teil ihrer Titelseiten beispielsweise den Leistungen der Fußballnationalmannschaft beim Länderspiel in Hampden Park, während sie das Attentat auf den Regierungschef einer Großmacht in eine unauffällige Meldung im Innenteil verbannen.

Wir Schotten sind schon ein provinzieller Menschenschlag. Wir lieben unsere Wurzeln mit Stolz und feuriger Leidenschaft und strafen unsere englischen Nachbarn mit vornehmer Herablassung dafür, daß wir in einem so unterprivilegierten Land leben. Wie kommt es dann eigentlich, daß trotz aller Heimatverbundenheit in Schottland nur fünf Millionen Menschen leben, während im Laufe der Geschichte geschätzte fünfzig Millionen Schotten ihre Zelte in anderen Teilen der Welt aufgeschlagen haben?

Der englische Autor Dr. Samuel Johnson bemerkte einmal, »die vortrefflichste Aussicht«, die ein Schotte haben könne, sei die Straße nach England. Er mag zwar ein rechthaberischer Zyniker gewesen sein, doch muß man zugeben, daß seine Feststellung zutreffend war, jedenfalls wenn von wirtschaftlichen Aussichten die Rede ist. England hat nichts zu bieten – weder kulturell, noch im Hinblick auf Bildung oder Ethik und ganz zu schweigen von der landschaftlichen Schönheit –, das Schottland überträfe. Die traurige Wahrheit aber ist, daß die Schotten, und nicht die Engländer, ökonomisch schlechtergestellt sind. Deshalb nehmen so viele fähige und ehrgeizige junge Männer die Straße nach Süden, von wo aus viele weiter um die ganze Welt ziehen. Als armes Land mit wenigen natürlichen Ressourcen kann Schottland nicht so viele Karrierechancen eröffnen, wie es seinem hervorragenden Bildungssystem entspräche, dem besten in ganz Großbritannien und vermutlich der Welt. Daher wird eine so unverhältnismäßig hohe Zahl großer Industriebetriebe und Banken in London von Schotten geleitet.

Die Bereitschaft der Schotten, ihre Heimat zu verlassen und sich ohne große Probleme nahezu überall auf der Welt niederzulassen, war ein enormer Vorteil für die schottische Whiskybranche. Tom Dewar und andere, die ihre Marken im Ausland verkaufen wollten, fanden ihre ersten Abnehmer unter ausgewanderten Schotten in Australien, Neuseeland, Südafrika und den anderen Mitgliedsstaaten des British Commonwealth. Die Wanderlust der Schotten war auch noch in anderer Hinsicht von Nutzen, denn sie sorgte dafür, daß es immer genügend junge Männer gab, die bereit waren, die Welt zu bereisen und Whisky zu verkaufen.

Irgendein Politiker – ich habe vergessen, wer es war, aber ich glaube kaum, daß er je auch nur eine einzige Haarnadel verkauft hat – sagte einmal, daß Exportieren Spaß mache. Niemand wird bestreiten, daß das Leben eines Whiskyverkäufers seine angenehmen Seiten hat. Doch sein Heim und seine Familie zu verlassen und auf Auslandsreisen zu gehen, die zwischen sechs Wochen und sechs Monaten dauern, verlangt schon eine ganz besondere Hingabe an seine Arbeit. Anders als manche Journalisten und die meisten Politiker offenbar glauben, verkauft sich Scotch Whisky nicht von selbst. Selbst in den goldenen Jahren, als die Nachfrage in fast allen Teilen der Welt ständig stieg, gab es immer einen Wettbewerb mit konkurrierenden Marken.

Die Dewars, Buchanans und Walkers hatten gute Fortschritte dabei gemacht, dem Scotch Whisky zu internationalem Rang zu verhelfen, als der Handel plötzlich Rückschläge hinnehmen mußte – das Ergebnis zweier kaum vorhersehbarer Ereignisse. Das erste war der Kriegsausbruch 1914, der Produktionsbeschränkungen sowie eine fast völlige Lähmung des Seehandels infolge des U-Boot-Krieges nach sich zog. Das zweite Ereignis, das zunächst das Aus für die rapide wachsenden Absatzzahlen in den Vereinigten Staaten zu bedeuten schien, war die Einführung der Prohibition.

Zwei Whiskyunternehmen mit Stammsitz in London hatten darunter besonders zu leiden. Beide waren über mehr als zwei Jahrhunderte etablierte Weinhandelshäuser gewesen und machten zu jener Zeit gerade ihre ersten Schritte auf dem Weg in den Whisky-Export.

1749 war der junge Italiener Giuseppi Justerini aus Bologna nach London gekommen, im Handgepäck drei Rezepte seines Onkels, eines Brennmeisters, der sich auf Liköre spezialisiert hatte. Er war nicht gekommen, um sein Glück zu machen, sondern einer Opernsängerin wegen, einer gewissen Margherita, in die er sich verliebt hatte und die ein Engagement in London hatte. Wie es der Zufall wollte, lernte er über Beziehungen in der Theaterszene George Johnson kennen, der gerade nach einer profitablen Anlagemöglichkeit für sein Geld und nach einem passenden Geschäft für sich selbst Ausschau hielt. Daraus entstand die Firma von Johnson und Justerini.

Es ist nicht überliefert, ob Justerini jemals seine Opernsängerin geheiratet hat. Wir wissen aber, daß er nach zwanzig

Jahren im Geschäft genügend Geld verdient hatte, um aus dem Geschäft aussteigen und nach Italien zurückkehren zu können. Das Weinhandelshaus aber verkaufte weiterhin seine Produkte in dem eleganten Stadtteil Londons rund um Pall Mall. Geleitet wurde es zunächst von Johnson, später von seinen Erben, bis die Johnsons 1831 an Alfred Brooks verkauften. Aus irgendeinem Grund, über den er nie sprach und den auch niemand verstand, entschied Brooks, den Namen Johnson zu streichen, das Justerini im Firmennamen aber beizubehalten – damit hieß die neue Firma *Justerini and Brooks.*

Niemand weiß, wie sich ihr Blend »J. & B. Rare« damals verkaufte, da die alten Dokumente irgendwann verlorengingen. Am Ende der Prohibition jedenfalls gab es genügend Vorräte, die darauf warteten, nach Amerika verschifft zu werden. Bereits davor war Eddie Tatham, einer der Direktoren, in die Staaten gereist, um die Chancen für seine Marke auszuloten. Er war wohl etwas zu enthusiastisch, denn er hatte Proben seines Blends bei sich und das Pech, auf dem New Yorker Hauptbahnhof damit erwischt und verhaftet zu werden. Zum Glück hatte er einflußreiche Freunde, die für seine Freilassung sorgten.

Gleich um die Ecke von Justerini and Brooks hat eine andere Weinhandelsfirma seit 1699 ihren Stammsitz. »Italienische Lagerhalter« nannte man sie früher, eine Umschreibung für ein Einzelhandelsgeschäft, das neben Getränken auch Gewürze, Tabak, Schnupftabak, Tee und Kaffee verkaufte. Wann genau Firmengründer William Pickering damit begann, Wein und Spirituosen zu verkaufen, ist ebenfalls nicht bekannt. Immerhin weiß man, daß seine Tochter den Weinhändler John Berry aus Exeter heiratete. Das Unternehmen blieb im Alleinbesitz der Familie Berry, bis nach dem Ersten Weltkrieg ein gewisser Hugh Rudd als Geschäftspartner aufgenommen wurde. *Berry Brothers and Rudd* ist bis heute eines der bekanntesten Weinhandelsunternehmen in Großbritannien und hat sein Geschäft nach wie vor in dem ursprünglichen Laden in der St James's Street Nummer 3.

Seit über zweihundert Jahren zählen zu ihrer Kundschaft

Könige, Adlige, Premierminister, Bankdirektoren, Schriftsteller, Schauspieler und jeder, der genügend Geschmack und Geld besitzt, dort erstklassige Weine zu kaufen. Die Inneneinrichtung des Ladens mit seinen eichenholzgetäfelten Wänden, antiken Schreibtischen, alten Stichen und noch älteren Hauptbüchern scheint sich im Laufe der Jahrhunderte kaum verändert zu haben. Es sind schon viele Kunden in den Laden gekommen, nur um sich auf der riesigen Waage wiegen zu lassen. Zahlreiche prominente Persönlichkeiten der Geschichte, darunter auch Lord Byron, sind mit ihrem Gewicht im alten »Waagebuch« verewigt.

Der Ursprung der Blend-Marke dieser Firma, »Cutty Sark«, geht auf das Jahr 1923 zurück, als auch das Label mit der Zeichnung des berühmten Segelschiffs entworfen wurde. Cutty Sark war nicht nur der Name dieses Tee-Clippers, sondern auch einer der Charaktere in Burns' Gedicht »Tam o'Shanter«.

»Cutty Sark« und »J. & B. Rare« haben einiges gemeinsam. Beide Blends wurden von Charles Julian kreiert, zu seiner Zeit ein bekannter Blendmeister und Whisky-Broker. Im Gegensatz zu vielen anderen Whiskys wird diesen beiden keinerlei Karamel zugesetzt, weshalb ihre Farbe auch ungewöhnlich hell ist. Beide wurden innerhalb kurzer Zeit zu international erfolgreichen Marken, und zwar ganz besonders in Amerika. Vielleicht wegen ihres leichten Geschmacks und der hellen Farbe, die von den gesundheitsbewußten Amerikanern mit wenig Kalorien gleichgesetzt wird. Andererseits könnte es auch ganz einfach daran gelegen haben, daß beide Firmen ausgesprochen gute Importhäuser zum Vertrieb ihres Whiskys in den Staaten ausgewählt haben. Weshalb auch immer – als die Beliebtheit von Scotch in den USA ihren Höhepunkt erreichte, waren »J. & B. Rare« und »Cutty Sark« die beiden Marktführer.

»J. & B. Rare« ist auch eine der führenden Marken in Italien. Dies ist sicherlich nicht das Verdienst von Giuseppe Justerini, denn zu seiner Zeit kannte wohl kaum ein Italiener Whisky auch nur vom Hörensagen. Könnte es sein, daß im

»J. & B. Rare« eine Art italienischer Erbanlage verborgen ist, die gerade dort zu seinem Erfolg geführt hat? Vielleicht verhalf ihm die gleiche Eigenschaft auch zu seiner Berühmtheit in den Vereinigten Staaten: Der würdevolle Concierge eines Hotels in Venedig, ein Signor Polombo, schenkte mir einmal eine Schallplatte mit dem Lied »Venezia, No!«, das er komponiert hatte. In Italien kannte es kaum jemand, doch in Amerika kam es unter die Top Ten und machte Signor Polombo zum Millionär. Man kann sich bildhaft vorstellen, wie die Italiener in Brooklyn vor Heimweh Tränen in ihren »J. & B. Rare« geweint haben, wenn sie dieses Lied hörten.

Im Jahre 1920, als in den USA die Prohibition eingeführt wurde, hatte ein gewisser Larry Fay, ein schlechtbezahlter New Yorker Taxifahrer, gleich zwei Mal Glück im Leben. Zunächst setzte er beim Pferderennen mit Erfolg auf einen 100:1-Außenseiter – und konnte sich vom Gewinn ein eigenes Taxi kaufen. Wenig später hatte er einen Fahrgast, der in das mehr als sechshundert Kilometer entfernte Montreal gefahren werden wollte. Dort angekommen, fiel Fay auf, daß eine Kiste guten Scotch Whiskys nur zehn Dollar kostete. Er kaufte zwei Kisten, schmuggelte sie über die Grenze und verkaufte sie in New York für zweihundert Dollar.

Er begann, so oft wie möglich nach Kanada zu fahren, und war bald ein wohlhabender Mann mit einer ganzen Taxi-Flotte. Seine Unternehmungen weitete er um Schutzgelderpressung aus und stieg schließlich selbst in das Geschäft der illegalen Geheimbars ein. In seinem El Fay Club bot er den Gästen nicht nur Alkohol, sondern auch extravagante Vergnügungen, einschließlich einer Jazz-Band und einer Tänzerin, die lediglich mit einer Pythonschlange bekleidet war. Fay soll mit diesem Club im ersten Jahr siebenhunderttausend Dollar verdient haben. Seine Glückssträhne ging allerdings zu Ende, als ihn einer seiner Angestellten aus Verärgerung vier Mal in den Bauch schoß. Das Rennpferd, das ihm den Einstieg in diese flüchtige Bekanntschaft mit einem Leben in Reichtum ermöglicht hatte, hieß übrigens »Scotch Verdict« –

das Verdikt aus Schottland, der Scotch, führte zu Aufstieg und Fall des Larry Fay.

Als er starb, hatte sich der Scotch-Schmuggel von Kanada in die Staaten längst zu einem großen und profitablen Geschäft entwickelt. Unternehmungslustige Kanadier hatten dicht an der Grenze Lagerhäuser errichtet, in denen Schmuggler ihre Spezialfahrzeuge bestücken konnten: Der Studebaker Whisky Six mit seiner verstärkten Federung konnte unter den Sitzpolstern ohne weiteres vierzig Kisten Scotch laden. Einer der kanadischen Händler ließ neben seinem Lagerhaus sogar eine Werkstatt einrichten, in der die Fahrzeuge vor der Rückreise gewartet werden konnten.

Die größte Gefahr für eine erfolgreiche Fahrt waren weder der kanadische Zoll noch die Bundesbeamten auf der anderen Seite der Grenze, die solchen Vergehen entweder von sich aus tolerant gegenüberstanden oder bestochen waren. Die wirkliche Gefahr bestand vielmehr darin, nach Überschreiten der Grenze von rivalisierenden Schmugglern ausgeraubt zu werden. Die serienmäßige Ausstattung des Whisky Six enthielt daher einen schußsicheren Benzintank und eine Kette, die man an den Wagen binden und auf Feldwegen hinter sich herschleppen konnte, um mit dem aufwirbelnden Staub Verfolgern die Sicht zu nehmen.

Die Straßenverbindungen über die Grenze gehörten zu den vielen Wegen, auf denen Scotch zu den durstenden Amerikanern gelangte. Ein Flieger-As des Ersten Weltkriegs betrieb sogar eine offizielle Luftlinie und flog nachts Whisky aus dem südlichen Ontario auf kleine Flugplätze in Michigan. Zum selben Zweck unterhielt der Bruder von Al Capone eine Flotte von zwanzig Flugzeugen, während andere Schmuggler Scotch mit kleinen Booten von Windsor in Ontario aus über den Detroit River schipperten.

All dies war nur möglich, weil es von der kanadischen Regierung geduldet wurde. Sie ging davon aus, daß der Export von Alkohol legal war und es nicht in ihren Verantwortungsbereich falle, wenn in einem anderen Land die Einfuhr illegal war. Nicht ganz ohne Einfluß auf diesen Standpunkt mag gewesen sein, daß die Ausfuhr von Alkohol Kanadas Handelsbilanz guttat. Allein im ersten Jahr der Prohibition wurde Alkohol im Wert von mehr als einhundert Millionen Dollar in die Vereinigten Staaten exportiert.

Die Menge an Scotch, die über Kanada in die Staaten geschmuggelt wurde, war allerdings sozusagen nur ein Schnapsglas im Vergleich zu den Fluten, die auf dem direkten Seeweg an ihr Ziel gebracht wurden. Dieser Schmuggel fand vorzugsweise vor dem Küstenstreifen zwischen Boston und Atlantic City statt. Tag für Tag konnte man dort eine Flotte von fünfzig oder mehr Schiffen beobachten, Schoner, Dampfer und kleinere Transporter, deren Ladung aus Scotch, Champagner und Brandy bestand. Zu ihnen fuhren die Schmuggler in ihren schnellen Booten hinaus, um einzukaufen. An den Seitenwänden der Schiffe waren oft große Preisschilder angebracht, und manch ein Kapitän war dreist genug, Signalflaggen hissen zu lassen mit der Botschaft: »Kommt und holt es Euch«.

Ein Großteil des Scotch kam über die Bahamas ins Land, wo einige Unternehmen Zwischenlager eingerichtet hatten. Das sonnenüberflutete, verschlafene Nassau, das aus ein paar Straßen baufälliger Holzhäuser und Bananenplantagen bestanden hatte, wurde plötzlich zu einer Boomtown voller sonderbarer Menschen, die ebenso schnell tranken wie sie sprachen – Whiskyhändler.

Einer dieser Charaktere war Bill McCoy, ein Seemann aus Florida, der sich einen großen Ruf und einen kleinen Platz in der Geschichte erwarb. Regelmäßig kam er nach Nassau, um seinen Schoner *Arethusa* mit fünftausend Kisten Scotch zu beladen und nach Norden zu segeln. Zu der Zeit, als er ins Geschäft einstieg, wuchs diese Art des Schmuggels so stark an, daß Händler wie Brenner profitgierig geworden waren und damit begannen, Brandy, Rum und Whisky billigster Qualität zu verkaufen. McCoy erkannte scharfsinnig die Vorteile eines guten Rufs und beschloß, nichts anderes zu transportieren als Qualitätsspirituosen, vorwiegend Scotch Whisky. Wenn er vor der amerikanischen Ostküste segelte, fuhren die Schmuggler bevorzugt zur *Arethusa* hinaus, denn sie wußten, daß sein Angebot reell war. So hielt schließlich der Ausdruck »The Real McCoy« Einzug in die englische Sprache – »Der wahre Jakob« war nun einmal nur der Whisky von Bill McCoy.

Dieser Ruf machte ihn zum Millionär, doch anders als Larry Fay und viele andere, die ihr Glück mit dem Schmuggel gemacht hatten, starb er keines gewaltsamen Todes. Eines Tages wurde sein Schiff von der Küstenwache aufgebracht – illegalerweise, denn er befand sich außerhalb der Dreimeilenzone. Er wurde verhaftet, vor Gericht gestellt und zu einem Jahr Gefängnis verurteilt, das er relativ komfortabel absaß: Das Gefängnis von New Brunswick war infolge der Prohibition derart überbelegt, daß ihm der Gefängnisdirektor erlaubte, in ein nahegelegenes Apartmenthotel zu ziehen, solange er sich an den Zapfenstreich um neun Uhr hielt. Als er entlassen wurde, hatte McCoy keine Lust mehr auf ein Geschäft, das mittlerweile von Gangsterbanden kontrolliert wurde. Er nahm sein Geld und setzte sich in Florida zur Ruhe.

In den Vereinigten Staaten führte die Prohibition zu einer vierzehn Jahre andauernden Welle der Gewalt und zu Korruption bei Polizei, Justiz und Behörden – Auswirkungen, die in der amerikanischen Gesellschaft bis heute spürbar sind. Die Ironie des Schicksals wollte es, daß der Ruf des Scotch Whisky gerade in dieser turbulenten Ära noch weiter gefestigt wurde. Während der Prohibition konnte man in den USA fast überall Alkohol kaufen: unter den Ladentischen von Drogerien, Feinkostgeschäften, Tabakläden, Eisdielen und Schuhputzsalons ebenso wie über Hotelpagen. Der größte Teil des Alkohols in den Geheimbars war von minderer Qualität, billiger Roggenwhiskey aus Kanada und schlechter Rum aus der Karibik. Nicht selten handelte es sich um Fusel aus den Schwarzbrennereien der Großstädte oder gar um vergällten Industriealkohol. Beides konnte tödlich sein. »Black Strap Alky«, »Panther Whiskey« und »Yack Yack Bourbon« waren Namen einiger weniger dieser zahllosen Gebräue, die Hunderte umbrachten und Tausende erblinden ließen.

Die Amerikaner fanden bald heraus, daß eine Flasche Scotch, vorzugsweise eine ungeöffnete, eine ausgereifte und wohlschmeckende Spirituose guter Qualität garantierte. Auf diese Weise lernten buchstäblich Millionen von Amerikanern Scotch kennen, die vor der Prohibition nie daran gedacht hätten, ihn zu versuchen, und die ihn sich wahrscheinlich auch nicht hätten leisten können.

1930 begannen die Politiker einzusehen, daß das »noble experiment«, wie man die Prohibition 1919 genannt hatte, zum Desaster geraten war. Initiativen zur Aufhebung des Gesetzes wurden nun von einflußreichen Leuten wie etwa John D. Rockefeller unterstützt, der früher zu den schärfsten Verfechtern der Prohibition gehört hatte. Meinungsumfragen belegten, daß eine überwältigende Mehrheit der Amerikaner für die Aufhebung war. Daß dieser Schritt unmittelbar bevorstand, war den Whiskymachern in Schottland klar, und auch in den Staaten schmiedeten kluge Geschäftsleute schon Pläne für den bevorstehenden Boom im Getränkehandel. Einer von ihnen war Joseph Kennedy, der Vater des späteren Präsidenten.

Es gibt viele Geschichten darüber, wie sich Kennedy das Ende der Prohibition zunutze gemacht habe. Am häufigsten erzählt man sich, daß er, dank seines Einflusses in Washington, das Datum der Aufhebung im voraus kannte und damit begonnen hatte, große Lagervorräte an Scotch Whisky anzulegen. In einer verfeinerten Version dieser Erzählung wird berichtet, daß er die entsprechenden Mengen rechtzeitig gekauft und an Bord von Schiffen vor New York liegen hatte, um damit im Hafen einzulaufen, sobald Alkohol wieder erlaubt wäre. Was immer die Wahrheit sein mag, die irgendwo zwischen diesen beiden Geschichten liegen könnte – es ist immerhin gut zu wissen, daß der Reichtum dieser Familie, die sich immer soviel auf ihre irischen Wurzeln eingebildet hat, nicht auf irischem Whiskey begründet wurde, sondern auf Scotch.

Die Aufhebung der Prohibition führte nicht sofort zu einer steigenden Nachfrage nach Scotch. Die Auswirkungen der Depression Anfang der dreißiger Jahre und des Börsenkrachs an der Wall Street wurden durch wachsende Importzölle noch verschärft. Erst als diese Zölle 1935 halbiert wurden, begann die Ausfuhr in die Staaten zu wachsen. Das Interesse an Scotch war so groß, daß eine Vielzahl amerikanischer Firmen Repräsentanten nach Schottland entsandte, um Kontakte zu exklusiven Agenturen führender Scotch-Marken zu knüpfen. Gleichzeitig begannen amerikanische Brennereiunternehmen, in Schottland Destillerien aufzukaufen.

Der Ausbruch des Krieges 1939 bereitete der Expansion ein jähes Ende. Das Destillieren wurde zunächst beschränkt und später sogar für einige Zeit völlig zum Erliegen gebracht, als die britische Regierung das Getreide allein der Nahrungsversorgung vorbehielt. Wiederaufgenommen wurde das Brennen von Whisky erst, als der Sieg sicher schien. Und selbst dann noch wurde Gerste nur unter der Voraussetzung zugeteilt, daß der daraus produzierte Whisky für den Export bestimmt war. Die Regierung hatte erkannt, daß Scotch Whisky ein enormes Potential für die Nachkriegswirtschaft des Landes darstellte. Winston Churchill schrieb:

> »Auf keinen Fall den Anbau von Gerste für die Whiskyproduktion einschränken. Whisky benötigt Jahre, um zu reifen, und ist ein unschätzbarer Exportfaktor und Devisenbringer. Angesichts der Schwierigkeiten bei anderen Exportgütern wäre es ausgesprochen leichtsinnig, an diesem typisch britischen Aufschwungfaktor nicht festzuhalten.«

In den goldenen Jahren, die folgten, rechtfertigte der Scotch Whisky Churchills Vertrauen. Das Wachstum der weltweiten Absatzzahlen während der nächsten drei Jahrzehnte übertraf alles, was man in der langen Geschichte der Getränkeindustrie je erlebt hatte. Auf den Überseemärkten verdoppelte sich der Absatz in kaum zehn Jahren, dann erneut in den darauffolgenden sieben Jahren und schließlich nochmals in weiteren sechs Jahren. Doch nackte Zahlen können nicht beschreiben, was man nur als gesellschaftliches Phänomen bezeichnen kann. Plötzlich schien jeder Scotch zu trinken. Auf diplomatischen Empfängen und bei Abendgesellschaften in Botschaften auf der ganzen Welt wurde er obligatorisch. In Nachtclubs verdrängte er Champagner als Modegetränk und war sehr bald die bei weitem umsatzstärkste Produktgruppe im Duty-Free-Laden eines jeden Schiffes und Flughafens.

Wie war es dazu gekommen? Es gibt zahlreiche Erklärungsversuche. Selbst in der Whiskybranche hat so ziemlich jeder seine eigene Theorie. Das schnellste Absatzwachstum war in den Vereinigten Staaten zu verzeichnen, wofür zum Teil der Zweite Weltkrieg verantwortlich gemacht wird. Hunderttausende amerikanischer Soldaten waren über den Atlantik nach Großbritannien gekommen, wo sie die Erfahrung machten, daß sie für das lauwarme Bier, das sie in den Pubs bekamen, mit Scotch mehr als entschädigt wurden.

Die Zunahme des Tourismus seit den fünfziger Jahren half ebenfalls: Amerikanischen Touristen, die zum ersten Mal nach Europa kamen, waren fremdländische Getränke mit unbekannten Namen und schrillen Farben suspekt, und amerikanischer Whiskey war damals in Europa schwer zu bekommen – doch jeder hatte schon einmal den Namen Scotch gehört, auch wenn er noch nie einen getrunken hatte. Kinogänger hatten zumindest schon gesehen, wie er getrunken wurde: Auf der Leinwand bestellten Humphrey Bogart, Spencer Tracy und Cary Grant öfter mal einen Scotch, und selbst Greta Garbo war von diesem Getränk so begeistert, daß sie zum ersten Mal in einem Film sprach – sagt jedenfalls eine Legende. Ihre unsterblichen englischen Worte *»Give me a visky, Baby, and don't be stingy«* (»Gib mir einen Whisky, aber nicht zu knapp«) klingen so lebensecht, daß man annehmen muß, bei dem *visky*, den sie bestellte, kann es sich nicht um ihren ersten gehandelt haben. Es heißt, »Cutty Sark« sei der Lieblings-Whisky der Garbo gewesen. Der

Schauspieler Yul Brynner dagegen soll nur ungerne zu Dreharbeiten in Italien gefahren sein, es sei denn, man konnte ihm ausreichende Vorräte an »The Glenlivet« garantieren.

Die Erfindung der »Whisky à Gogo Clubs« – einer Art Vorläufer der heutigen Diskotheken – durch einen cleveren Italiener muß den Absatz von Scotch in Europa enorm gesteigert haben. Ich kann mich erinnern, zu jener Zeit am linken Seine-Ufer in Paris einmal einen solchen Club besucht zu haben. Dort wurden Scotch-Flaschen, die »Mitgliedern« gehörten, in Vitrinen aufbewahrt, die sich über die volle Länge dreier Wände erstreckten. Jede Flasche trug ein Etikett mit dem Namen des Mitglieds, das sie in dem Glauben erstanden hatte, dies sei günstiger, als den Scotch glasweise zu kaufen. Theoretisch war es das auch, denn der Preis für ein Glas war astronomisch hoch – realistisch betrachtet jedoch handelte es sich um eine milde Form der Bauernfängerei. Nach dem Kauf einer Flasche besuchte das Mitglied seinen Club nämlich öfter, als es das sonst getan hätte, und trank dann auch mehr.

Am Abend meines Besuches überschlug ich, daß mindestens vierhundert Flaschen in den Vitrinen standen, zumeist Johnny Walker Black Label oder Chivas Regal, und alle waren bereits voll bezahlt. Zusammen stellten sie eine hübsche Summe Kapitals dar, mit dem die Clubeigentümer arbeiten konnten. Es sind eben noch nie die Brenner gewesen, die mit Scotch das meiste Geld gemacht haben.

Das exklusivste Pariser Nachtlokal jener Zeit war *Regine's*. Irgendwie gelang es mir, Einlaß zu finden – ein Trinkgeld für den Portier reichte normalerweise nicht aus. Hier verkehrten Filmstars, mischten sich Regierungsmitglieder unter Majestäten aus Monaco. Fast ausnahmslos trank man Scotch, wobei die jüngeren Sternchen von Bühne und Leinwand ihren Whisky mit Coca-Cola tranken.

Prohibition, Krieg und Tourismus mögen dazu beigetragen haben, ein Klima zu schaffen, in dem Scotch gedeihen konnte. Kinofilme, die Romane von Françoise Sagan und Diskotheken boten kostenlose Werbemöglichkeiten, um den

Ruf des Scotch zu festigen. Die größten Erfolgsfaktoren jedoch waren die Geschwindigkeit und das Geschick der Whiskybranche, die gebotenen Chancen zu erkennen und zu ergreifen. Die Unternehmen bauten für ihre Marken Vertriebsnetze in Ländern rund um den Globus auf.

In den meisten Fällen bedeutete dies, einer Agentur vor Ort das Exklusivrecht zum Vertrieb der jeweiligen Scotch-Marke einzuräumen, sei es für das ganze Land oder, in großen Ländern, für ein bestimmtes Gebiet. Diese Importhäuser betreuen in der Regel verschiedene Arten und Marken alkoholischer Getränke, heimische wie auch importierte. In ihren Portfolios finden sich meist ein Champagner, ein Portwein, ein Sherry und Weine renommierter Häuser aus Frankreich, Deutschland und Italien. Auf der Basis einer ganzen Reihe verschiedener Produkte läßt sich ein Außendienst natürlich ökonomischer einsetzen.

Nur durch die Zusammenarbeit mit Alleinvertretungen war es kleineren Whisky-Herstellern möglich, ihre Marken in so vielen verschiedenen Ländern zu vertreiben. Es gibt zahllose in Schottland kaum bekannte Scotch Whiskys, die in ganz Europa, Nord- und Südamerika und im Fernen Osten verkauft werden. Auf diese Weise fanden einige relativ kleine Marken eine sehr profitable Nische auf bestimmten Exportmärkten. Der Deluxe-Blend »Old Parr« – der übrigens aus irgendeinem Grund nach einem Mann aus Cornwall benannt wurde, der 152 Jahre alt wurde – gehört zu den meistverkauften Whiskys in Japan. »Doctor's Special«, ein Stallgefährte von »Ballantine's«, zählt zu den bevorzugten Marken in Schweden – schwer zu sagen, ob dies auf das ausgeprägte Gesundheitsbewußtsein der Schweden zurückzuführen ist. Der Absatz der Marke »Scoresby«, die ich außerhalb der Vereinigten Staaten nie irgendwo gesehen habe, ist in Kalifornien besonders stark ... Man könnte noch viele andere Beispiele aufzählen.

Es kam so weit, daß mancher in der Branche das Gefühl bekam, es seien zu viele Scotch Whiskys auf dem Markt, was die Verbraucher verwirren könnte. Der entgegengesetzte

Standpunkt lautete, daß jede weitere Marke dazu beitrage, den Scotch insgesamt in den Blickpunkt der Öffentlichkeit zu rücken.

Die Verkaufsanstrengungen der Distributeure wurden durch Werbung und Marketing-Maßnahmen verstärkt. Obwohl im amerikanischen Fernsehen für Scotch und andere Spirituosen nicht geworben werden durfte, erreichten die jährlichen Werbeetats der großen Scotch-Marken in den Staaten mehrere Millionen Dollar. Die Werbung wurde durch verkaufsfördernde Maßnahmen unterstützt, oft in Verbindung mit internationalen Handelsmessen oder »Britischen Wochen«, auf denen neben Scotch auch viele andere Produkte vertreten waren. Verkostungsaktionen im Fachhandel wurden alltäglich, als die Hersteller nach neuen Wegen suchten, Konsumenten auf ihre Marken aufmerksam zu machen.

In den fünfziger Jahren hieß die Hauptstoßrichtung USA, wo Lebensstandard, verfügbares Einkommen und Konsumausgaben weit höher lagen als in Europa. Gegen Ende dieser Dekade ging mehr als die Hälfte aller Scotch-Exporte in die Vereinigten Staaten. In den sechziger Jahren jedoch war Westeuropa zu dem am schnellsten wachsenden Markt geworden, so daß die Werbeanstrengungen zunehmend dorthin umgelenkt wurden.

Eine der Werbeveranstaltungen, die ich selbst erlebt habe, war ein Empfang der Firma Arthur Bell and Sons auf dem Eiffelturm, in Gegenwart des britischen Botschafters. Abgesehen von Bell's Whisky war die Hauptattraktion des Abends ein Auftritt der *Bluebell Girls*, die zu der Zeit in Paris gastierten. Unglücklicherweise war es an diesem Tag für die Jahreszeit ungewöhnlich kühl. Solange sie tanzten, war es den Mädchen warm genug. Doch als sie sich unter die Gäste mischten, in ihren knappen Kostümen und der luftigen Höhe des Eiffelturms, brauchten sie schon so manchen tüchtigen Schluck gegen die Kälte. Sogar der Botschafter konnte sich das naheliegende Wortspiel von den »blauen Bell-Girls« nicht verkneifen.

Eine noch spektakulärere Veranstaltung fand einmal

während des Filmfestivals von Cannes statt. Mit der Ausrichtung einer Art Nationaltag war in jenem Jahr die britische Filmindustrie an der Reihe, die sich für einen »Schottischen Tag« entschied. Die Veranstaltungsleitung organisierte eine Regimentskapelle mit Dudelsackpfeifern, und das schottische Fremdenverkehrsamt ließ eine Tanzgruppe aus dem Hochland einfliegen. Whisky-Unternehmen waren Sponsoren eines Banketts im Casino, bei dem es das schottische Nationalgericht Haggis und natürlich Scotch Whisky gab. Am Tag der Veranstaltung wurde ein schottischer Film gezeigt, einige Schauspieler und Schauspielerinnen aus Schottland waren zugegen. Ich erinnere mich, Sean Connery und Deborah Kerr gesehen zu haben.

Am Morgen des Schottland-Tages bat mich einer der Organisatoren, dem Küchenchef des Casinos zu erklären, wie man einen Haggis kocht. Nun, über Haggis werden ja viele schlechte Witze gerissen. Sogar im intellektuellen Edinburgh können Touristen Geschirrtücher kaufen, die mit der Zeichnung eines mythischen Haggis bedruckt sind: ein »Haggis« mit Flügel, Schnabel und sogar Hörnern, dazu eine urkomische Beschreibung von Verhalten und Lebensraum dieser Kreatur. Wir Schotten finden am Haggis allerdings überhaupt nichts komisch. Zwar würde ihn keiner als besondere Delikatesse bezeichnen, wie man es in Schottland vielleicht erwarten könnte – dafür ist der Haggis jedoch ein ökonomisches Gericht aus verschiedenen, besser unerwähnt bleibenden Schafsinnereien, die zerhackt, mit Hafermehl und Gewürzen vermischt und in einen Schafsmagen eingenäht werden. Gut zubereitet kann er sehr lecker sein, und so manche schottische Hausfrau hat einen guten Ruf als Köchin erworben, indem sie zur örtlichen Festveranstaltung der Robert-Burns-Gedenkfeier ihrer Gemeinde einen erstklassigen Haggis zur Verfügung gestellt hat.

Ich habe nie behauptet, ein guter Koch zu sein. Daß man ausgerechnet mich bat, den Küchenchef zu instruieren, lag wohl daran, daß ich an jenem Morgen der einzige verfügbare Schotte war. Die Küchen des Casinos waren unvorstellbar:

alles in Marmor und Edelstahl, und auf einer der Arbeitsplatten lag bereits ein wunderschöner Haggis, der mindestens acht Pfund wog. Wenig später traf der Küchenchef ein, ein untersetzter, selbstsicherer Korse. Er hörte ruhig zu, während ich ihm in gebrochenem Französisch erklärte, daß er den Haggis mit einer Nadel einstechen müsse, bevor er ihn im Wasserbad simmern lasse.

Der Küchenchef rümpfte die Nase. »Das ist ja eine Wurst«, sagte er, drehte sich um und ging.

Sein Tonfall lag irgendwo zwischen Verachtung und Mitleid. Was glaubte denn dieser Schotte eigentlich, wer er war, ihm, einem Küchenmeister, zu erklären, wie man eine Wurst kocht? Nie zuvor hatte ich Haggis als Wurst betrachtet, aber im Grunde ist es genau das – eine schottische Wurst. Jedes Land der Welt hat seine Nationalwurst, aber wohl nur die Schotten pflegen die ihre bei Feierlichkeiten mit großem, symbolhaft ernstem Zeremoniell aufzutragen, begleitet von einem Dudelsackpfeifer und der Rezitation von Robert Burns' Ode an den Haggis.

Das Bankett an jenem Abend war ein Riesenerfolg. Den Dudelsackpfeifern und Tänzern wurden Ovationen zuteil, und selbst die Franzosen rümpften nicht die Nase über schottische Lauchsuppe und übergares Roastbeef. Der Haggis schmeckte recht fade, und so tat ich, was viele gern tun, und goß ein Glas Scotch darüber. Mein Tischnachbar war Bertrand, ein Gastro-Journalist von internationalem Rang. Er hatte dieses Gericht nie zuvor gesehen, und als er sah, daß ich Whisky über meinen Haggis goß, tat er es mir nach.

Ich war neugierig, wie er wohl Schottlands Wurstspezialität beurteilen würde, und bat ihn um seine Meinung. Er nahm noch einen Bissen, bevor er antwortete: »Dieses Gericht als solches, mein Freund, ist nichts Bedeutendes – aber die Sauce ...«, er machte ein verzücktes Gesicht, »die Sauce ist einfach superb.«

Ende der sechziger Jahre wurde Italien, nach langsamem Beginn, zu einem der wichtigsten europäischen Märkte für Scotch und zum bei weitem größten Absatzmarkt für Single

Malt Whiskys. Dies war zu einem großen Teil das Verdienst von Armando Giovinetti, dem Importeur für »Glen Grant«. Allerdings drängt sich einem das Gefühl auf, Malt Whisky passe ohnehin besonders gut zu den Italienern, die eine Ader für Stil, guten Geschmack und Luxus haben. Es begann in Mailand, und schon bald konnte man in den dortigen Bars – nicht nur in Fünf-Sterne-Hotels wie dem *Il Principe de Savoia*, sondern auch in den kleinen Cafés rund um den Dom – eine größere Auswahl an Malt Whiskys finden als in den meisten schottischen Pubs.

Wie in allen europäischen Ländern wurde Scotch auch in Italien stark beworben. Eine besonders große und bunte Veranstaltung wurde einmal in Venedig abgehalten. Die verschlafene mittelalterliche Stadt wurde von festlichem Trubel förmlich durcheinandergewirbelt wie die Tauben am Markusplatz, die beim Klang der Dudelsackpfeifer erschreckt auf die Dächer flatterten. Überall waren die Venezianer eingeladen, die Feinheiten des Malt Whisky kennenzulernen. In *Harry's Bar* am Rande der Lagune, ja sogar im Hotel Danieli, diesem Mausoleum tausendundeiner Flitterwoche, in dem Gabriele d'Annunzio seine berühmte »Liebeswoche« mit der Schauspielerin Eleonora Duse verbrachte. Selbst diese beiden Liebenden wären wohl versucht gewesen, ihr Himmelbett zu verlassen, angesichts der prachtvollen Whisky-Party, die eines Nachts im Palazzo Ducale gefeiert wurde. Im Innenhof spielten Dudelsackpfeifer, es wurde getanzt, und ein Buffet war angerichtet, für das die Küchenchefs ihre ganze Phantasie und Kreativität eingesetzt hatten – die Tische, überladen mit Canapés und Mandelbiscuits, waren mit Moorhühnern und Lachsen aus Zuckerguß dekoriert.

Die Venezianer tranken ausgelassen jeden Scotch, den man ihnen anbot, speziell den Malt Whisky. Als es später am Abend immer lauter wurde, mußte man sich allmählich fragen, ob sie sich überhaupt im klaren waren, wieviel Alkohol ihre Drinks enthielten. Aufgrund ihrer hellen Farbe und der Eiswürfel hätte man diese Drinks leicht mit einem italienischen Aperitif verwechseln können – mit Martini bianco vielleicht. Wenn dem so war, werden die Gäste den Irrtum sicher am Ende des Abends bemerkt haben – beim Versuch, ihre Gondeln zu besteigen.

Angestachelt vom Erfolg des Scotch in ihrem Land, schlugen die italienischen Winzer und Aperitifhersteller zurück, indem sie ihre Getränke in Großbritannien bewarben. Unsere Fernsehschirme wurden schon bald bereichert durch hübsche Signorinas, die am »heißen« Strand von Bornemouth lagen und an kühlen Drinks nippten.

Auf dem Weg zum Tisch, den er für uns im Restaurant *Le Caprice* hatte reservieren lassen, blieb Bill Oatley immer wieder stehen, um Prominente aus Theater und Film zu begrüßen. Er liebte das Theater und aß oft im Caprice zu Mittag, das zu den Lieblingsrestaurants der Schauspieler gehörte. Bill war damals Geschäftsführer der Distillers Agency, einer der kleineren Firmen der D. C. L.-Gruppe, und sein Büro lag gleich um die Ecke vom Caprice im Londoner Stadtteil Pall Mall. Als wir zu unserem Tisch kamen, bemerkte ich, daß eine ungeöffnete Flasche »King George IV« darauf stand, die Blend-Marke seiner Firma. Sie gehört zwar nicht zu den bekanntesten Marken, ist aber ausgezeichnet, und Mitarbeiter der D. C. L. wählen oft diesen Scotch, wenn ihre eigene Marke nicht vorrätig ist.

Wenig später traf Bills zweiter Gast ein. Jack Train war ein Schauspieler, der einige Jahre zuvor in einer sehr beliebten Radio-Show mitgewirkt hatte. Jack spielte darin einen ziemlich trunksüchtigen Charakter, einen Colonel Chinstrap, dessen herausragende Fähigkeit darin bestand, nahezu jede Bemerkung ihm gegenüber als Angebot eines Drinks mißzuverstehen. Während des Essens sprachen Bill und Jack über die Show und die Schauspieler und Schauspielerinnen, die darin mitwirkten. Wir sprachen auch über Scotch.

»Ich schätze, ich habe schon für mehr Whisky-Absatz gesorgt als jeder von Bills Verkäufern«, sagte Jack, zu mir gewandt. Ich fragte ihn, wie er das meine. Er erklärte mir, daß er jedes Mal, wenn man ihm in der Show einen Drink anbot, nach Scotch verlangt habe. Dann sei als nächstes die Frage unvermeidlich gewesen, wie er seinen Scotch denn gern hätte. Und seine stereotype Antwort? »Halbe-halbe. Mit viel Wasser.«

Später, als ich mich an seine Bemerkung erinnerte, begann ich darüber nachzudenken, wie man Whisky denn eigentlich auf dem Inlandsmarkt verkauft habe. Die Popularität von Scotch wuchs damals im Ausland schneller als im Vereinigten Königreich. Nach dem letzten Krieg hatte sich die Whiskybranche auf Bitten der Regierung im Inland eine freiwillige Selbstbeschränkung auferlegt, damit soviel Scotch wie möglich als Devisenbringer genutzt werden konnte. Diese Beschränkung wurde zwar 1954 aufgehoben, doch erst 1960 erreichten die Absatzzahlen von Scotch auf den heimischen Märkten wieder das Vorkriegsniveau. Bei wachsendem Wohlstand und steigenden Einkommen war auch zu erwarten, daß die Absatzzahlen stiegen. Das taten sie auch, und sie steigen weiter, allerdings stark durch ständig steigende Steuern gebremst.

Die Abgabenpolitik der britischen Regierung ist unbegreiflich. Im Ausland lacht man schon über uns. Wer außer den Briten würde ein Inlandsprodukt, wie in diesem Fall Scotch Whisky, weit höher besteuern als etwa Importweine? Die Regierung glaubt immer noch, das einzige, was die arbeitende Bevölkerung trinke und womit man Wählerstimmen fangen könne, sei Bier. Angesichts lähmender Steuern sind die Whisky-Unternehmen bis heute gezwungen, ihre Preise unökonomisch niedrig zu halten, mit dem Ergebnis, daß sich mit Scotch im eigenen Land nur wenig Geld verdienen läßt. In den sechziger Jahren nahm ein Hersteller sogar seine Hauptmarke vom Inlandsmarkt und konzentrierte sich darauf, sie zu exportieren. Die Kalkulation hatte belegt, daß er jede Flasche Scotch in Großbritannien mit Verlust verkaufte.

Vor diesem Hintergrund überrascht es nicht, daß in den letzten drei Jahrzehnten kaum Anstrengungen unternommen worden sind, Scotch auf den heimischen Märkten zu bewerben. Bis vor kurzem wurde eines der berühmtesten und medienträchtigsten Golfturniere Großbritanniens nicht von einer Scotch-Marke gesponsert, sondern von einem japanischen Whisky-Hersteller.

Als in den fünfziger Jahren in Großbritannien das Privatfernsehen eingeführt wurde, trafen die Hersteller und Importeure von Spirituosen ein Gentlemen's Agreement, keine Fernsehwerbung für ihre Produkte zu machen. Die Gewinnspannen bei Spirituosen waren so niedrig, daß sie sich so große Aufwendungen auch gar nicht hätten leisten können.

Auch wenn man die Gründe für diese Übereinkunft nachvollziehen kann, so kann es doch kaum einen Zweifel geben, daß Spirituosen, und ganz speziell dem Scotch Whisky, daraus schwerwiegende wirtschaftliche Nachteile erwuchsen. Konkurrierende Getränkemarken wie Campari oder Martini nutzten TV-Kampagnen, während der Absatz von Scotch in Großbritannien nie sein volles Potential ausschöpfen konnte. Dies trifft ganz besonders auf den Absatz in England zu. Den Engländern, die im allgemeinen wenig über Scotch wissen, hätte man mit Werbespots im Fernsehen durchaus einiges von der Komplexität, dem Charakter und der romantischen Geschichte des schottischen Whiskys nahebringen können. So aber bestellen nur sehr wenige Engländer ihren Scotch nach dem Markennamen, weshalb sich auch die meisten Pubs darauf beschränken, eine oder höchstens zwei Marken vorrätig zu haben. Mit wachsenden Gewinnspannen ändert sich dies allmählich – inzwischen ist ein aggressiveres Marketing der führenden Marken festzustellen wie auch ein wachsendes Interesse der Konsumenten an Single Malt Whisky.

In Schottland versteht man natürlich mehr vom Whisky. Aus diesem Grund, aber auch, weil die meisten schottischen Pubs nicht vertraglich an Brauereien und andere Getränkelieferanten gebunden sind, haben Gäste dort eine breitere Auswahl an Marken. Das Glas Whisky zum Bier bleibt auch weiterhin eine der traditionellen schottischen Trinkgewohnheiten, trotz hoher Steuern. Und man freut sich, immer noch erleben zu können, daß Schotten den letzten Tropfen aus ihrem Whiskyglas in ihr Bier fallen lassen, um ja nichts zu verschwenden. Der Vater eines meiner Freunde hat diese bewundernswerte Angewohnheit noch verfeinert: Wann immer er bei sich zu Hause eine Flasche Scotch geleert hat, stellt er sie in einem Glas über Nacht auf den Kopf – am nächsten Morgen hat sich noch einmal ein schönes Schlückchen angesammelt.

Der Beruf eines Whisky-Verkäufers muß zu Bill Oates' Zeiten frustrierend gewesen sein. Eine bestimmte Marke, noch dazu eine neue Marke, in das Sortiment eines Pubs zu bekommen, war praktisch unmöglich. Als Verkäufer hatte man damals kaum Möglichkeiten, seiner Phantasie im Stil eines James Buchanan freien Lauf zu lassen. Die Firma James Buchanan and Company hielt sich zwar immer noch schwarze Pferde – die mehrspännigen Kutschen wurden jedoch nur noch auf landwirtschaftlichen Ausstellungen oder bei Reitveranstaltungen gezeigt.

In den sechziger und siebziger Jahren schickten die Whisky-Firmen ihre Repräsentanten – als »Verkäufer« möchte ja keiner mehr tituliert werden – in die eleganten Hotels und Restaurants im Londoner Westend. Sie versuchten, die Barchefs mit einer angemessenen Zuwendung dazu zu überreden, ihre Marke auszuschenken, wann immer ein Gast einfach nur Scotch bestellte. Der für den Inlandsabsatz zuständige Manager der Firma speiste dann mit Geschäftsgästen im Restaurant des Hauses, um den Getränkechef zu überzeugen, während eine Flasche seiner Marke auf dem Tisch stand.

Die Hersteller setzten alle Mittel und Wege ein, um die Bestellungen ihrer Marken abzusichern. Dazu gehörte unter anderem, dem Barchef eine »dreizehnte« Flasche für jede Kiste Scotch anzubieten, die er bestellte. Der Reiz dieser dreizehnten Flasche bestand darin, daß ihr Inhalt verkauft werden konnte, ohne daß diese Einnahmen abgerechnet werden mußten. All diese Maßnahmen jedoch waren aus schierer Verzweiflung geboren – und zudem kontraproduktiv, da sie die Gewinnspannen nur noch weiter schrumpfen ließen.

Man muß eigentlich schon Mitgefühl haben mit dem »Repräsentanten«, der die undankbare und in vieler Hinsicht monotone Aufgabe hat, den Whisky seines Unternehmens zu verkaufen. Durch Bars und Restaurants zu ziehen, klingt nach einer angenehmen Art und Weise, seinen Tag zu verbringen, doch in der Realität wird es bald langweilig. Ich hörte einmal von einem unglücklichen Verkäufer, der aufgab, weil er sich seinen Job nicht mehr leisten konnte. Er wurde gut bezahlt, und natürlich wurden auch all die Rechnungen, die er in Bars und Restaurants machte, von seiner Firma übernommen. Was er sich aber nicht mehr hätte leisten können – so jedenfalls formulierte er es –, seien die Trinkgelder für Portiers und Toilettenfrauen gewesen.

Aruba ist eine kleine, abgelegene Insel, die manchmal der Karibik zugerechnet wird, obwohl sie sehr viel südlicher gelegen ist als die meisten Karibikinseln. Früher war sie niederländische Kolonie, und heute hat sie den Status der Autonomie gegenüber dem Königreich der Niederlande. Holländisch ist Amtssprache, doch die Inselbevölkerung hat daneben auch einen eigenen Dialekt, auf den sie sehr stolz ist. Papiamento ist ein seltsames Kauderwelsch aus den Sprachen all der Völker, die irgendwann schon einmal auf der Insel gelebt haben – Arawak-Indianer, Spanier, Portugiesen, Engländer, Holländer –, und dazu kommen noch ein paar afrikanische Dialekte. Fast jeder, welcher Nationalität er auch immer sein mag, kann ein paar Worte verstehen, wenn er diese Sprache hört.

Die Insel wurde 1499 von den Spaniern »entdeckt«, die sie als »wertlos« abschrieben. Sie dürften dieses vorschnelle Urteil inzwischen bedauert haben, da 1913 Gold auf der Insel entdeckt wurde. Als die Goldvorkommen erschöpft waren, kam der Reichtum des »schwarzen Goldes« nach Aruba, wo zur Weiterverarbeitung venezolanischen Erdöls eine der größten Raffinerien der Welt gebaut wurde. Auch dieser Goldrausch hielt nicht ewig, und die Raffinerie wurde 1985 plötzlich geschlossen. Die letzten verbliebenen »Bodenschätze«, mit denen die Insel ihre Wirtschaft heute wieder aufbaut, sind die großartigen Sandstrände. An der Küste wird eine Reihe von Hotelbauten errichtet, um amerikanischen Touristen preiswerten Urlaub bieten zu können.

Wer mit der britischen Exportstatistik vertraut ist, fragt sich wahrscheinlich, ob die Bewohner von Aruba erneut auf eine Goldader gestoßen sind – diesmal auf das flüssige Gold des Scotch Whisky. Der Scotch-Export nach Aruba beläuft sich derzeit auf mehr als drei Millionen Flaschen jährlich.

Nun leben auf Aruba nur etwa sechzigtausend Menschen, was statistisch gesehen bedeuten würde, daß die Inselbewohner – Männer, Frauen wie Kinder – durchschnittlich rund eine Flasche Scotch pro Kopf und Woche trinken würden.

Selbstverständlich ist das gar nicht möglich. Die meisten Leute auf Aruba können es sich noch nicht einmal leisten, überhaupt Scotch zu trinken. Als ich vor ein paar Jahren auf der Insel war, beschloß ich also, herauszufinden, was mit dem ganzen Whisky geschah. Meine Recherchen startete ich beim Herausgeber der Inselzeitung. Er war ein großartiger Mensch, ein Holländer, der sich in die Insel verliebt hatte und der mit Freuden den Rest seines Lebens hier verbringen wollte.

Am Anfang dachte ich, eine schlechte Wahl getroffen zu haben, denn er schien sich überhaupt nicht für Scotch zu interessieren. Alles, worüber er reden wollte, waren die Wirtschaft Arubas und die Zukunft der Insel. Er berichtete mir, daß etwa dreitausend Männer mit dem Bau der Hotels beschäftigt seien, daß dieses Bauprogramm jedoch nicht ewig dauern könne. Die Behörden hatten das Potential an Arbeitslosen, das ihnen nach Fertigstellung der Gebäude ins Haus stand, erkannt und eine Hotelfachschule eröffnet. Eine Abendschule, in der Bauarbeiter auf die neuen Jobs vorbereitet wurden, in denen sie nach Eröffnung der Hotels arbeiten würden. Ein kluger Plan, der allerdings auch seine Tücken hatte. Ob ich mir vorstellen könne, wie schwierig es sei, aus einem Bauarbeiter einen Barmann zu machen?

Über das Thema Bar kamen wir schließlich doch noch auf den Scotch zu sprechen. Wir fuhren hinunter zu den Docks, wo am Vortag eine Schiffsladung Scotch gelöscht worden war. Er war inzwischen in einem Lagerhaus am Kai untergebracht und sollte dort so lange bleiben, bis eine kleine, von der Regierung von Aruba erhobene Abgabe entrichtet war. Von einem Einfuhrzoll kann man nicht sprechen, da der Whisky nicht dazu bestimmt war, auf der Insel zu bleiben.

Am folgenden Tag sollte der Scotch auf kleinere Boote umgeladen werden. Diese früheren Fischerboote waren mit stärkeren Motoren ausgerüstet worden und konnten jeweils mehrere tausend Kisten Scotch bis nach Venezuela oder Kolumbien transportieren. Wenn die Fahrt nach Venezuela ging, wurde die Fracht bei Nacht und Nebel an einem Strand entladen. Solche Vorsicht war in Kolumbien nicht nötig, wo man ganz offen in den Hafen einlaufen und seine Ladung löschen konnte, ohne daß irgend jemand unangenehme Fragen stellte.

Der Schmuggel nach Kolumbien ist bestens organisiert und sehr lukrativ. Neben Whisky werden auch Tabak, importierte Jeans, Computer, Fernsehgeräte und Hi-Fi-Anlagen, meist aus Japan stammend, ins Land geschmuggelt und dort frei verkauft. Maicao, eine Stadt mit einhunderttausend Einwohnern, lebt praktisch vollständig vom Handel mit geschmuggelten Waren.

Der Schmuggel von Scotch Whisky ist auf dem gesamten südamerikanischen Kontinent heimisch geworden. Der Grund dafür liegt in den Handelsschranken – in Form von Einfuhrquoten oder Strafzöllen –, die südamerikanische Regierungen dem Scotch gegenüber errichten. Dies geschieht, um entweder die Außenhandelsbilanz des jeweiligen Landes oder einheimische Getränkeindustrien zu schützen, oder aus einer Kombination beider Motive. Diese Politik wird jedoch nicht konsequent gehandhabt – Jahr für Jahr können Restriktionen abwechselnd verhängt oder wieder aufgehoben werden, jeweils ohne erkennbaren Grund. Wenn gerade wieder einmal Beschränkungen in Kraft sind, wird der Scotch eben aus Nachbarländern hereingeschmuggelt, und zu anderen Zeiten läuft der Warenstrom in die entgegengesetzte Richtung. Die Regierungen scheinen diesen Schmuggelverkehr zu ignorieren, auch wenn er einen Verlust an Steuereinnahmen bedeutet.

Der Schmuggel ist keineswegs auf Lateinamerika begrenzt. Scotch dürfte wohl die am häufigsten geschmuggelte Ware der Welt sein. Obwohl ihr Glaube es den Moslems verbietet, Alkohol zu trinken, gingen schon immer große Mengen an Scotch über den Libanon in den Nahen Osten. Angesichts der politischen Lage im Libanon ist anzunehmen, daß dieser Handel heute über andere Kanäle abgewickelt wird, möglicherweise über Zypern.

Wenn man den weltweiten Schmuggel als Maßstab für die internationale Beliebtheit von Scotch betrachten kann, so ist die Kehrseite dieser Medaille die Plage der Fälscherei. Dies kann auf zweierlei Art und Weise geschehen. Zum einen durch Kopieren von Flaschen und Etiketten etablierter Scotch-Marken, um in dieser Verpackung einheimische Whiskys oder andere Getränke zu vermarkten. Diese Art der Fälschung kommt relativ selten vor, da sie in den meisten Ländern illegal und mit harten Strafen bedroht ist.

Die zweite Art und Weise besteht in ihrer simpelsten Ausprägung darin, einem einheimischen Whisky einen Namen zu geben, der den Eindruck erweckt, daß es sich um einen Scotch handele. Oder man versucht mit der Gestaltung des Etiketts, schottischen Ursprung zu suggerieren. Die Kunden sollen dazu verführt werden, das Produkt zu kaufen, indem man sie glauben macht, es handele sich um echten Scotch Whisky.

Solange sich Scotch Whisky weltweiter Beliebtheit erfreut, wird es diese Formen der Fälschung immer geben. Wenn man sie jedoch nicht verfolgt, könnte dies letztendlich den Ruf des Scotch Whisky zerstören und all die Arbeit, die zum Aufbau der Exporte geleistet wurde, zunichte machen. Solche Machenschaften sind zu verurteilen, und in den meisten Ländern ist Rechtshilfe möglich. Manchmal kann man Betrugsversuchen vorbeugen, indem Markenzeichen, die Verbraucher täuschen könnten, nicht eingetragen werden; in anderen Fällen kann man die Täter gerichtlich verfolgen. Seit Jahrzehnten kämpfen die Scotch Whisky Association und die Whisky-Hersteller vor Gerichten gegen solche Plagiate, um die geographische Zuordnung des Begriffs Scotch Whisky zu schützen.

Die Märkte vieler verschiedener Länder zu kontrollieren ist zeitraubend und kostspielig. Die Importeure in den jeweiligen Ländern müssen ständig ein Auge auf ihren Markt haben, um das Auftauchen lokaler Getränke mit irreführendem Etikett zu entdecken. Flaschen verdächtiger Marken werden gekauft und nach Schottland geschickt, wo sie von Anwälten unter die Lupe genommen werden und wo nötigenfalls auch ihr Inhalt analysiert wird. Rechtlicher Rat ist vonnöten, bevor entsprechende Schritte eingeleitet werden können, und auch in dem Land, in dem das Delikt begangen wurde, muß man auf die Dienste von Rechtsanwälten zurückgreifen. Die Mühlen des Gesetzes mahlen leider langsam, und so kann es lange dauern, bis es zu einem Urteil kommt. Wann immer möglich, bemüht sich die Scotch Whisky Association nicht nur darum, den Verkauf der Plagiate zu stoppen, sondern auch um einen Schutz des Klägers vor Schäden und Kosten.

Die Täter beweisen oft sehr viel Geschick bei ihren Namensschöpfungen – schottischer Ursprung wird zwar eindeutig suggeriert, jedoch so, daß sich dies bestreiten läßt. Ein Beispiel, das vor einigen Jahren auftauchte, war der Name »Ben Hur«. Man kann sich leicht vorstellen, wie sich der Angeklagte vor Gericht verteidigt hat. »Schottisch, Euer Ehren? Das ist doch ein guter alter römischer Name!« Es kann einem fast leid tun, daß dieser originelle Versuch vergeblich war und das Gericht gegen den Beklagten entschied.

Die Liste der Länder, in denen die Scotch Whisky Association oder ihre Mitgliedsfirmen in der Lage sind, gerichtlich vorzugehen, ist lang und reicht von den Niederlanden und Griechenland bis nach Ekuador und Surinam. In jedem Jahr werden vor Gerichten auf allen Kontinenten dreißig oder mehr Prozesse geführt. Den Begriff Scotch Whisky zu schützen ist eben eine Sisyphusarbeit.

Ein Großteil der Marken, gegen die gerichtlich vorgegangen wird, enthält einen Verschnitt aus schottischem Malt Whisky und vor Ort – oft aus Melasse – destilliertem Neutralsprit. Charakter und Geschmack dieser Mixturen können durchaus in gewisser Weise an echten Scotch Whisky erinnern. Man wird oft gefragt, woher diese Panscher den schottischen Malt Whisky bekommen: Sie importieren ihn in Tankladungen aus Schottland.

Der massenhafte Export von Malt Whisky ist ein immer wiederkehrendes Thema, das jederzeit zu leidenschaftlichen und erbitterten Diskussionen führen kann. Auf den ersten Blick scheint es ja auch widersinnig, wenn schottische Brenner nur der schnellen Mark wegen ausländischen Unternehmen die Möglichkeit geben, Spirituosen zu produzieren (man sollte sie nicht mit dem Begriff »Whisky« schmücken), die in Konkurrenz zum Scotch verkauft werden können.

Früher jedoch haben Hersteller, die Malt Whisky im Faß oder im Tank exportierten, zu ihrer Verteidigung ein kluges Argument ins Feld geführt. Sie meinten, daß der Scotch Whisky insgesamt langfristig durch solche Verschnitte profitieren würde, da sie Verbraucher, die sich das Original nicht leisten könnten, immerhin an den Geschmack des Scotch heranführten. Mit wachsendem Lebensstandard in diesen Ländern würden dort schließlich immer mehr echte Scotch Whiskys gekauft und die »Verschnitte« allmählich von den Märkten verschwinden.

Heute läßt sich sagen, daß diese Voraussage nicht eingetroffen ist. Die Menge an Malt Whisky, die auf diese Weise exportiert wird, schwankt von Jahr zu Jahr, doch die Zahlen belegen, daß es derzeit immer noch etwa ebensoviel ist wie vor fünfzehn Jahren. Zugunsten dieser Form der Exporte wird manchmal auch argumentiert, daß es sich um relativ kleine Mengen handelt, insgesamt unter zehn Prozent der jährlichen Whiskyausfuhr Schottlands. Das ist zutreffend. Man darf dabei jedoch nicht übersehen, daß der Malt Whisky mit ausländischem Alkohol »verschnitten« wird. Um ihren Whisky als »Scotch« auszugeben, verwenden diese Hersteller bestenfalls zehn oder fünfzehn Prozent schottischen Malt Whisky. Man muß kein Mathematiker sein, um zu erkennen, was das bedeutet. Die Menge solcher Whisky-Mischungen, die derzeit weltweit produziert werden, dürfte den gesamten Exporten an Scotch Whisky nahezu entsprechen.

Von Zeit zu Zeit wurde ein Verbot der faß- oder tankweisen Ausfuhr von Malt Whisky gefordert. Parlamentsabgeordnete, Gewerkschafter und Medien haben immer wieder versucht, die Regierung dazu zu drängen. Eine Regierung nach der anderen, welcher politischen Richtung auch immer, gab vor, keinen Handlungsbedarf zu sehen. Währenddessen ging und geht die erschreckend kostenaufwendige Arbeit, die Reputation des Scotch Whisky zu schützen, unermüdlich weiter.

Als ich bei einem Kurzbesuch in Singapur eines Abends ins Raffles-Hotel zurückkam, fand ich eine Nachricht von John Reardon vor. John war damals Exportdirektor der Firma Long John Distillers und hatte erfahren, daß ich in Singapur war. Er schlug vor, daß wir uns auf einen Drink treffen sollten. Zu hören, daß auch er in Singapur war, überraschte mich nicht. In fast jeder Stadt der Welt kann man jederzeit einem Exportdirektor einer Scotch-Firma über den Weg laufen, der dort auf Geschäftsreise ist. Auf diese Weise sind schließlich die internationalen Verkäufe angekurbelt worden.

Am folgenden Abend tranken wir ein Glas Long John in der Bar des Raffles. Das Hotel ist ein museales Relikt des Britischen Empire. Ich hatte das Gefühl, als warte hier der Geist von Somerset Maugham darauf, daß die Kolonialverwalter und ihre Memsahibs in Rikschas eintrafen, damit er ihnen lauschen könne, wie sie auf der Veranda über ihren Singapur Slings plauderten, und so Material für eine seiner Kurzgeschichten bekäme.

John und ich beschlossen, chinesisch essen zu gehen. Er nahm mich mit in eine Straße, in der es nichts anderes zu geben schien als chinesische Restaurants. Die meisten Menschen aßen an Tischen auf der Straße, doch in dem Restaurant, das er auswählte, bat man uns in einen schmucklosen Raum mit rohen Tischen und Stühlen. Ein untersetzter Chinese mit schmuddeligen weißen Hosen und einem Unterhemd, der eher nach einem ostindischen Seemann als nach einem Kellner aussah, nahm unsere Bestellung entgegen. Ab und zu verschwand er hinten in der Küche, und er hätte ebensogut der Koch sein können. Damals war die chinesische Küche in Großbritannien noch nicht so populär wie heute, und obwohl ich bereits bei verschiedenen Gelegenheiten chinesisch gegessen hatte, fühlte ich mich nie verpflichtet, mich mit Stäbchen abzuquälen. Nun aber hatte ich keine andere Wahl mehr, denn es gab im ganzen Restaurant weder einen Löffel noch eine Gabel. Wenigstens trieb der Kellner eine Flasche Scotch für uns auf.

Während wir uns durch eine Auswahl verschiedener Gerichte arbeiteten, die allesamt delikat waren, beobachtete ich, wie sich der Kellner selbst einen Drink genehmigte. Die Flasche auf einem Sims im hinteren Teil des Raumes, aus der er sich einschenkte, war ein VSOP Cognac. Er mischte den Cognac mit etwas, das wie Sodawasser aussah, und nahm einen tiefen Schluck. Bei diesen Temperaturen zu bedienen und zu kochen schien für einen guten Durst zu sorgen.

John war wohl aufgefallen, daß ich den Mann beobachtete. »Bist du überrascht, ihn Cognac trinken zu sehen?« fragte er. »Das hier ist so üblich. Die Chinesen lieben ihren Cognac.«

Er erzählte mir, daß Cognac seit vielen Jahren das Lieblingsgetränk der Chinesen war, und Singapur und Hongkong zählten zu den größten Exportmärkten für Cognac. Man wußte nicht genau, warum. Es hieß jedoch, die Chinesen hätten den Cognac im 19. Jahrhundert durch Seeleute der französischen Marine kennengelernt, als diese in China aufkreuzte, um Frankreichs koloniale Absichten durchzusetzen. Die langjährige Vorliebe für Branntwein machte es schwierig, die Chinesen für Scotch zu interessieren. Wenn man sie zu ihren Präferenzen näher befragte, pflegten sie zu sagen, daß Brandy im Gegensatz zu Scotch ein »heißer« Drink sei und daher besser für die Gesundheit. Die genaue Bedeutung des Begriffs »heiß« wurde, wohl mit Bedacht, nie erklärt, doch wahrscheinlich war es nur die Umschreibung für eine aphrodisierende Wirkung.

Wenige Tage zuvor war der Chef eines der führenden Familienunternehmen aus Cognac in Singapur gewesen. Aus diesem Anlaß hatten chinesische Geschäftsleute eine private Dinnerparty für ihn arrangiert, bei der der älteste und teuerste Cognac seines Hauses serviert wurde. Doch als die Chinesen ihr Glas erhoben, um auf seine Gesundheit zu trinken, verging dem Franzosen die Freude – er sah, daß alle, bis auf den letzten Mann, seinen unbezahlbaren Cognac mit Ginger Ale aufgefüllt hatten.

Es war spät geworden, als John diese und andere Geschichten über Singapur erzählt hatte. Er war fertig mit dem Essen, während ich immer noch mit meinen Stäbchen kämpfte. Er sah mich ernst an. »Wann, sagtest du, geht morgen Dein Flugzeug nach Tokio?«

Wenn jemand aus der Whiskybranche in einer fremden Stadt eintrifft, gehört meist zu den ersten Dingen, die er unternimmt, daß er durch die Läden zieht. Er sucht nicht etwa nach Souvenirs, sondern möchte herausfinden, welche Preise für die verschiedenen Kategorien von Scotch Whisky verlangt werden und welche Marken erhältlich sind.

Ich besuchte Tokio, als in Japan gerade Hochsaison für Geschenke war. Es gibt dort zwei solche Gelegenheiten im Jahr: O-Chugen im Sommer und O-Seibo am Jahresende. Geschenke werden grundsätzlich nur »nach oben« gemacht – mit anderen Worten, es wird erwartet, daß man seinem Chef etwas schenkt, seinem Vermieter, seinem Arzt oder dem Lehrer seines Sohnes. Untergebene erhalten umgekehrt keine Geschenke. Zum Protokoll gehören auch Qualität und Preis des Geschenks, das man machen soll – dies nicht zu beachten, würde einen enormen Gesichtsverlust bedeuten. Geschenke werden auch danach beurteilt, wie sie verpackt sind: Am höchsten geschätzt wird das Papier eines der drei führenden Tokioter Kaufhäuser.

Kurz nach meiner Ankunft in Tokio besuchte ich eines dieser drei Geschäfte und entdeckte dort eine ganze Abteilung, die ausschließlich Geschenkartikeln gewidmet war. Es war üblich, daß man sich die Artikel ansah, Geschenke auswählte, bezahlte und direkt vom Kaufhaus an den Empfänger ausliefern ließ. Hochgestellte Persönlichkeiten konnten auch ihre Sekretärin ins Kaufhaus schicken, bewaffnet mit den Visitenkarten der zu Beschenkenden. In solchen Fällen ist auf jeder Karte der Preis für ein auszuwählendes Geschenk vermerkt – Geschenke gibt es in feststehenden Preisstufen, im Wert von 5000 Yen, umgerechnet etwa 50 Mark, dem niedrigsten gerade noch akzeptablen Betrag, oder einem Mehrfachen davon.

Auch wenn Japan im Vergleich mit westlichen oder anderen industrialisierten Ländern eine Nation maßvoller Trinker ist, so war doch die Geschenkabteilung des Kaufhauses, das ich besuchte, zu einem großen Teil mit Getränken bestückt. Whisky, Brandy und Wein genießen hohes Ansehen bei den Japanern, ganz speziell bei Führungskräften. Die Geschenkvorschläge an Scotch Whisky rangierten von der Einzelflasche eines Standard-Blends bis hin zum Präsentkarton mit drei Flaschen eines Deluxe-Blends oder Single Malts, samt und sonders wunderschön verpackt. Da Geschenke tabu sind, die auch nur einen Bruchteil weniger kosten als ein Mehrfaches von 5000 Yen, wird so eine Flasche Whisky manchmal mit einem Stück Seife oder zwei Dosen Suppe zum richtigen Preis aufgewertet.

Wie man sich denken kann, waren einige der Geschenke ausgesprochen teuer. Ein Paket mit je drei Flaschen »Johnnie Walker Black Label« und »Chivas Regal« war mit einem Preis ausgezeichnet, den ich ohne Taschenrechner gar nicht mehr hätte umrechnen können. Doch solch astronomische Summen seien, wie man mir sagte, gar nichts gegen einen Whisky, der 1986 von James Buchanan and Company exklusiv auf den japanischen Markt gebracht wurde. In jenem Jahr war der Kaiser von Japan sechzig Jahre im Amt, und gleichzeitig feierte Königin Elizabeth II. ihren sechzigsten Geburtstag. Bei dem Jubiläums-Whisky handelte es sich um einen sechzig Jahre alten Single Malt aus der Destillerie Royal Brackla, der 600000 Yen pro Flasche kostete, damals umgerechnet etwa 2800 Pfund. Er war schnell ausverkauft.

Auf meinem Weg vom Kaufhaus zurück ins Hotel kam ich an einem Wein- und Spirituosengeschäft vorbei. In jener Woche gab es dort eine spezielle Weinaktion, und ein Schaufenster war komplett einem bestimmten Weingut gewidmet, irgendeinem Château Soundso. Auf den Flaschenetiketten war eine Zeichnung zu sehen, die ein Château in Bordeaux hätte darstellen können, in roten Lettern diagonal darübergedruckt die Worte »Mise en bouteilles dans nos caves« – in unseren Kellern abgefüllt. Für einen französischen Tropfen schien der Preis verlockend niedrig, und erst durch meine Nachfrage im Laden entdeckte ich, daß es ein japanischer Wein war.

Zu den Geschenkvorschlägen dieses Geschäfts gehörten auch japanische Whiskys, die zum Teil kaum preisgünstiger waren als Scotch. Früher einmal hatte Japan den Ruf, eine Nation von Imitatoren zu sein. Ohne Rücksicht auf Patentrecht oder Moral fanden die Japaner Mittel und Wege, gute Kopien im Westen erfundener Produkte herzustellen. Erst später wurde deutlich, daß die Japaner nicht nur nachahmen konnten. Die Autos, Kameras und Fernsehgeräte, die sie produzierten, waren dank höher entwickelter Produktionstechniken oft besser als die in westlichen Ländern hergestellten, und dies bei konkurrenzfähigen Preisen.

In den zwanziger Jahren begannen die Japaner, sich für Scotch Whisky zu interessieren. Es ist kein Wunder, daß ihr Interesse auf Scotch gerichtet war, den im Gegensatz zu amerikanischem oder kanadischem Whiskey einzigen international vermarkteten Whisky jener Tage. Ihre Studien des Scotch folgten dem bekannten Muster: Ganze Teams wurden nach Schottland entsandt, um dort Destillerien zu besichtigen, zu fotografieren und die technische Ausstattung unter die Lupe zu nehmen. Schottische Brennmeister wurden engagiert, um über alle Aspekte des Destillierens, der Reifung und des Verschneidens zu informieren und beim Bau und der Inbetriebnahme von Destillerien in Japan als Berater zu fungieren. Zu Beginn wurde sogar der Torf aus Schottland importiert, bis die Japaner entdeckten, daß ihr eigener Torf zwar chemisch anders zusammengesetzt war, aber dennoch zum Mälzen von Getreide verwendet werden konnte.

Heute gibt es eine Handvoll Destillerien in Japan, von denen einige extrem groß sind. Die Japaner nehmen für sich in Anspruch, in jeder Destillerie mehrere unterschiedliche Whiskys herzustellen – wenige Brennmeister in Schottland würden so etwas ernst nehmen. In den vergangenen Jahren haben Weinjournalisten wohlwollend über den japanischen Whisky geschrieben, was wohl auf die weitverbreitete Haltung des »Laßt uns nett zu den Japanern sein« zurückzuführen ist. Andererseits ist es natürlich auch möglich, daß diese Autoren von japanischen Whisky-Unternehmen gesponsert werden. Mit Begeisterung beschreiben sie die malerischen Standorte und die Effizienz japanischer Destillerien und loben, was japanische Whisky-Unternehmen für ihre Gemeinden und für die Kunstförderung leisten. Einer ging sogar so weit, zu behaupten, Whisky sei ein »japanisches Erbe«! Gleichzeitig sind diese Autoren überraschend zurückhaltend, wenn es darum geht, zu erklären, wie japanischer Whisky hergestellt wird.

Informationen über die Zusammensetzung japanischen Whiskys sind schwer zugänglich. Einigkeit besteht darüber, daß es verschiedene Qualitätsstufen gibt. In Schottland durchgeführte Analysen haben ergeben, daß japanische Billig-Whiskys die Anforderungen für den Begriff Whisky in den meisten Ländern nicht erfüllen würden. Man hat schon vermutet, daß sie aus indischer Melasse destilliert sein könnten. Die höheren Qualitäten, die mit Scotch Whisky auf dem japanischen Markt konkurrieren, scheinen etwa fünfzehn bis zwanzig Prozent schottischen Malt Whisky zu enthalten.

Japan ist bei weitem der größte Importmarkt für tankweise verschifften Malt Whisky und nimmt jedes Jahr mehr als die Hälfte dieser schottischen Exporte ab. Die Japaner sind Chauvinisten und halten ihre Produkte ausländischen Erzeugnissen gegenüber für überlegen. Daher gestehen sie nur ungern ein, daß schottischer Malt Whisky ein wesentlicher Bestandteil ihrer besten Whiskys ist. Damit würden sie ja zugeben, daß sie nicht in der Lage sind, Malt Whisky von ähnlichem Geschmack und vergleichbarer Qualität zu destillieren.

Japan ist ein wichtiger Abnehmer für Scotch Whisky, der viertgrößte aller Exportmärkte. Den jüngsten Zahlen zufolge werden in Japan pro Jahr rund 27 Millionen Flaschen schottischer Blends verkauft. Das klingt nach sehr viel Whisky, stellt jedoch nur etwa zehn Prozent der Menge an Whisky dar, die von den Japanern getrunken wird. Die übrigen neunzig Prozent bestehen größtenteils aus japanischen Blends. Es wird mehr schottischer Malt Whisky nach Japan verschifft als Blended Whisky. Würde man ihn dort als Single Malt abfüllen, ergäbe dies etwa 36 Millionen Flaschen. Wir wissen jedoch, daß er nicht auf Flaschen gefüllt, sondern mit japanischem Whisky verschnitten wird. Wenn die Japaner eine Mischung von 20 Prozent schottischem Malt und 80 Prozent japanischem Whisky für ihre Blends verwenden, würde dies bedeuten, daß sie auf der Basis schottischen Malt Whiskys rund 180 Millionen Flaschen Blended Whisky herstellen, der auf ihrem Markt mit importiertem Scotch konkurriert.

In Schottland selbst wird japanischer Whisky nicht als ernsthafte Bedrohung für Scotch Whisky angesehen, und die meisten Menschen halten es für ausgeschlossen, daß er jemals eine internationale Bedeutung erlangen wird, die mit der japanischer Autos oder Kameras vergleichbar wäre. Die Schotten legen Wert auf die Feststellung, daß außerhalb Japans praktisch niemand japanischen Whisky trinkt. Nur etwa zwei oder drei Prozent der Gesamtproduktion gehen in den Export. Die Vergleichszahl für Scotch liegt bei nahezu 85 Prozent. Die Japaner haben bisher vergeblich versucht, einen Fuß in den amerikanischen Whisky-Markt zu bekommen – das erfolgreichste japanische Getränk in den USA ist Midori, ein Likör aus Melonen, der in den Augen der Schotten schon eher japanischer Kultur entspricht.

Man muß sich allerdings fragen, ob Selbstzufriedenheit nicht fehl am Platz ist. Die weltweiten Absatzzahlen von Scotch erreichten bereits 1978 ihren Höhepunkt. Seit damals sind sie zurückgegangen. Zwar nicht dramatisch, aber der Trend weist unmißverständlich nach unten. Als Realist hat man auch nicht erwarten können, daß der Durst der Welt nach Scotch Whisky unaufhörlich weiter wächst. Die goldenen Jahre konnten nicht jedes Jahr noch goldener werden. Ist es denn ganz auszuschließen, daß der Schatten des Scotch auch künftig länger wird und wir eines Tages, im Fernen Osten, die Sonne Japans aufgehen sehen?

8
Geschmackssache

In einem Hotel im Londoner Westend wurde eines Tages beschlossen, eine Whisky-Bar zu eröffnen. Sie sollte eine große Auswahl an Scotch Whiskys bieten, Single Malts wie auch Blends, und »schottisch« dekoriert werden – mit Teppichen und Vorhängen in Tartanfarben, an den Wänden Bilder und Sammlerstücke, die an die Tapferkeit der Schotten erinnern. Am Tag der offiziellen Eröffnung kamen zwei Schotten in die Bar. Beide trugen Kilt und sahen aus, als seien sie soeben dem Flugzeug aus Glasgow entstiegen.

Beide bestellten Scotch, jeweils eine bestimmte Marke, und sagten, sie hätten gerne Limonade dazu. Als es ans Zahlen ging, zuckten sie zusammen: nicht über den Preis des Whiskys, sondern den der kleinen Flasche Limonade.

»Woraus wird die denn hergestellt?« fragte einer von ihnen indigniert. »Aus Goldstaub?«

Jeder Schotte würde ihre Entrüstung verstehen. Es ist noch nicht lange her, daß in jedem Pub in Schottland eine Flasche

Limonade auf dem Bartresen stand, von der man sich kostenlos bedienen konnte, um seinen Whisky aufzugießen. Das sollten all die Pseudo-Whiskyexperten zur Kenntnis nehmen, die ständig predigen, wie man Scotch zu trinken habe. Meist bestehen sie darauf, daß es nur zwei Möglichkeiten gebe: entweder unverdünnt oder mit ein wenig Wasser. Leute, die der Meinung sind, Whisky sollte pur getrunken werden, und die sich gleichzeitig für humorvoll halten, fügen gerne hinzu, daß es zwei Dinge gibt, die jeder gute Schotte am liebsten nackt genießt – eines davon sei Whisky. Dem Erfinder dieses abgelutschten Spruches und den »Puristen« ist vermutlich nicht bewußt, daß jeder Scotch, den sie trinken, Single Malts wie auch Blends, bereits verdünnt worden ist – als er mit Wasser auf »Trinkstärke« herabgesetzt wurde.

Viele Schotten gießen Limonade in ihren Whisky, und warum auch nicht? Es gibt tatsächlich nur eine Art, Whisky zu trinken – nämlich genau so, wie er einem am besten schmeckt. Genauer gesagt, kann Scotch ganz unterschiedlich getrunken werden, je nach Gelegenheit, Tageszeit und Lust und Laune des Genießers.

In einer Hotelbar in Dallas beobachtete ich einmal einen Mann mittleren Alters, nach seinem Akzent unverkennbar ein Schotte, der durchsetzen wollte, daß man ihm seinen Scotch so servierte, wie er ihn wollte. Als das Glas voller Eiswürfel ankam, ließ er es ein erstes Mal zurückgehen, dann ein zweites Mal, weil der Barmann das Eis einfach mit einem Löffel herausgefischt hatte. Wie jeder Schotte weiß, geht dabei viel Whisky verloren. Der Mann wollte seinen Scotch ohne Eis, nur mit etwas stillem Wasser; nein, nicht die hübsche Bedienung sollte das Wasser aufgießen, sie könnte ja den Scotch ertränken. Also brachte sie ihm ein Glas Scotch und ein Glas Wasser – doch als er das Wasser vom einen Glas in das andere gießen wollte, verschüttete er es über den Tisch und seine Hosen.

Wer seinen Scotch in fernen Ländern trinkt, sollte vielleicht in Erwägung ziehen, es so zu tun wie die Einheimischen. Könnte es nicht gute Gründe geben, weshalb Amerikaner ihren Scotch »on the rocks« lieben? Vielleicht hat es etwas mit Klima, Luftfeuchtigkeit, Körpertemperatur und Stoffwechsel zu tun? Es muß mehr dahinterstecken als Eigensinn, daß Amerikaner praktisch jedes Getränk auf Eis trinken, selbst Harvey's Bristol Cream Sherry.

Ähnliches könnte auf tropische Regionen zutreffen. Kann sein, daß ausgewanderte Schotten instinktiv erkannt haben, daß sie ihren Scotch dort stärker verdünnen müssen als daheim, und aus Mangel an gutem, sauberem Wasser greifen sie zu Sodawasser.

Die meisten Menschen in der Whiskybranche und die meisten Scotch-Liebhaber mischen ihren Whisky mit der gleichen Menge kühlen, stillen Wassers. Sie geben Wasser hinzu, weil sich so – wie jeder Blendmeister bestätigen kann – die Aromen im Whisky besser entfalten können und Geschmack und Charakter deutlich hervortreten. Das Wasser muß kühl sein, denn nichts kann einen Scotch mehr verderben als lauwarmes Wasser aus einem Krug, der eine Stunde oder länger auf dem Bartresen gestanden hat. Stark chloriertes Leitungswasser sollte man ebenfalls meiden. Die beste Wahl wäre stilles Mineralwasser, vorzugsweise aus dem schottischen Hochland.

Auch wenn man Scotch mit nur wenig Wasser oder pur zweifelsohne am besten genießen kann, wäre es doch falsch, dies allzu dogmatisch zu sehen. Abgesehen von Limonade gibt es noch eine Reihe weiterer Mixgetränke mit Scotch, die in Schottland seit jeher geschätzt werden. Ich denke dabei nicht an Cocktails. Die Zugabe von Blue Curaçao, Peach Brandy und Kokosnußsaft mag zwar eine extravagante Farbkombination produzieren, tut aber dem Scotch nicht gut. Ein *Whisky Mac* dagegen – Scotch mit Ingwerwein, »Crabbie's«, wenn man diese Marke bekommen kann – ist seit langer Zeit eine Institution in Schottland. Kein Getränk ist einem Golfspieler lieber, wenn er im Winter mit eiskalten Händen vom Platz kommt.

Wem im Caledonian Club, einem Londoner Refugium für Exilschotten, nach dem Mittagessen der Sinn nach dem dort beliebtesten Digestif steht, bestellt einfach einen *Chairman's Special*. Ein unkomplizierter Drink: Scotch Malt Whisky mit dem Whisky-Likör Drambuie – das »Geheimrezept« dieses Getränks soll Prince Charles Edward, wie die Familie Mackinnon behauptet, einem ihrer Vorfahren verraten haben. Durchaus möglich, denn diese Familie auf Skye half Bonnie Prince Charlie, als er auf diese Insel geflüchtet war. Die Kombination von Whisky und Drambuie ist auch unter dem Namen *Rusty Nail* bekannt. Den Ursprung dieses Namens konnte bisher niemand plausibel erklären. Vielleicht hat der Namengeber an einen »rostigen Sargnagel« gedacht und wollte vor übermäßigem Genuß warnen?

Whisky Mac, *Special* und Malt Whisky selbst sind besonders beliebt bei Curling-Spielern. Curling ist der Wintersport der schottischen Farmer und Brenner. Dieses früher primitive und mehr oder weniger improvisierte Spiel – eine Art Stockschießen mit »Steinen« aus Granit auf einer beliebigen Eisfläche – ist heute hoch organisiert. Nationale und internationale Meisterschaften, »Bonspiels«, wie sie die Curler nennen, werden in Europa, Kanada und den Vereinigten Staaten ausgetragen, wobei es wertvolle Preise zu gewinnen gibt.

Das berühmteste und eines der ältesten Bonspiels ist das »Grand Match« zwischen zwei Mannschaften aus dem Norden und dem Süden Schottlands. Das Einzigartige an diesen Matches ist, daß jeder Curler nur ein, höchstens zwei Mal in seinem Leben daran teilnehmen darf. Jeden Winteranfang nominiert der Royal Caledonian Curling Club, der schottische Verband dieses Sports, die beiden Mannschaften, die jeweils aus dreihundert oder mehr Gruppen von vier Spielern bestehen. Jeder Gruppe wird mitgeteilt, gegen welches Team sie antreten soll und daß das Match auf einem von drei festgelegten Lochs auszutragen ist. Es findet jedoch nur dann statt, wenn irgendwann im Winter einer dieser drei Seen genügend zufriert, um »das Gewicht des Matches« zu tragen – also das Gewicht der Spieler, ihrer »Steine« und sonstigen Ausrüstung –, und natürlich das Gewicht der vielen Zuschauer.

Wenn irgendwann im Winter abzusehen ist, daß das Eis auf

einem der Seen demnächst tragfähig genug sein wird, werden drei Tage vor dem Match die Spieler alarmiert. Die endgültige Spielansetzung wird am Vorabend in Radio und Fernsehen bekanntgegeben. Früh am nächsten Morgen machen sich Curler aus ganz Schottland auf den Weg zum betreffenden See. John Grant von der Destillerie Glenfarclas, der 1979 mit seinem Vater am »Grand Match« teilgenommen hat, zeigte mir einmal ein Foto, das am Tage des Ereignisses aufgenommen wurde. Auf dem Eis waren Bahnen markiert worden – 2400 Curler, alle in schottischen Trachten, hatten sich rundherum versammelt, als Lord Elgin, der Präsident des Royal Caledonian Curling Club, um elf Uhr mit einem Hubschrauber einschwebte, um mit einer Kanone den Startschuß zu geben.

Die Direktoren der Firma William Teachers hatten großzügigerweise ein Hogshead mit mehr als einhundert Gallonen Whisky mitgebracht. Das klingt vielleicht, als habe man aus dem Match ein Saufgelage machen wollen, doch hundert Gallonen entsprechen nur etwa sechshundert Flaschen beziehungsweise einer viertel Flasche für jeden Curler. Vier große Whiskys, verteilt über einen langen, kalten und anstrengenden Tag. Das Faß wurde am Rande des Sees auf das Eis gestellt – am späten Nachmittag drohte es schließlich einzubrechen, denn von der Wärme der Curler, die sich darum drängten, begann rundherum das Eis zu schmelzen.

Ein anderes traditionell schottisches Wintergetränk ist *Whisky Toddy*, eine Mischung aus Scotch, Zitronensaft und Honig, in die man eine Stange Zimt geben kann. Es heißt, man solle *Whisky Toddy* aus einem Silberbecher trinken, nie aus dem Glas. Mein silberner Taufbecher, ein Geschenk meines Paten, ist vor langer Zeit im Durcheinander meines desorganisierten Haushalts verschwunden, und das einzige silberne Trinkgefäß, das ich besitze, ist ein Literkrug, den ich einmal beim Golf gewonnen habe. Ich hatte nie den Mut, Whisky, wie stark auch immer verdünnt, aus einem so großen Pott zu trinken, aber vielleicht war das ein Fehler. Mein Freund Michael Martin, der früher bei Crabbie's arbeitete und der ein

Experte auf diesem Gebiet ist, hat mir kürzlich das beste Mittel gegen Erkältung verraten: Man gehe ins Bett, hänge einen Hut irgendwohin, wo man ihn gut sehen kann, und trinke so lange Toddy, bis man zwei Hüte sieht. Inzwischen habe ich meinen Golfpokal poliert und den Whisky-Vorrat aufgestockt – was mir jetzt noch fehlt, ist die Erkältung.

Zwei weitere schottische Whisky-Drinks sind *Het Pint* und *Atholl Brose*. *Het Pint* ist eine Mischung aus Scotch, mildem Bier, aufgeschlagenen Eiern und Muskatnuß. Man serviert ihn an Silvester, dem schottischen Hogmanay, direkt aus dem heißen Topf – wahrscheinlich ist dieser Drink für die schräge Musik verantwortlich, die auf dem Höhepunkt der Silvesterfeier in den schottischen Fernsehprogrammen dudelt.

Atholl Brose ist von eher aristokratischer Natur, denn er wurde nach dem Duke of Atholl benannt. 1745 gelang es dem Herzog, seinen Todfeind, den Earl of Ross, gefangenzunehmen, indem er dessen Wasserquelle mit seinem »Brose« versetzte. Noch während der Graf die Nachwirkungen von Atholls Brose ausschlief, wurde er gefangengenommen. Die Geschichte klingt nicht gerade nach einer Empfehlung für diesen Drink, der aus Whisky, Honig und Hafermehl besteht. Man rührt das Hafermehl mit Wasser glatt, läßt das Ganze 45 Minuten lang stehen und passiert es dann durch ein feines Tuch oder Sieb. Diese Flüssigkeit wird mit Honig gesüßt und mit viel Whisky vermischt, bevor sie auf Flaschen gefüllt wird, um vor dem Servieren zwei Tage lang abzustehen.

Selbst in Schottland gibt es Exzentriker, die Getränke kombinieren, die zunächst überhaupt nicht zusammenzupassen scheinen. Beispielsweise der *Purple Heather* – Scotch mit Crème de Cassis. Da geht die schottisch-französische Allianz doch etwas zu weit, sollte man meinen. Doch in der Praxis erweist sich *Purple Heather*, mit viel Eis und mit Soda aufgegossen, als überraschend gutes, erfrischendes Sommergetränk.

Ich möchte noch ein letztes Beispiel nennen, und zwar aus zwei Gründen. Zum einen, weil ich diesen Drink durch James Bruxner von der Firma Justerini and Brooks kennengelernt habe, der mich übrigens auch in die Welt der kalifornischen Weine eingeführt hat. Der Drink, den James *Bloody Joseph* nannte, ist im Grunde eine *Bloody Mary*, die mit Scotch statt Wodka gemacht wird, und mit Tabasco statt mit Worcestershiresauce. Ich dachte schon, er wollte mich auf den Arm nehmen, aber nachdem ich den ersten Schock überwunden hatte, mußte ich zugeben, daß der *Bloody Joseph* wesentlich mehr Tiefe und Charakter hatte als eine *Bloody Mary*.

Der zweite Grund, diesen Drink zu erwähnen, ist pure Eitelkeit. In Rom lud mich ein Freund eines Tages in eine Bar in der Via Veneto ein. Der Barmann fragte mich, was ich trinken wolle. Impulsiv wählte ich, unerklärlicherweise und ganz untypisch für mich, James Bruxners *Bloody Joseph*, allerdings inspirierte mich irgend etwas, dem Drink einen neuen Namen zu geben. Ich hatte das Gefühl, *Bannockburn* passe besser zu diesem Getränk – in Erinnerung an Schottlands Sieg über die Engländer in der Schlacht von Bannockburn. Tomatensaft und Scotch als Symbole für englisches Blut und schottischen Kampfgeist. Der Barmann war verblüfft und bestand darauf, daß ich das Rezept des »Bannockburn« in sein Cocktailbuch schreibe, das er unter dem Bartresen aufbewahrte. Seit damals habe ich das Rezept in zahlreichen Zeitschriftenartikeln über Cocktails entdeckt. Ich glaube kaum, daß dies den Absatz von Scotch wesentlich gefördert hat, doch vielleicht hat es ein klein wenig dazu beigetragen, die Erinnerung an den größten Sieg der Schotten über ihre Erzfeinde wachzuhalten.

Wie man Scotch am liebsten trinkt, sollte man einzig und allein dem persönlichen Geschmack und der jeweiligen Stimmung überlassen. Wenn es darum geht, zu entscheiden, welche Marke Scotch man wählt, kann ein wenig Grundwissen durchaus von Nutzen sein. Welche Informationen kann man dem Etikett einer Flasche Scotch entnehmen? Die Antwort lautet: sehr wenige. Der Begriff Scotch Whisky gibt darüber Auskunft, daß dieser Whisky in Schottland nach den gesetzlichen Vorschriften destilliert wurde. Das ist gleichbedeutend mit der Garantie, daß er mindestens drei Jahre lang in Eichenfässern ausgereift wurde. Falls auf dem Etikett ein Alter angegeben ist, bezieht sich dies auf den jüngsten Whisky in der Flasche. Gesetzlich nicht geschützte Bezeichnungen wie »old«, »aged«, »selected«, »reserve«, »premium« oder »de luxe« stehen weder für Alter noch für Qualität.

Schottische Blends lassen sich in drei Kategorien einteilen: billige Sekundärmarken, Standardmarken und De-luxe- oder Premium-Marken. In aller Regel bestehen Blends, die mit dem Begriff »premium« oder »de luxe« umschrieben sind, aus älteren Whiskys und dürften auch – obwohl dies nur ungern zugegeben wird – einen höheren Malt-Anteil und weniger Grain Whisky enthalten. In letzter Zeit sind immer mehr Unternehmen dazu übergegangen, ihre De-luxe-Blends mit der Angabe ihres Alters zu vermarkten, meist zwölf Jahre.

Wie viele verschiedene Blended Scotch Whiskys in Großbritannien und in den zweihundert Ländern, in die Scotch exportiert wird, auf dem Markt sind, läßt sich schwer sagen. Hunderte, ja Tausende von Warenzeichen oder Markennamen sind eingetragen, doch dies hat wenig Aussagekraft. Hersteller lassen oft verschiedenste Namen eintragen, die denen ihrer Marken ähneln – auch eine der Möglichkeiten, Plagiaten vorzubeugen. Aus linguistischen Gründen kann es auf manchen Exportmärkten angebracht sein, einen Blended Whisky unter einem anderen als seinem eigentlichen Namen zu verkaufen. Schließlich gibt es zahllose »Hausmarken«, die der Durchschnittskonsument meist nie zu Gesicht bekommt. Die Palette verfügbarer Blends ist daher weit kleiner, als man meinen könnte.

Noch weit begrenzter ist die Breite der Auswahl in Pubs, ganz besonders in England, wo sie infolge bestimmter Abnahmeverpflichtungen in der Regel besonders dürftig ist. Die meisten Pubs führen höchstens zwei »Schank-Whiskys« für die Optik, und wenn man Glück hat, zwei oder drei weitere unter dem Tresen.

Wie soll man nun vorgehen, wenn man eine Flasche Scotch

im Einzelhandel kauft? Ein hoher Preis muß nicht unbedingt gute Qualität bedeuten. Dennoch gilt die Faustregel: Die besseren Blends sind teurer, da ihre Herstellung höhere Kosten erfordert. Sonderangebote können verlockend sein, doch man darf schon fragen, weshalb es ein Whiskyhersteller nötig hat, seinen Scotch auf diese Weise auf den Markt zu werfen. Wir alle haben Freunde, die uns bei sich zu Hause einen Whisky einschenken und dann fragen: »Was hältst du von diesem Glen Soundso? Ich habe ihn im Supermarkt entdeckt. Es ist ihre eigene Marke. Ich verstehe zwar nicht viel von Scotch, aber er schmeckt mir so gut wie jeder andere.« Was er damit zum Ausdruck bringt, ist im Grunde, daß er unter keinen Umständen auch nur eine Mark mehr ausgegeben hätte, nur um »The Famous Grouse« zu kaufen. Supermärkte sind im Geschäft, um Geld und nicht um Whisky zu machen. Die wichtigste Anforderung einer Supermarktkette an das Unternehmen, das ihren Blend herstellt und für sie abfüllt: Er muß im vorgegebenen Preisrahmen bleiben.

Eine andere Möglichkeit, auf Kosten der Konsumenten billiger zu verkaufen, besteht darin, den Whisky mit niedrigerem Alkoholgehalt abzufüllen. Zum Glück wird diese Praxis bald der Vergangenheit angehören, da es der Scotch Whisky Association mit einer langjährigen Kampagne gelungen ist, für Scotch Whisky eine rechtsverbindliche Definition durchzusetzen, die einen Mindestalkoholgehalt festschreibt. Ein paar alkoholreduzierte Scotch Whiskys wird man hier und da immer noch antreffen, doch sie werden allmählich vom Markt verschwinden. Das Etikett einer Flasche Scotch sollte mindestens vierzig Volumenprozent Alkohol ausweisen, in einigen Ländern und Duty-Free-Shops 43 Prozent.

Oft hört man, besonders von patriotischen Schotten, es gebe gar keinen schlechten Scotch Whisky. Aus Loyalität würde ich mich dieser Ansicht gerne anschließen – andererseits kenne ich Whiskyfirmen, die anscheinend alles tun, um sie zu widerlegen.

Wenn der Preis ein Hinweis auf Qualität ist, dann gilt dies erst recht für den Ruf. Die Reputation der führenden Marken ist nicht über Nacht, allein durch geschickte Werbung entstanden. Es gab Versuche, mit massiven Werbekampagnen neue Scotch-Marken zu etablieren, doch sie sind ausnahmslos gescheitert. Der Absatz der führenden Marken wurde über viele Jahre aufgebaut, von den Walkers, den Dewars, den Gloags und den Teachers. Möglich war dies nur auf der Grundlage von Qualität und Beständigkeit. Wer Scotch für sich zu Hause kaufen möchte und um ihn seinen Freunden anzubieten, ist mit diesen Marken und den anderen »Flaggschiffen« der Branche gut beraten.

Ein Autor, der über Golf schreibt, sagte einmal, ein Mann könne ein guter Ehemann und Vater und noch so rechtschaffen und gottesfürchtig sein – es könne ihm dennoch passieren, daß er den Ball aus ein paar Zentimeter Entfernung nicht einloche. Genauso kann man sagen, daß ein Blendmeister zwar ein ehrlicher Mann mit großem Können und Liebe zu seinem Beruf sein mag, daß er vielleicht aber dennoch nicht in der Lage ist, gerade meinen Lieblings-Scotch zu kreieren. Viele Whiskyliebhaber werden ähnlich empfinden.

Probieren ist die einzige Möglichkeit, herauszufinden, welche Blends einem am besten schmecken und welche man akzeptieren kann, wenn die Lieblingsmarke gerade nicht vorrätig ist. Als Faustregel läßt sich sagen, daß sich Standardmarken als Alltagsgetränk eignen, während zwölf Jahre alte Blends besonderen Gelegenheiten vorbehalten sein sollten, wenn man die Zeit hat, sie zu genießen, in angenehmer Gesellschaft, mit der man seine Freude daran teilen möchte.

Sekundärmarken sollte man sich für exotische Cocktails oder zum Kochen aufheben. David Blair, der frühere Chef von James Buchanan and Company, rümpfte immer die Nase, wenn ihm wieder einmal jemand vorschlug, Rezepte herauszugeben, in denen Scotch Whisky verwendet wird. »Ich möchte nicht, daß man ›Black and White‹ für einen Koch-Whisky hält«, pflegte er zu antworten, fest überzeugt davon, solche Rezepte würden seine Marke auf eine Stufe mit billigem Sherry stellen, wie ihn manche Köche verwenden.

Sogar Leute, die der Branche eng verbunden sind, kommen

manchmal auf seltsame Verwendungsmöglichkeiten für Whisky. David Simpson, ein Direktor der White Horse Distillers, war unermüdlich für seine Marke und den Scotch Whisky insgesamt im Einsatz, immer in vorderster Front bei Empfängen, Whisky-Verkostungen und Pressekonferenzen. Seine wundervolle Frau Celia hatte nichts dagegen, daß er so oft nicht zu Hause war, sie beklagte sich lediglich von Zeit zu Zeit, daß David sie nie zu diesen Veranstaltungen mitnehme.

Einmal aber tat er es doch, bei einem Empfang für eine Gruppe französischer Journalisten, die auf einer Rundreise zu verschiedenen Destillerien waren. Als David hörte, daß es sich bei den Journalisten ausschließlich um Männer handele und daß auch unter den Gastgebern nur sehr wenige Damen sein würden, nahm er auch noch seine besonders hübsche Tochter Shirley mit, die Partys liebte und französisch sprach. Im Laufe des Abends sah einer der Journalisten Celia Simpson mit einem Glas Campari in der Hand und fragte sie, ob sie nie Scotch trinke.

Shirley, die ganz in der Nähe stand und mitbekam, daß ihre Mutter mit der französischen Sprache zu kämpfen hatte, beschloß, ihr zu helfen. »Nein, Mama trinkt nie Scotch«, sagte sie, »aber sie findet ihn sehr gut, um Schmutzflecken aus dem Teppich zu bekommen.«

Zu gegebener Zeit erschien diese Geschichte in *Le Monde* oder im *Figaro* oder irgendeiner anderen Pariser Zeitung. Davids französischer Importeur schickte ihm den Ausschnitt. Ein paar Tage später rief David ihn an.

»Ärgern Sie sich nicht darüber«, sagte der Franzose, »so etwas kann doch jedem passieren.«

»Ich und mich ärgern? Ich bin begeistert!« antwortete David. »Ich habe den Ausschnitt ständig in meiner Brieftasche, und wann immer mich Celia fragt, warum ich sie nicht zu geschäftlichen Veranstaltungen mitnehme, zeige ich ihn ihr.«

Die Aufgabe, einen Blended Scotch auszuwählen, klingt zumindest nach kaum mehr als einem flüchtigen Blick auf ein paar Flaschen in einer Bar oder im Regal eines Fachgeschäfts. Sobald man sich aber den Single Malts zuwendet, fühlen sich viele in Aladins Schatzkammer versetzt. Dennoch: Es ist nicht alles Gold, was glänzt.

Der Glasgower Pub *The Pot Still* verfügt über eine der größten Selektionen an schottischen Single Malt Whiskys, die ich je gesehen habe. In den Regalen stehen mehr als dreihundert Flaschen, einige davon mit bekannten Namen – Glenfiddich, Glenmorangie, Glenfarclas, Cardhu – und andere, von denen viele Whiskytrinker womöglich noch nie gehört haben – Ardbeg, Glenburgie, Littlemill. In dieser Auswahl finden sich Whiskys aus derselben Destillerie, die jedoch in unterschiedlichen Altersstufen abgefüllt wurden – fünf, acht, zwölf, fünfzehn oder einundzwanzig Jahre alt. Noch verwirrender ist es, wenn ein und derselbe Single Malt mit zwei oder gar drei verschiedenen Etikettversionen auftaucht. Diese Beobachtung kann man nicht nur in *The Pot Still* machen, sondern auch in vielen anderen Pubs und Läden.

Per Definition ist ein Single Malt Scotch ein Whisky, der aus einer einzigen Destillerie stammt. Da es in ganz Schottland nur gut einhundert Malt-Destillerien gibt, kann die Flaschenbatterie in *The Pot Still* nur für Anfänger verwirrend sein. Eine Verwirrung, die sich größtenteils in Luft auflöst, sobald man erklärt, daß und warum es verschiedene Etiketten gibt.

Seit vielen Jahren haben Destillerien ihren Malt Whisky nicht nur als Single Malt ausgereift und für Blends produziert, sondern auch für Whiskyhändler. Diese Händler verwenden den Whisky für eigene Blends oder füllen ihn als Single Malt auf Flaschen, zwar unter dem Namen der jeweiligen Destillerie, jedoch mit eigenem Etikett. Bis vor einiger Zeit hielt sich die Zahl der Single Malts, die von diesen sogenannten »unabhängigen Abfüllern« angeboten wurden, in Grenzen, ihr Umsatzvolumen war kaum bedeutend. Angesichts des rapide wachsenden öffentlichen Interesses an Scotch Single Malt jedoch hat sich die Lage völlig verändert. Unabhängige Abfüller wie Gordon and Macphail in Elgin oder Cadenhead's

Whisky Shop in Edinburgh vermarkten heute eine breite Palette an Single Malts unterschiedlicher Altersstufen, von denen viele von ihren Destillerien überhaupt nicht zum Verkauf als Single Malts abgefüllt werden.

Nicht jeder begrüßt diese Entwicklung, und einige Destillerien sind ganz besonders unglücklich darüber. Sie argumentieren etwa so: Der Name einer Destillerie – nennen wir sie in diesem Beispiel einfach »Loch Maree« – ist im Grunde ein Warenzeichen. Die Eigentümer der Destillerie haben nicht nur das Recht, vom Verkauf von Whisky unter diesem Warenzeichen zu profitieren, sondern sie sind auch verantwortlich dafür, daß ihr Whisky in einer Art und Weise reift und abgefüllt wird, die für einen gleichbleibenden Stil, hohe Qualität und einen guten Ruf sorgt. Sie haben keinerlei Kontrolle über die Qualität eines »Loch Maree« Single Malt Whisky, der über einen unabhängigen Abfüller auf den Markt kommt. Wenn ein Whiskytrinker einen »Loch Maree« kauft, der in jeder Hinsicht unter dem Niveau seiner Destillerie ist, leidet der Name des Whiskys und nicht der des Abfüllers.

Diesem Argument wird oft entgegengehalten, daß die unabhängigen Abfüller ihren Whisky in gutem Glauben erwerben und das Recht haben, ihn als Single Malt Whisky abzufüllen und zu verkaufen, in diesem Beispiel als echten »Loch Maree«, denn das ist er ja schließlich auch. In jedem Fall muß man zugeben, daß die unabhängigen Abfüller eine große Zahl an Single Malts zugänglich gemacht haben, an die ein Konsument sonst nie hätte kommen können. Bei Besuchen in *The Pot Still* und in zwei bekannten Whiskyläden, Lamberts in Edinburgh und dem Soho Wine Market in London, habe ich kürzlich mehr als fünfundzwanzig Single Malts gezählt, die von den Destillerien derzeit nicht abgefüllt werden.

Die immer breiter werdende Auswahl ist für den Konsumenten im Prinzip eine gute Sache. Wer sich jedoch mit Scotch auskennt und ehrlich ist, muß zugeben, das viele dieser Malts so manchem Blend guttun mögen, als Single Malts aber enttäuschen. Das Urteil von Blendmeistern, die ihre Single Malts nach der jeweiligen Qualität einstufen, könnte ein zuverlässiger Anhaltspunkt sein – ich bin sicher, daß diese Experten bei manchem niedriger eingestuften Whisky überrascht sind, ihm als Single Malt zu begegnen.

Das soll natürlich nicht heißen, daß man diese Whiskys nicht trinken könnte. Nach Einschätzung von Fachleuten aber mangelt es ihnen an Charakter, Geschmack und Qualität, wie man sie von einem guten Single Malt Scotch erwarten kann. Es gibt auch Malt-Destillerien in Schottland, die auf unkonventionelle Weise destillieren. Ich habe einmal eine besichtigt, in der behauptet wurde, man sei in der Lage, durch Veränderungen an den Schwanenhälsen der Brennblasen verschiedene Whiskys zu produzieren. Man sollte annehmen, daß eine Destillerie, deren Malt von Blendmeistern oder Whiskyliebhabern geschätzt wird, so etwas nicht nötig hat.

Die Flaschenabfüllung von Single Malts ist zu einem kontroversen Thema geworden. Im Grunde geht es hierbei nicht um eine breitere Auswahl für den Kunden, sondern um Geld. Wie alle Feiglinge ziehe ich es hierbei vor, neutral zu bleiben. Einem Malt-Einsteiger würde ich lediglich raten, wenn er die Wahl hat, sich für den Single Malt zu entscheiden, der unter Kontrolle der Destillerie abgefüllt wurde. So kann man sicher sein, daß man einen Malt Whisky trinkt, der in Stil, Alter und Qualität dem entspricht, was der Brennmeister als optimal für seinen Whisky betrachtet. Hinzu kommt, daß solche Whiskys Kontinuität garantieren, während ein unabhängiger Abfüller normalerweise ja nur begrenzte Vorräte von ausgereiftem Whisky zur Verfügung hat.

Das bedeutet, daß man das Etikett studieren sollte, bevor man einen Whisky kauft. Es wäre wünschenswert, wenn, wie etwa bei französischem Wein, auf jedem Etikett vermerkt wäre, wo und durch wen der Whisky abgefüllt wurde. Doch wie bei so vielen vernünftigen Ideen, die zu mehr Transparenz beitragen könnten, gilt wohl auch hier, daß es wahrscheinlich zu spät ist, eine solche Kennzeichnung einzuführen.

Der Name des Abfüllers ist ein wichtiger Faktor bei der Auswahl eines Malt Whisky, wichtiger jedoch ist die Altersangabe. Eine Flasche Single Malt Whisky enthält in aller Regel Whisky, der in mehreren verschiedenen Fässern ausgereift wurde. Wenn auf dem Etikett ein Alter angegeben ist, bezieht sich dieses auf den jüngsten enthaltenen Whisky. Die Angabe eines Durchschnittsalters ist nicht erlaubt.

Was läßt sich nun über das »richtige« Alter für einen Malt Whisky sagen? Nur, daß es so etwas nicht gibt. Man sollte in dieser Frage zwar nicht dogmatisch sein, doch nur wenige Malt Whiskys werden mit einem Alter unter sieben Jahren verkauft – wenn man dies als Minimum betrachtet, kann man von diesem Alter an in jedem Fall davon ausgehen, einen ausgereiften Whisky vor sich zu haben. Eine andere Faustregel besagt, daß Malt Whiskys mit vollerem Geschmack, wie etwa solche aus Speyside und von den Inseln, länger reifen müssen, um ihren Höhepunkt zu erreichen. Lowland Malts und andere im Geschmack relativ milde Whiskys brauchen wahrscheinlich nicht länger als zehn Jahre zu reifen und dürften danach auch kaum noch gewinnen.

Für einen Single Malt Whisky gibt es kein »Höchstalter«. Immer mehr werden erst mit fünfzehn Jahren abgefüllt, einige sogar achtzehn, einundzwanzig oder sogar fünfundzwanzig Jahre alt. Malt Whiskys können sich auch nach fünfzehnjähriger Reife noch weiter verbessern. In einer Destillerie habe ich einmal einen über fünfunddreißig Jahre alten Malt Whisky versucht. Man hatte ihn dort nicht aus freien Stücken so lange aufbewahrt, sondern ganz einfach deshalb, weil alte Unterlagen bei einem Feuer zerstört worden waren und sich nicht mehr feststellen ließ, für wen der Whisky ursprünglich destilliert worden war. Es war in vieler Hinsicht ein sehr guter Whisky, sehr süß und mild und einem alten Armagnac nicht unähnlich, doch im Hintergrund konnte man starke Holztöne wahrnehmen.

Einen Teil seines Geschmacks bezieht Scotch Whisky aus dem Holz des Fasses, in dem er reift. Dies ist ein wesentlicher Bestandteil des Reifeprozesses. Sobald jedoch das Holz selbst vorzuschmecken beginnt, ist dies ein untrügliches Zeichen für Überlagerung. Wenn ich Malt Whisky trinke, möchte ich schließlich keinen überlagerten Armagnac schmecken. Warum soll man sich mit dem minderwertigen Abklatsch eines Cognacs begnügen, wenn man die edelste aller Spirituosen, nämlich Malt Whisky, haben kann?

Zwischen zehn und fünfzehn Jahren ist ein gutes Alter für einen Single Malt Scotch, zehn Jahre für einen Lowland und dezentere Highland Malts, zwölf oder fünfzehn Jahre für Inselwhiskys und die besten Speyside-Malts. Das soll nicht heißen, daß es keine herausragenden achtzehn oder einundzwanzig oder gar fünfundzwanzig Jahre alten Malts gäbe – doch wenn sie überhaupt besser sein sollten als der gleiche Whisky mit fünfzehn Jahren, dann nur unwesentlich. Bei so alten Tropfen dominiert oft der Geschmack von Sherry oder Holz und überdeckt die subtile Komplexität des eigentlichen Whiskys. Wer etwas von Whisky versteht, wird mir wahrscheinlich zustimmen, daß sie den höheren Preis meist nicht wert sind.

Ein paar Jahre bevor Malt Whisky in Mode kam, wurde im Londoner Charing Cross Hotel eine Verkostung von Single Malts durchgeführt. Verkostung ist eigentlich das falsche Wort. Es war vielmehr eine Weiterbildungsmaßnahme, mit der die führenden Weinjournalisten des Landes in das Gebiet des Malt Whisky eingeführt werden sollten, wovon viele anscheinend noch nie etwas gehört hatten. Michael Martin von der Firma John Crabbie and Company hielt einen Vortrag, in dem er die Herstellung von Malt Whisky und die Unterschiede zwischen Single Malts und Blended Whisky erläuterte. Um seine Ausführungen zu illustrieren, wurden Proben verschiedener Single Malts ausgeschenkt.

Nach Ende des Vortrages nahmen die Weinjournalisten an einem Wettbewerb teil. Die Aufgabe, die ihnen gestellt wurde, war nicht kompliziert. Proben von einem Dutzend Single Malts, die die Zuhörer bereits während des Vortrages hatten verkosten können, standen in numerierten Gläsern bereit. Jeder Teilnehmer bekam eine Liste der Malts und sollte jeder Probe den richtigen Namen zuordnen, entweder anhand des Aromas, wie es Blendmeister zu tun pflegen, oder auch anhand des Geschmacks.

Jeder Blendmeister wäre in der Lage gewesen, die Proben ohne große Schwierigkeiten zu identifizieren, denn es handelte sich größtenteils um Malts der Kategorie »einmal probiert, nie vergessen«. Laphroaig gehörte dazu und beispielsweise Glenmorangie. Für Leute mit wenig Erfahrung ist dieser Test natürlich schwieriger, doch man hätte annehmen sollen, daß Weinjournalisten, die bei der Verkostung von Weinen Routine haben, hier im Vorteil sind. Doch der Gewinner des Wettbewerbs und einer Flasche fünfzehn Jahre alten Glenlivets hatte schließlich nur fünf von zwölf Malts richtig erkannt. Ein befreundeter Mathematiker erklärte mir, dies sei nur unwesentlich besser als der statistische Erwartungswert, den man durch Raten erzielt hätte. Trotz dieses enttäuschenden Ergebnisses schien die Veranstaltung den Weinjournalisten gefallen zu haben, und die meisten schrieben wenig später Artikel über Malt Whisky. Einige fuhren sogar nach Schottland, um Destillerien zu besichtigen.

Besonders interessant waren für mich die Ausdrücke, die sie benutzten, um die verkosteten Whiskys zu beschreiben. Im wesentlichen fielen sie zurück in eine verballhornte Weinsprache – prätentiös, spröde und weitestgehend nichtssagend. Kürzlich glänzte der Weinkolumnist einer Sonntagszeitung, der über das Weinsortiment eines Supermarktes schrieb, mit einigen Prachtstücken solcher Stilblüten. »Knusprig, mit einem frischkäseartigen Duft und der Säure von Zitronenschalen« war der eine Wein, »warm, sinnlich und zugänglich, mit an Pflaumen erinnernder Würzigkeit, lakritzartigem Geschmack und Tanninen mit Biß« der andere. Da muß man sich schon fragen, ob sich der Autor vielleicht im Supermarkt verlaufen hatte und deshalb die Aromen der ganzen Lebensmittelabteilung wiedergab.

Dieselbe Art blumiger, esoterischer Sprache verwenden Autoren, die über Malt Whisky schreiben. Aus den vielen Büchern, die zum Thema Scotch erschienen sind, ließe sich eine ganze Litanei kurioser Substantive und Adjektive zusammenstellen, die zur Beschreibung des Geschmacks verschiedener Single Malt Whiskys dienen sollen: Marzipan, Leinsamen, Bitterschokolade, Pfefferminz, blühende Johannisbeere, orangenartig, buttrig oder auch das besonders bildhafte »nasse Gras an einem regnerischen Tag«. All diese Begriffe sagen viel über die Phantasie ihrer Autoren aus, doch ich bezweifle, daß sie den Whiskyliebhaber klüger machen.

Mit einem Geschmack einen anderen beschreiben zu wollen ist riskant und sehr wahrscheinlich irreführend. Ein Kunde, der auf eine solche Empfehlung hin eine Flasche Single Malt kauft und Leinsamen erwartet, könnte schwer enttäuscht sein, wenn er nasses Gras an einem regnerischen Tag schmeckt.

Kürzlich zeigte man mir ein »Malt-Whisky-Rad«, eine Graphik, die Whiskytrinkern helfen soll, die schottischen Single Malts zu identifizieren. Ich hätte es als Marketing-Gag abgetan, gäbe es nicht ein ähnliches »Geschmacksrad«, das von einem Forschungsinstitut der Whisky-Industrie entwickelt wurde. Beide Darstellungen bestehen aus konzentrischen Kreisen, wobei jeder Kreis aus Begriffen zur Geschmacksbeschreibung besteht. Die Begriffe im innersten Kreis sind technisch gehalten und mögen einem Brennmeister noch etwas sagen; je weiter man aber nach außen kommt, um so verwirrender werden die Adjektive und Umschreibungen: »schweißig«, »fischig«, »angebranntes Gummi«, »Löschpapier«, »ranzig« oder »Kohlwasser« sind Assoziationen, die sich mir beim Genuß eines Malt Whiskys noch nie aufgedrängt haben. Es gibt keinen Fisch im Loch Maree, und wenn mir einer meiner Freunde jemals sagen sollte, ein bestimmter Whisky erinnere ihn an »alten Fisch«, werde ich ihm einen guten Hals-Nasen-Ohren-Arzt empfehlen.

Brenner und Blendmeister benutzen einfache, leicht verständliche Begriffe, wenn sie Geschmack und Charakter eines Whiskys diskutieren. »Süß«, »mild«, »stechend«, »zart«, »scharf« und »robust« sind unzweideutige Ausdrücke, die wohl kaum verwirren können. Doch selbst sie sind interpretierbar, da unser Geruchs- und Geschmackssinn subjektiv und sehr individuell ist. Ich habe schon erlebt, daß Leute bedauernd den Kopf geschüttelt und etwas von »feurigem Brennen« gemurmelt haben, nachdem sie an einem fünfzehn Jahre alten Malt Whisky genippt hatten, der zu den weichsten und mildesten Single Malts überhaupt gehört.

So unterschiedlich die Empfindungen individuell sind, so schwer ist es, bestimmte Malt Whiskys zu empfehlen. Wenn man nach dem »besten« Single Malt gefragt wird, kann man nur mit den Achseln zucken. Ein Whisky, den man gerne nach dem Essen zum Kaffee trinkt, ist vielleicht nicht der richtige, wenn man gerade beim Angeln bis zu den Hüften im Spey steht. Der Frage nach, sagen wir einmal, den zwölf besten Single Malts kann man schon schwerer widerstehen. Warum sollte man schließlich auch nicht seine Favoriten preisgeben? Andererseits ist dies natürlich Geschmackssache, so daß es irreführend sein oder dünkelhaft wirken könnte, wenn man seine bevorzugten Whiskys auflistet.

Um diesem Dilemma zu entgehen, habe ich einige meiner Freunde aus der Whiskybranche aufgefordert, mir ihre Favoriten zu nennen. Ich habe nach ihren persönlichen Lieblings-Whiskys aus dem gesamten Spektrum der Malts gefragt, ohne Rücksicht auf Klassifizierungen, und zudem eine Liste der Whiskys aufgestellt, die ich selbst am liebsten trinke. Aus all diesen Listen habe ich schließlich die zwölf Namen ermittelt, die am häufigsten genannt wurden.

Der Grad an Übereinstimmung war längst nicht so groß, wie man hätte erwarten können. Einige nannten Malts, die bei mir nie große Begeisterung ausgelöst haben, während so mancher berühmte Name überhaupt nicht auftauchte. Die zwölf ermittelten Malts nach der Häufigkeit der Nennungen zu ordnen, wäre nicht nur umständlich gewesen, sondern auch unfair – daher führe ich sie hier in alphabetischer Reihenfolge auf. Zu jedem Namen sind der Ort der Destillerie angegeben sowie zwei oder drei Worte, um den Geschmack des Whiskys zu beschreiben, und schließlich die beste Altersstufe für den jeweiligen Malt. Beschreibung und Altersempfehlung entsprechen meiner persönlichen Auffassung, mit der die Brennmeister nicht in jedem Fall einverstanden sein werden.

ZWÖLF DER BESTEN

Balvenie	Dufftown	12
	zart, leicht süß, duftig	
Bruichladdich	Islay	10
	mild für einen Islay-Malt, trocken	
Cardhu	Knockando	12
	dezent torfig, körperreich	
Cragganmore	Ballindalloch	12
	üppig, leicht süß, malzig	
Dalmore	Alness	12
	kräftig nach Sherry, ein Hauch Seeluft	
Glenfarclas	Ballindalloch	12-15
	kraftvoll, klassisch, schön abgerundet	
Glenmorangie	Tain	10
	süß, frisch	
Highland Park	Orkney	12
	rauchig, malzig, langanhaltend	
Linkwood	Elgin	12
	trocken, subtil, weich	
Longmorn	Longmorn	15
	duftig, körperreich, komplex	
Macallan	Craigellachie	12-15
	wundervoll üppig, voluminös, nach Sherry	
Talisker	Isle of Skye	10
	leicht salzig, mächtig, warm	

Die letzte Entscheidung, welche Whiskys in die Liste aufgenommen wurden und welche nicht, war sehr knapp. Drei Malts – The Glenlivet, Mortlach und Auchentoshan – haben nur mit sehr viel Pech »den Sprung nicht geschafft«. Überrascht war ich auch, Bruichladdich in der Liste wiederzufinden. In meine persönliche Zwölfer-Selektion würde ich keinen Islay Malt aufnehmen, und wenn es denn sein soll, dann doch wohl eher einen Lagavulin oder Bowmore. Nun, dies sind meine »zwölf der Besten«, und ohne Zweifel wird man mich zu gegebener Zeit dafür prügeln.

Schottlands Malt Whiskys sind unübertroffen – nicht nur wegen der großen Bandbreite ihrer Aroma- und Geschmackseigenschaften, sondern auch im Hinblick auf ihre Komplexität. Mit Hilfe modernster Gas-Chromatographen und Massenspektrometer haben Wissenschaftler bisher rund sechshundert Komponenten in Scotch Whisky identifiziert. Bis vor zehn Jahren waren es erst dreihundert, so daß dank neuer Technologien in den nächsten Jahren sicherlich weitere Elemente entdeckt werden – aus ihnen setzt sich der Geschmack des Whiskys zusammen, auch wenn man nicht weiß, auf welche Weise dies geschieht und wie sie sich genau zueinander verhalten. In Forschungsinstituten der Industrie laufen Programme zur sensorischen Bestimmung, um den Zusammenhang zwischen chemischer Zusammensetzung und Geschmack genau kennenzulernen. Panels speziell hierfür trainierter Freiwilliger werden immer wieder nach ihren Eindrücken zu Geschmack und Charakter verschiedenster Whisky-Proben befragt. Solche Experimente mögen zwar dazu beitragen, herauszufinden, wie die einzelnen Bestandteile eines Whiskys seinen Geschmack beeinflussen – doch die genauen Verbindungen zu ermitteln, wird wohl bestenfalls im Ansatz möglich sein und das eigentliche Ziel damit eine Illusion bleiben.

Unsere Sinne sind nun einmal subjektiv und individuell. Kein Wissenschaftler kann wissen, ob Sie beispielsweise aus einem Highland Park Malt Whisky das gleiche herausschmecken wie ich. Und sei es nur aus diesem Grund: Kein Wissenschaftler wird je in der Lage sein, einen »maßgeschneiderten« Scotch zu produzieren, der bei jedem Whiskytrinker dieselben sensorischen Empfindungen auslöst. Gott sei Dank!

Um herauszufinden, welche Single Malt Whiskys einem am besten schmecken, muß man sie trinken – und zwar mehr als nur ein Glas, denn es kann lange dauern, bis ein guter Malt die ganze Feinheit seines Charakters offenbart. Zu experimentieren, die verschiedenen Malts der Highlands, der Lowlands und der Inseln auszuprobieren, ist eine lange, aber immer angenehme Entdeckungsreise.

9
Am Scheideweg

Valerie Blackie arbeitete für eine Marketingfirma, die sich auf Promotion-Aktionen für die Getränkeindustrie spezialisiert hatte. Ihre Aufgabe bestand darin, Ideen für solche Aktionen zu »verkaufen«, indem sie Kunden davon überzeugte, daß diese Maßnahmen zu einem spektakulären Absatzwachstum ihrer Whiskys, Weine oder Soft-Drinks führen würden. Valerie war intelligent, beredt, gut aussehend und in der Lage, etwas zu bewegen. Sie schaffte es zum Beispiel, bei Arthur Webb persönlich, dem damaligen Geschäftsführer von John Walker & Sons, einen Termin in dessen Londoner Büro in der St James's Street zu bekommen. Normalerweise hätte sie ihr Angebot einem Mitarbeiter präsentiert, der in der Hackordnung weit darunter rangiert hätte.

Arthur hörte sich Valeries Vorschläge höflich an. Dann fragte er mit einem charmanten Lächeln: »Miß Blackie, können Sie mir einen guten Grund nennen, weshalb ich mich auf diese sehr kostspielige Idee einlassen sollte? Mein Whisky,

Johnnie Walker, ist doch bereits der meistverkaufte Scotch der Welt.«

»Aber Mister Webb«, konterte Valerie, »haben Sie sich je überlegt, daß das nicht immer so bleiben muß?«

Ihre Antwort war recht konventionell, sollte man meinen, ein Standardargument in jedem Verkaufshandbuch – und doch hatte sie eine überraschende Wirkung. Der sonst so weltgewandte und selbstsichere Arthur starrte Valerie an, bevor er für einen Moment seine Augen schloß, als würde er einen tiefen Schmerz empfinden.

»Miß Blackie, genau das ist mein ewiger Alptraum«, vertraute er ihr mit vollkommen untypischer Offenheit an.

Diese Begebenheit liegt schon einige Jahre zurück, als der Weltabsatz von Scotch Whisky noch rapide wuchs. »Johnnie Walker« ist immer noch der meistverkaufte Scotch – aber vielleicht war Arthur Webbs Alptraum dennoch eine Art Vorahnung der Zukunft nicht nur seiner Marke, sondern des Scotch Whisky überhaupt. Innerhalb weniger Jahre fuhren nahezu alle Destillerien Schottlands ihre Produktion zurück, mehrere wurden vorübergehend »eingemottet« und ein paar sogar für alle Zeiten geschlossen.

Sofort bezichtigten Medien und Finanzanalytiker die Industrie der Überproduktion. Offenbar war zuviel Whisky destilliert worden – doch die erhobenen Anschuldigungen implizierten, daß die Whiskyunternehmen mutwillig und unverantwortlich diese großen Mengen destilliert hätten, in der Hoffnung, sie verkaufen zu können. Diese Sichtweise entspringt einer naiven Unkenntnis des Whiskygeschäfts. Fast der gesamte Malt und Grain Whisky Schottlands wird gewissermaßen auf Bestellung der Hersteller von Blends destilliert. Da jeder Scotch Zeit zum Reifen braucht, basiert der Umfang dieser Bestellungen auf Prognosen des Absatzes, der vier oder fünf Jahre später zu erwarten ist, im Falle von Single Malts und De-luxe-Blends muß der Bedarf manchmal fünfzehn oder gar achtzehn Jahre im voraus geschätzt werden. Dabei muß auch berücksichtigt werden, daß in jedem Reifejahr etwa zwei Prozent des Whiskys verdunsten. Diese Besonderheit der Whiskybranche bringt es mit sich, daß die Gesamtmenge an Whisky, die jedes Jahr destilliert wird, der Summe der Absatzprognosen aller Unternehmen entspricht, die Scotch vermarkten.

Nach dem Ende des Zweiten Weltkrieges wuchs der Weltabsatz von Scotch Whisky dreißig Jahre lang stetig um etwa acht bis neun Prozent jährlich. Solange dieses Wachstum anhielt, blieb den Blend-Herstellern gar nichts anderes übrig, als entsprechend zunehmende Lagervorräte anzulegen. Drei Jahrzehnte lang trafen ihre Vorhersagen ein, und die Produktion hielt mit dem steigenden Weltabsatz Schritt. Erst Anfang der siebziger Jahre kam es zu einer Verlangsamung, doch die Absätze stiegen weiter, bis sie schließlich 1978 ihren Gipfel erreichten. Seit damals gab es abwechselnd schlechte und wieder etwas bessere Jahre, doch die Absatzmenge des Jahres 1978 wurde nie wieder erreicht.

Rückblickend läßt sich leicht sagen, die Hersteller hätten den Nachfragerückgang rechtzeitig erkennen und die Produktion zurückfahren sollen – doch woher hätte man es wissen können? Bis heute ist man sich ja nicht einig über die Gründe für das Absacken der Nachfrage. Einige führen es auf eine weltweite Rezession zurück. Doch warum ist dann der Absatz im wirtschaftlichen Aufschwung nicht wieder gewachsen?

Andere wiederum sind der Auffassung, der Zeitgeschmack habe sich verändert. Der stärkste Rückgang der Nachfrage war in den siebziger Jahren in den Vereinigten Staaten festzustellen, und dieser Trend hält dort an. Es heißt, die Amerikaner wendeten sich von den »braunen Spirituosen«, sprich: Whisky, immer mehr den »weißen Spirituosen« zu, also Gin und Wodka. Das kann ohne weiteres zutreffen – aber warum sind sie umgeschwenkt? Sehr wahrscheinlich, weil sie irrigerweise geglaubt haben, weiße Spirituosen enthielten weniger Kalorien als braune und seien daher besser für die Linie und die Gesundheit. Diese Theorie wird durch die Tatsache untermauert, daß die Amerikaner zunehmend generell von Spirituosen – weißen wie braunen – umgeschwenkt sind auf

Weinbowle, Weinschorle und andere Getränke mit geringerem Alkoholgehalt. Dieses Gesundheitsbewußtsein, aus dem inzwischen eine geradezu ungesunde Obsession geworden ist, gipfelte 1988 in einer Bemerkung des amerikanischen Gesundheitsministers C. Everitt Koop, der erklärte: »Amerika wird eines Tages die Wahl zwischen Alkohol und Gesundheit treffen müssen. Wir können nicht beides haben.« Ein Land, dessen Bevölkerung zu einem Drittel aus eingefleischten Abstinenzlern besteht, hat immer eine starke Anti-Alkohol-Lobby – in der Gesundheits-Lobby hat sie Alliierte gefunden, die mit ihr gegen jedwede Form von Alkohol zu Felde ziehen, höhere Steuern fordern und für ein Verbot von Alkohol und andere restriktive Maßnahmen werben.

Warum auch immer: Der Absatz von Scotch in den Vereinigten Staaten ist in den letzten zehn Jahren um etwa vierzig Prozent zurückgegangen. Zum Glück für Schottland ist dieser Einbruch durch Absatzsteigerungen in anderen Ländern und durch die Erschließung ganz neuer Märkte kompensiert worden.

Eine aktuelle Werbung für den Blend »The Famous Grouse« trägt den Slogan »Qualität in einer Zeit des Wandels«. Der Werbetexter war sich vielleicht nicht ganz der Bedeutung der Worte bewußt, die er wählte. Die letzten drei Jahrzehnte waren eine Zeit des stetigen Wandels, gerade für Scotch Whisky. Es gab Veränderungen in der Herstellung, im Marketing und im Vertrieb. Ebenso wichtig, auch wenn es vielleicht kaum bemerkt wurde: Das Bewußtsein der Scotch-Trinker und ihre Trinkgewohnheiten haben sich verändert. Und schließlich gab es weitreichende Veränderungen in der Struktur der Whisky-Industrie – immer mehr kleine, unabhängige Firmen sind verschwunden und haben der Konzentration von Herstellung und Absatz durch große, multinationale Getränkekonzerne Platz gemacht.

Technische Veränderungen bei der Destillation und dem Verschneiden gibt es seit Jahren. Es begann mit dem allmählichen Stillegen eigener Mälzböden, als die Malt-Destillerien begannen, entweder große mechanische Mälzanlagen einzurichten oder das benötigte Malz von spezialisierten Mälzereien zu beziehen. Wahrscheinlich haben von den gut hundert Destillerien Schottlands kaum mehr als ein halbes Dutzend noch eigene Mälzböden, und dies zum Teil auch nur als Attraktion für Besucher.

Brennblasen, die früher mit Kohle beheizt wurden, hat man größtenteils auf Dampf oder Öl umgestellt, und viele Destillerien verwenden heute Gärtanks aus rostfreiem Edelstahl statt der traditionellen Bottiche aus Fichten- oder Lärchenholz. In immer mehr Destillerien findet man automatische oder halbautomatische Kontrollsysteme und Instrumententafeln mit Diagrammen und farbig blinkenden Lichtern, die den Stand auf jeder Stufe der Herstellung anzeigen. Im wesentlichen zielten all diese Innovationen darauf ab, Arbeitskräfte zu ersetzen und damit Kosten zu sparen. Die meisten Malt-Destillerien beschäftigen heute wahrscheinlich weniger als halb so viele Menschen wie noch vor dreißig Jahren.

Beim Verschneiden sind die eingetretenen Veränderungen weniger augenfällig. Die Unternehmen lassen ihren ausgereiften Malt oder Grain Whisky zunehmend in Tanklastwagen von den Destillerien anliefern. Die Fässer verbleiben in der Destillerie, um dort neu befüllt zu werden. Bis vor kurzem war es üblich, daß aus jedem Faß eine Probe entnommen wurde und sämtliche Proben durch den Blendmeister und sein Team geprüft wurden, bevor der Whisky verschnitten wurde. Dies ist nicht mehr möglich, seit die Fässer bereits in den Destillerien entleert werden, so daß die Verkostung dort stattzufinden hat.

Man hat auch zunehmend das Gefühl, daß sich Rolle und Bedeutung des Blendmeisters verändern und bereits viel von ihrer Mystik verloren haben. Einige Unternehmen erwähnen den Blendmeister nicht einmal mehr in ihren Werbebroschüren und sprechen statt dessen von »Qualitätskontrolle«.

Die Senkung der Produktionskosten ist eine durchaus vernünftige Zielsetzung, auch wenn gesagt werden muß, daß die Herstellung von Whisky ohnehin wenig arbeitsintensiv ist.

Die gesamte schottische Whisky-Industrie beschäftigt nur etwa 16 000 Menschen, deren Arbeit dem Land rund 1,7 Milliarden Pfund an Exporteinnahmen einbringt. Technische Neuerungen wurden auch eingeführt, um den Herstellungsprozeß und damit die Qualität und Beständigkeit des Whiskys besser kontrollieren zu können. Man kann sich darüber streiten, ob hochentwickelte Kontrollsysteme wirklich benötigt werden. Zahlreiche Brennmeister haben mir gesagt, daß sie die meisten Whisky-Destillerien heute für übertechnisiert halten und daß der im Grunde simple Prozeß der Whiskyherstellung die Einführung so teurer Produktionsanlagen gar nicht rechtfertige.

Tradition sollte nicht einfach aus reinem Selbstzweck bewahrt werden – ob andererseits all diese Veränderungen einen Nutzen erbracht haben, kann man nur daran messen, ob sich die Qualität des Scotch Whisky verbessert hat. Diese Frage läßt sich nicht abschließend beantworten. Qualität liegt, wie die Schönheit, im Auge des Betrachters – oder besser gesagt auf dem Gaumen des Verkosters. Hinzu kommt, daß man auf sein Erinnerungsvermögen angewiesen ist, wenn man die heutige Qualität mit früheren Whiskys vergleichen will. Und wer weiß schon noch, wie eine bestimmte Marke auch nur vor fünf Jahren geschmeckt hat?

Wir alle haben ein Recht auf unsere eigene Meinung. Ich persönlich finde, daß sich die Standardmarken der Blends verändert haben – viele von ihnen haben anscheinend an Individualität eingebüßt. Von einigen bemerkenswerten Ausnahmen abgesehen, scheinen sie sich geschmacklich einander angenähert zu haben. Für mein Empfinden sind bestimmte Marken, an denen mir nie sonderlich gelegen war, inzwischen recht trinkbar, wenn auch nach wie vor nicht besonders aufregend. Andererseits scheinen einige meiner alten Lieblings-Whiskys, die heute im Geschmack leichter sind als früher – wahrscheinlich, weil sie jünger abgefüllt werden –, ihren Reiz verloren zu haben. In den letzten Jahren haben Whisky-Hersteller, sei es individuell oder gemeinschaftlich, Gelder in die Forschung investiert. Dies hat ohne Zweifel zu einem besseren Verständnis der Zusammensetzung von Whisky wie auch zu verbesserten Kontrollverfahren bei der Herstellung beigetragen. Dies wiederum könnte aber zu einer gewissen Uniformität der Prozesse geführt haben. Die Individualität der Single Malt Whiskys ist dadurch nicht betroffen – bei Blends dagegen können individuelle Ecken und Kanten sehr wohl abgerundet werden, wenn man will. Es wäre verständlich, wenn Eigentümer einer weniger bekannten und weniger erfolgreichen Marke den Wunsch hätten, ihren Blend nach dem Modell eines der Marktführer zu formen.

Wenn die Qualität der Standardmarken gelitten haben sollte, dann kann dies auch einen ökonomischen Hintergrund haben. Archie Watson, der Chef von Charles Mackinlay und zu seiner Zeit der Doyen unter den Whiskymachern, pflegte immer zu sagen, daß jeder Blend aus einem Konflikt entsteht, aus einem ständigen Ringen zwischen Blendmeister und Zahlmeister. Der Blendmeister ist stolz auf seine Komposition, von der schließlich sein guter Ruf abhängt, und möchte die Qualität seines Blends wahren, ohne jede Rücksicht auf die Kosten. Der für die Finanzen Verantwortliche dagegen ist ständig darum bemüht, Kosten zu senken. Er wird wissen wollen, warum dieser »Loch Maree« Malt Whisky, der Teil des Blends ist, unbedingt fünf Jahre lang reifen muß. Kann man ihn nicht auch mit vier Jahren verwenden? Macht denn dieses eine Jahr mehr einen so großen Unterschied? Und selbst wenn – würden die Käufer einen Unterschied merken? Und wenn der Blendmeister feststellt, daß seine Vorräte an »Loch Maree« ausgehen, wird gefragt, ob man ihn unbedingt auf dem teuren Broker-Markt zukaufen muß. Kann man ihn denn nicht durch einen anderen Single Malt ersetzen, den man vielleicht auf Tauschbasis von einem anderen Blendhersteller beziehen könnte? In der Whiskybranche, wie in allen anderen Industrien auch, wächst die Macht der Finanzmanager.

Meinem Eindruck nach kommt es zu einer Polarisation der Qualität von Scotch Whiskys, wobei Standardmarken gelitten haben, während sich die Qualität von Single Malts und

Premium-Blends verbessert hat. Dies zeigt sich schon im Design und in der Verpackung dieser Whiskys wie auch in den Preisen, die dafür verlangt werden. Die rechtlichen Bestimmungen bezüglich der Altersangabe haben sich als vorteilhaft erwiesen. Wenn man schon die hohen Kosten auf sich nimmt, einen Whisky zwölf Jahre lang zu lagern, damit man dies auf dem Etikett angeben darf, dann ist es ökonomisch sinnvoll, auch für bestmögliche Qualität zu sorgen.

Vor ein paar Tagen war ich in *Kay's Bar* in Edinburgh. Die Atmosphäre dort ist ganz anders als in den meisten Edinburgher Pubs, die sich in der Regel wenig einladend präsentieren: entweder schrill und laut oder geprägt von einer düsteren Trostlosigkeit. *Kay's* dagegen ist gemütlich, mit ganz eigenem Charakter und einer interessanten Gästemischung: junge Angestellte, die sich in ihrer Rolle als Yuppies gefallen, Rentner, die dort morgens die Zeit mit Kreuzworträtseln vertrödeln, Arbeiter aus den neuen Wohnblocks um die Ecke. Die Bar verfügt über eine ausgezeichnete Auswahl an Malt Whiskys und bietet regelmäßig einen »Malt des Monats« zum Sonderpreis an. An jenem Tag war es Isle of Jura.

Ich war bei *Kay's*, um mich dort mit Angus zu treffen, einem alten Freund, der einmal als Exportkaufmann für eine Edinburgher Whisky-Firma gearbeitet hatte. Als sie von einem Konzern übernommen wurde, stieg er mit Erfolg auf Versicherungen um. Seine Kontakte und Freundschaften in der Whiskybranche pflegte er weiter. Ich traf ihn am Tresen, wo er sich mit Bruce unterhielt, einem jungen Anwalt. Auf ihre Einladung bestellte ich ein Glas Glen Mhor, einen Whisky, den es nicht mehr lange geben wird. Glen Mhor und Glen Albyn waren Destillerien in Inverness, die früher Willie Birnie gehörten, einem berühmten Charakterkopf der Whisky-Szene. Beide Brennereien wurden Opfer der Krise und Anfang der achtziger Jahre stillgelegt und abgerissen.

»Trinken wir auf das Ende«, sagte Angus und prostete mir zu. »Welches Ende denn?« »Das Ende des Scotch Whisky«, erwiderte Bruce.

Der Anlaß für ihren Pessimismus war anscheinend eine

Fernsehsendung über die schottische Whisky-Industrie. Der Bericht selbst war nicht besonders pessimistisch über die Zukunft von Schottlands wichtigstem Industriezweig gewesen, er hatte jedoch gezeigt, daß fast die gesamte Branche inzwischen Eigentum ausländischer Unternehmen ist und von außerhalb geleitet wird. Berichtet wurde auch, daß jüngsten Zahlen zufolge sowohl Export als auch Inlandsabsatz von Scotch zurückgingen.

Ich versuchte, ihnen Mut zu machen, doch anfangs waren sie gar nicht zu beruhigen. Scotch Whisky, betonte Angus, sei jetzt noch eines von vielen Interessen eines multinationalen Getränkekonzerns. Falls der Scotch-Absatz weiter fiele, sei es nur verständlich, wenn dieser Großkonzern seine Investitionen in den Scotch Whisky kürze und sich auf andere Getränke konzentriere, etwa auf deutsches Bier oder spanischen Wein. Solche Großunternehmen seien Geldmacher und keine Whiskymacher. Heute sei nur noch der Profit wichtig. Der Unternehmensgewinn müsse wachsen, und das möglichst schneller als die Inflation, oder aber der Aktienkurs würde fallen und die Firma zum Kandidaten für eine Übernahme machen.

»Diese Profitgier«, sagte Bruce, »ist der Grund für all die Veränderungen, die wir erlebt haben. Die ursprüngliche Natur der Destillation ist zerstört. Das ist doch keine Handwerkskunst mehr.«

Er erzählte uns, daß er von einer Destillerie gehört habe, die so automatisiert sei, daß sie bald von nur noch zwei Mann betrieben werden könne. »Überleg mal, was das für die Beschäftigung im Hochland bedeutet. So was würde nie erlaubt, wenn wir Schotten in der Industrie das Sagen hätten.« Im tiefsten Innern seiner Seele ist Bruce nun einmal ein schottischer Nationalist.

Wir aßen im Hinterzimmer des Pubs zu Mittag, in der »Library Bar«, wie sie hier genannt wird, und unterhielten uns über einige der Schwierigkeiten, mit denen der Scotch Whisky heutzutage konfrontiert ist.

»An den meisten unserer Probleme«, erklärte Bruce, »ist

die Regierung schuld. Keine englische Regierung hat sich jemals einen Dreck um die schottische Whiskybranche geschert. Der tankweise Export von Whisky hätte nie erlaubt werden dürfen.«

Obwohl ich seiner letzten Bemerkung gerne zugestimmt hätte, hatte ich das Gefühl, ich sollte die Regierung ein wenig in Schutz nehmen aufgrund der Maßnahmen, die sie in den letzten Jahren ergriffen hatte. Auf Drängen der Scotch Whisky Association hatte sie alle diplomatischen Register gezogen, um Handelsschranken und diskriminierende Steuern auf den Fernost-Märkten zu drücken. Sogar der Premierminister persönlich hatte im Sinne der Industrie interveniert. Auf ähnliche Weise hatte es die Regierung geschafft, eine Vereinbarung über eine befriedigende Definition von Scotch Whisky in der Europäischen Gemeinschaft durchzusetzen, die von essentieller Bedeutung für die langfristige Zukunft der ganzen Branche war.

Ich sagte zu Angus und Bruce, in meinen Augen sei die Anti-Alkohol-Lobby die größte Gefahr für den Scotch Whisky. Die amerikanische Gesundheitswelle schwappte bereits über den Atlantik: In Großbritannien hatte sich die Ärzteschaft mit den Abstinenzlerorganisationen zusammengetan und forderte uns dazu auf, weniger und weniger zu trinken.

»Das sagen Mediziner?« fragte Bruce ungläubig. »Seltsam. In Schottland hat man einen Alkoholiker immer als jemanden definiert, der mehr trinkt als sein Arzt.«

»Noch vor kurzem«, bemerkte Angus, »hat der Britische Ärzteverband verkündet, vier Glas Scotch am Tag seien gut gegen Herzleiden.«

Was er sagte, stimmt. Es ist erwiesen, daß Alkohol – Spirituosen eher als Wein oder Bier – vor koronaren Herzkrankheiten schützen kann. Besonders für ältere Menschen ist Alkohol auch ein ausgezeichnetes Beruhigungsmittel, er hilft gegen Streß und Schlaflosigkeit. Es gab auch schon Ärzte, die bei den Krankenkassen durchsetzen wollten, Alkohol auf Rezept verschreiben zu dürfen.

Zu wissen, daß der Whisky, den sie tranken, ihnen guttat, schien die düstere Stimmung von Angus und Bruce etwas aufzuhellen. Noch mehr weckte ihre Lebensgeister, daß ich auch gute Neuigkeiten über den Scotch berichten konnte. Auch wenn die Nachfrage nach Scotch insgesamt zurückgegangen war, so stieg doch immerhin der Absatz von Single Malts und De-luxe-Blends. Die Statistiken des Verbandes belegten, daß sich der Weltabsatz von Single Malts in den vergangenen fünf Jahren nahezu verdreifacht hatte. Man trank zwar nicht immer mehr Scotch, dafür aber immer besseren.

»Wurde auch höchste Zeit!« sagte Bruce. »Vielleicht merken die Leute allmählich, daß Malt Whisky der einzig wahre Scotch ist.«

Unter keinen Umständen wollte ich mich auf eine Diskussion über die Qualitäten von Blended Scotch und Single Malts einlassen. Wir waren fertig mit dem Essen, und so bestellte ich uns drei Whiskys zum Kaffee. Angus und Bruce entschieden sich für Single Malts, einen Cardhu und einen Macallan, während ich, gerade zum Trotz, einen »Chivas Regal« De-luxe-Whisky bestellte.

Wir erhoben unsere Gläser – nicht als Affront gegen die Ärzteschaft, sondern als Geste unseres Vertrauens in die Zukunft des Scotch Whisky, den mein Freund Chester so treffend als »Schottlands Erbe« bezeichnet hatte.

Anschließend ging Bruce in sein Büro zurück, das gerade um die Ecke lag, während Angus und ich zur Princess Street spazierten. Dabei fiel mir etwas ein, das mir am selben Morgen Bill Bewsher, der Generaldirektor der Scotch Whisky Association gesagt hatte. »Weißt du eigentlich«, sagte ich zu Angus, »daß, während wir hier laufen, in jeder Sekunde weltweit neunundzwanzig Flaschen Scotch verkauft werden?«

»Das erinnert mich an was«, sagte Angus. »Bei mir zu Hause geht der Whisky aus. Ich geh' mal für 'ne Sekunde in den Whiskyladen da drüben, dann sind's dreißig Flaschen.«

REGISTER